QUE O AMOR NOS PROTEJA

MARCOS MALVEZZI

QUE O AMOR NOS PROTEJA

Barbara

Revisão: Sumico Yamada Okada
Revisado de acordo com o novo acordo ortográfico da língua portuguesa.
Certas palavras e expressões escritas conforme a solicitação do autor.

Projeto gráfico e diagramação: Meco Simões

Foto capa: Getty Images

Ficha Catalográfica
Malvezzi Leal, Marcos
Que o amor nos proteja, Marcos Malvezzi Leal,
São Paulo, Barbara Editora, 2013.

1 - Literatura espírita. Romance mediúnico.

ISBN 978-85-99039-64-9

CDD-869.93

BARBARA EDITORA
Rua Primeiro de Janeiro, 396 - 81
Vila Clementino - São Paulo - SP
CEP: 04044-060
Tel.: (11) 5594 5385
E-mail:barbara_ed@estadao.com.br
www.barbaraeditora.com.br
Contato com o autor: marcos.malvezzi@gmail.com

Uma história de amor e reencarnação
em meio a maior tragédia marítima dos tempos modernos

Um romance emocionante...

Américo Simões

In memoriam

Johnny, Théo, Jeannie (espíritos de luz, amor para sempre)

e para

Sarah (pura luz, pura alegria)

Prefácio

Poderia ter acontecido praticamente em qualquer lugar de Nova York, ou em alguma outra cidade nos Estados Unidos. Poderia ter sido em Londres, Manchester ou qualquer lugar da Inglaterra... Eles poderiam ter se conhecido em um pub, numa festa, na casa de alguma importante autoridade política, ou após a apresentação de ópera no Royal Theatre. Mas não foi assim.

Os dois se viram e se apaixonaram a bordo do único navio já construído com o codinome de "inafundável": o Titanic.

O majestoso transatlântico não tinha os luxos que os cruzeiros de nossos dias apresentam aos passageiros; há quem diga até que o Titanic seria um tédio para os turistas do século XXI. Mas o que ele tinha, era glamour; o que ele inspirava era o gosto da prosperidade, a sensação de poder, só por se estar nele. E para alguns, algo mais que uma mera viagem à América: a oportunidade de uma vida melhor, mais abastada que no velho continente. E era justamente contando com esse tipo de viajante, que o Titanic fora construído com acomodações para a segunda e a terceira classe também, além do requinte oferecido aos ricos, na primeira classe.

E foi em algum ponto entre o glamour e o mediano que Katherine se aproximou de Hassir, e que Hassir confidenciou a Katherine seu verdadeiro intento na viagem. E seria em meio ao horror que o amor se fundamentaria.

Esta é a história de uma paixão que sobrevive à tragédia e de vidas cujos caminhos jamais se separariam.

Introdução

Southampton, Inglaterra
9 de abril de 1912

Dennis O'Brien olhou pela terceira vez o bolso do casaco e, pela terceira e definitiva vez, constatou que toda a documentação estava em ordem. A pilha de camisas imaculadamente passadas ocupava o centro da cama, onde ele colocou também o casaco. As camisas seriam colocadas por último, no baú de viagem. As calças e as túnicas, variando em tons de um discreto cinza para marrom e o mais aventureiro laranja já estavam devidamente ajeitadas.

O'Brien mal se reconhecia no espelho. Não havia mais nenhum traço da cabeleira ruiva, encaracolada, nem das sobrancelhas espessas, avermelhadas. A tintura preta e o penteado liso para trás o transformavam de irlandês em um autêntico indiano. Os olhos castanhos, no entanto, não haviam mudado em nada, apesar do disfarce dos óculos redondinhos, com armação prateada, sem grau, que ele colocou para testar a impressão no espelho.

– Parabéns, menino! – o rapaz de 31 anos disse ao reflexo. – Qualquer um pensaria que você é tão indiano quanto qualquer hindu por aí.

Havia muitos indianos na Inglaterra, naquele ano de 1912. Já em Belfast, sua cidade natal, nem tantos. Dennis O'Brien achava engraçado como as pessoas falavam de "indiano" ou de "hindu", sem saber exatamente onde ficava a Índia nem como era praticada a religião hinduísta.

– Nem mamãe me reconheceria agora – ele disse, sorrindo satisfeito. Mas no fundo, sabia que não era verdade. Tanto sua mãe indiana quanto seu pai irlandês o reconheceriam sempre, sob qualquer disfarce. – Fique com Deus, onde a senhora estiver, mãe. Vai ter orgulho de mim, ainda.

Felizmente, sua ascendência por parte de mãe lhe impregnara aquela tez um tanto morena, própria dos indianos. Dennis O'Brien poderia, sim, ocultar sua nacionalidade irlandesa.

Sobre a escrivaninha ao lado do espelho ainda se encontrava o telegrama que chegara pela manhã. Dennis se achegou à escrivaninha, puxou a cadeira, fez uma pilha com os papéis até então desarrumados e tirou do meio deles o telegrama. Mal podia se conter de alegria ao reler aquelas palavras:

TUDO CERTO. AGUARDANDO.
MUITA SAUDADE.
Annalee

– Está perto, querida – Dennis disse ao telegrama. – Próxima parada, Nova York. E de lá, o começo de uma nova vida.

Da cadeira, ele se virou para olhar pela janela. O céu parcialmente encoberto não mostrava novidade. Poderia chover. Poderia até haver uma das piores tempestades. Não importava...

– Nada mais me atrapalhará agora, Annalee – ele disse em voz baixa, conversando consigo. – Foi tempo demais. Mas isso agora não é mais problema. Logo estaremos todos juntos.

Passagem comprada, malas quase prontas, documentos "novos" providenciados. Ele não pensava que forjar documentação pessoal pudesse ser tão fácil. Pelo menos não na Inglaterra. Mas também pudera! Com a soma em dinheiro paga ao Escritório de Despachos Especiais... Tudo não levara mais que dois dias.

Agora, com todo o cuidado possível, ele tirou as camisas brancas, algumas cinzentas, outras em tons de lilás e rosa e uma vermelha, da cama e as colocou sobre uma cadeira. Era cedo, ainda não escurecera, mas ainda queria cochilar um pouco antes de descer ao restaurante e pedir o jantar.

No dia seguinte Dennis deixaria de vez a Europa. Talvez jamais voltasse. Junto a outros 2.000 e tantos passageiros, ele embarcaria para a América. Sua nova vida começaria amanhã mesmo, no momento em que pisasse o convés do magnífico navio em sua viagem inaugural, o Titanic.

Uma vez a bordo do Titanic, *The Unsinkable**, Dennis estaria em completa segurança. Ninguém o encontraria. Ninguém mais o caçaria da Irlanda à Inglaterra e de volta à Irlanda. A bordo da majestosa embarcação, Dennis O'Brien – em sua nova identidade indiana, sem o menor traço do nome irlandês – jamais seria descoberto.

Do outro lado da cidade, a Srta. Maude Cullen, coproprietária da confeitaria Maude & Cissy's Delly, estava vivendo o melhor dia para os negócios, desde que ela e a irmã herdaram a pequena empresa do pai, o velho Sr. Robert Cullen, que morrera há pouco mais de quatro meses. Parecia que nem mesmo na época em que o velho Cullen administrava tudo e às vezes até atendia pessoalmente aos fregueses, a confeitaria jamais recebera tantos clientes em uma única tarde. Eram quase 18 horas, e o sino da porta não parava de repicar sempre que mais um freguês entrava.

Eram mães com crianças, jovens casais de namorados, velhas senhoras em busca de bolos confeitados e de conversa. Na maioria, tais pessoas eram turistas de outras cidades. Algum tipo de exposição artística estava atraindo aquela gente, e Maude Cullen nunca gostara tanto de arte como naquele dia!

Pouco antes das 18h30, quando o movimento pareceu diminuir, a porta se abriu mais uma vez, e uma jovem, trajando um sóbrio vestido azul claro e chapéu da mesma cor, entrou, olhando discretamente ao redor.

**O que não pode afundar. (Nota do Autor.)*

– Pois não, moça? – cumprimentou a rechonchuda e baixinha Maude, curiosa ante os modos da visitante.

– Boa noite – disse a visitante. Era uma bonita jovem que aparentava uns 27, 28 anos, de cabelos castanho-escuros que desciam em cachos sob o chapéu, emoldurando os ombros. Os olhos da mesma cor piscavam muito, como que ansiosos. – Procuro uma pessoa. Acho que ele esteve aqui, mas o perdi de vista.

– Como é o cavalheiro? – Maude perguntou, curiosíssima.

– É meu pai – respondeu a jovem, cujos modos demonstravam uma mal-disfarçada preocupação. – É só um pouco mais alto que eu. Cabelos e bigode grisalhos, óculos grossos; estava usando paletó e chapéu cinza-escuros.

Maude tombou a cabeça para um lado, deixando uma ponta da franja loira quase cobrir-lhe a testa. Virou os olhos, enquanto refletia.

– Sinto, mas não me lembro de nenhum homem entrando aqui sozinho hoje. Sabe, o movimento maior foi nas duas últimas horas, mas nenhum cavalheiro, como o que você descreve, apareceu. Tem certeza de que...

– Desculpe – interrompeu a moça. – Devo ter-me enganado. Pensei tê-lo visto entrar aqui alguns minutos atrás.

Maude apertou as pálpebras, desconfiada, mal deixando entrever seus olhos azuis muito claros:

– Você parece nervosa. Precisa de alguma coisa?

A visitante baixou os olhos, discreta e brevemente. Parecia refletir se devia ou não falar... Maude, atenta aos maneirismos de seus clientes, geralmente conhecidos da região (diferente de hoje!), insistiu:

– Está bem, querida?

A jovem fixou o olhar na proprietária da Maude & Cissy's e agora não conseguiu esconder as lágrimas, por mais discretas que fossem.

Consternada, Maude imediatamente saiu detrás do balcão; enquanto ela descia o único degrau da pequena plataforma onde ficavam o balcão e a caixa registradora, a nervosa visitante percebeu que sua interlocutora era ainda mais baixa do que aparentava.

– Venha até aqui, querida. – Maude tomou-a delicadamente pelo braço e a levou até uma das três mesas que o estabelecimento oferecia a clientes que quisessem pedir um chá. – Acalme-se agora – a rechonchuda proprietária disse. – Vou lhe trazer um chá de jasmim, por conta da casa.

Antes que a moça dissesse que não era preciso, Maude se afastou por uns instantes para preparar a bebida.

Ela não podia perder tempo ali... Não queria ter demonstrado fragilidade. Fora um erro ter entrado naquele estabelecimento. Por outro lado, talvez um breve desabafo com uma estranha fosse o ideal no momento.

– Aqui está, querida.

Maude voltou logo, carregando uma bandeja com um pequeno bule de metal e duas xícaras de louça. O aroma era muito bom. Tão logo pôs as coisas sobre a mesa, ela passou as costas da mão direita sobre a testa, jogando a ponta da franja para cima.

– Muito obrigada – disse a jovem.

– Por nada, meu bem. Vejo que está muito nervosa. Reconheço os sinais de longe. Como se chama, querida?

– Mansfield. Katherine Mansfield.

– Sou Maude Cullen. Posso me sentar com você?

Sem esperar resposta, Maude puxou a cadeira branca e praticamente desabou sobre ela.

Só então, Katherine reparou na singular delicadeza da confeitaria. Todas as mesas e cadeiras eram de madeira, pintadas de branco. Embora a loja fosse um tanto escura, as cortinas brancas, com delicadas bordas de renda cor-de-rosa, davam um ar de aconchego ao local. Tentando se distrair um pouco e talvez evitar o olhar discreto, porém, inquiridor, da outra mulher, ela reparou no tom escuro das paredes de madeira, que se ornavam com o balcão.

– Muito bom este chá – Katherine comentou, após tomar o primeiro gole.

– Também gosto – retrucou Maude, observando os modos da jovem. De fato, não devia ter muito mais que uns 28 anos; sua tez era clara, contrastando de um modo agradável com os cabelos escuros cacheados, que às vezes lhe tocavam o queixo. – Sabe, a esta hora, não costumo ter muito movimento. Se quiser conversar, esteja à vontade. Posso lhe perguntar uma coisa?

– Claro! – Katherine respondeu, e seu rosto já não parecia carregado de hesitação.

– Era mesmo seu pai que você estava procurando?

Katherine olhou-a nos olhos.

– S-sim. Era, sim.

– Pergunto porque... bem, me desculpe. Não é da minha conta...

– Não faz mal.

– Bem, só fiquei com a impressão que talvez estivesse sendo seguida; por isso, entrou aqui para despistar alguém. É que me pareceu tão aflita...

Pela primeira vez, Maude viu Katherine sorrir.

– Eu estava procurando alguém, sim – ela disse, enquanto tomava mais um gole de chá de jasmim. – Mas a senhora tem razão: não era meu pai. Quero dizer, não tenho certeza...

O rosto róseo, rechonchudo de Maude pareceu se iluminar, enquanto ela arregalava os olhos.

– Como assim, não tem certeza?! – ela perguntou

Katherine riu discretamente ante o óbvio espanto da proprietária da loja. Um espanto que mal disfarçava sua enorme curiosidade.

– É que... bem, acho que a senhora gostará de ouvir a história... Não vejo meu pai há cinco anos. Mas o homem que avistei na rua, e que tinha certeza de que entrara aqui, era muito parecido com ele, do jeito que me lembrava... Afinal, em cinco anos, não deve ter mudado muito.

Maude não comentou, mas tombou a cabeça para um lado, como se dissesse "Depende".

– Seria muita indiscrição de minha parte, meu bem, se lhe perguntasse por que não vê seu pai há cinco anos?

Katherine sorriu candidamente. Maude orgulhou-se ao sentir que sua bisbilhotice contribuíra para aliviar a visível angústia de sua jovem visitante.

– De modo algum – respondeu Katherine. Os olhos azuis de Maude expressavam algo além de curiosidade agora. Ela parecia genuinamente compassiva. – Não vejo meu pai há tanto tempo, senhora, porque ele morreu. Teve um infarto fulminante, e quando corri para perto dele, já não pude fazer nada para ajudá-lo.

Não foi com surpresa que Katherine notou a expressão de grande interrogação no rosto de sua interlocutora. Os lábios entreabertos de Maude pareciam incapazes de exprimir qualquer palavra.

Katherine suspirou.

– Sei o que está pensando – disse. – Que deve estar conversando com uma doida.

– Querida, mas pensei que você disse...

– ... que vi meu pai entrar aqui. E foi isso mesmo. Por isso, falei que era ele e, ao mesmo tempo, não era. Como já expliquei, não tenho certeza.

Maude, com a mão ligeiramente trêmula, finalmente se serviu do chá de jasmim. Ao recolocar o bule sobre a bandeja, ele tilintou, colidindo contra a xícara.

– Srta. Mansfield...

– Na verdade, *Sra.* Mansfield. Mas chame-me de Katherine, por favor.

– Claro! Katherine. Olhe, desculpe se não entendo muito bem. Você acha que viu um homem parecido com seu falecido pai entrar aqui e...

– Parecido, não. Era ele mesmo, Sra. Cullen.

– Senhorita. Mas chame-me de Maude, querida.

– O que achei que vi era meu pai... O espírito dele, Maude. Tenho-o visto às vezes, nos mais diversos lugares. No meu quarto. Na rua. Na casa de amigos. E hoje, aqui. Embora desta vez não saiba ao certo, pois estava de costas.

– O espírito estava de costas?

– Sei que parece insano, mas se um espírito pode aparecer aos seus entes queridos, ainda encarnados, por que não poderia se movimentar, acenar, dar as costas?

– Desculpe-me – pediu Maude, aturdida, porém, cada vez mais interessada. – Uma palavra que você disse, "encarnados". O que significa, exatamente?

– Bem, é o termo que eu e outras pessoas que compartilham essa doutrina usamos para pessoas vivas na terra: encarnados – explicou Katherine. Ela sentiu, porém, que aquele não era o momento de maiores explicações filosóficas. – O que importa, enfim, é que meu pai, do plano espiritual em que se encontra, por algum motivo quer se comunicar comigo, ou pelo menos me ver. Mas quando o avisto e tento me aproximar, ele desaparece. Some em meio à multidão, ou desliza para um canto mais escuro da casa, e não o vejo mais...

– Santo Deus! – Maude exclamou. – Já ouvi histórias de fantasmas (aliás, nosso país adora essas histórias), mas nunca algo tão explícito como o que você está me contando. Confesso que não sei o que pensar...

– Eu entendo, Maude. Puxa, não sabe como sou grata por me ouvir. Precisava contar isso a alguém. Nem meus amigos que partilham dessa mesma doutrina sabem que tenho visto meu pai.

– Fico feliz por ajudar, querida – disse Maude, pondo as mãos quentes, rechonchudas, sobre uma das mãos de Katherine Mansfield. – Nunca ouvi uma história assim em que pudesse realmente acreditar. Mas você fala com tanta sinceridade, que sou obrigada a admitir que, de fato, algo fora do comum a está intrigando.

– Não é tão fora do comum, assim, minha amiga. Mas de qualquer forma, mais uma vez o perdi.

Katherine se endireitou na cadeira e, percebendo que ela ia se levantar, Maude a interpelou mais uma vez.

– Olhe – disse. – Sempre que quiser conversar, apareça, viu? Talvez eu não entenda nada de espíritos, mas gosto de ajudar quando posso.

Katherine Mansfield se ergueu da cadeira e estendeu as duas mãos para tomar as de Maude com muito carinho. Respondendo ao gesto, Maude lhe deu as mãos, enquanto se levantava também.

– Preciso ir, agora. Devo terminar as malas. Amanhã parto para a América.

O rosto de Maude se acendeu de entusiasmo.

– Não me diga que vai embarcar no...?

– Titanic! Isso mesmo.

– Que alegria! Quem me dera eu estivesse naquele navio amanhã, indo para Nova York. É maior que o Olympic, não é?

– Dizem que sim – Katherine respondeu, balançando um pouco a cabeça. – Sinceramente, preferiria não ir. Mas meu marido está nos Estados Unidos e quer me recepcionar em Nova York quando o navio chegar. Sinto falta de Edmund (meu marido), mas tenho *pavor* do mar!

– Bem, eu lhe desejo uma ótima viagem, querida! E quando voltar a esta velha Inglaterra, venha me visitar! – Maude exclamou, enquanto ainda segurava as mãos de Katherine.

– Com certeza, virei! Muito obrigada por sua paciência.

Maude balançou a cabeça num gesto de "imagine", com um calor mais materno que amigo.

Quando a porta se fechou, repicando o sino, atrás de Katherine, Maude recolheu os utensílios do chá e retornou a seu posto atrás do balcão.

– Mas vejam só – disse a si mesma, em voz alta. – Cada coisa que a gente ouve.

A franqueza de sua jovem visitante era admirável. Naquele ainda jovem século XX, cheio de modernidades e cientificismo, falar abertamente de espíritos e histórias de fantasmas era um ato de coragem. E ela, Maude, se orgulhava por ter despertado tanta confiança e emprestado os ouvidos à moça.

– Está ficando frio... – Maude balbuciou. Virou-se para trás e fechou a vidraça por trás das cortinas brancas. A época do ano não era das mais frias, mas Maude não gostava de sentir calafrios, mesmo na primavera. – Pensando bem – continuou a gorducha moça, falando consigo mesma – é melhor encerrar o dia e ir descansar.

Da palavra para a ação, ela trancou a caixa registradora, desceu até o salão onde ficavam as mesinhas, caminhou até a porta e a trancou também.

Realmente, a noite estava fria. Maude sentia arrepios percorrerem-lhe a espinha.

William Murdoch terminou de se barbear e agora aparava as grossas, negras suíças. O banheiro mal iluminado era, no entanto, apropriado para barbear-se àquela hora, quando ainda penetrava pela pequena janela um fiapo de sol que batia bem no espelho. Penteou os espessos cabelos escuros, jogando-os para trás. Um homem com mais de 40 anos tinha a obrigação de zelar pela aparência, mesmo que poucas oportunidades tivesse de conhecer mulheres, por causa de seu trabalho.

Devia estar animado. Devia estar orgulhoso por ter sido escalado para a viagem inaugural. Sim, devia estar feliz...

Mas não estava.

A conversa com o amigo Thor, na noite anterior, o deixara nervoso. Pior, deixara-o verdadeiramente assustado, o que não era comum.

"Não acredite quando lhe dizem que o mar é amigo", Thor tinha desabafado, depois da terceira ou quarta *lager**. "O mar devora você vivo", continuou, enquanto enchia a caneca mais uma vez.

"Meu camarada", interrompeu William, querendo tirar o companheiro daquela baixa disposição. "Você está aqui, inteiro, pronto para contar suas mil e uma histórias..."

"Porque o diabo ainda não me quer... Mas sei que ele me espera no fundo do mar".

O norueguês Thor, ruivo como todo bom descendente de autênticos vikings, com a barba de quase uma semana refletindo em sua vermelhidão a luz das luminárias (ou do próprio sol de fim de tarde entrando pelos vitrais do pub, Murdoch não saberia dizer), falava com o coração, despejando sobre o amigo toda a sua frustração do ofício de navegante.

"Não acredite nessa história de navio que 'não pode afundar'. Todos eles afundam, e levam consigo a sua alma, meu amigo. Levam a sua vontade de viver..."

Murdoch se penalizava com o outro. Thor perdera a esposa e o filho para o mar. E, no entanto, jamais deixara a vida de marujo para trás.

"Thor, meu caro Thor. Tenho certeza de que tanto eu quanto você ainda teremos muito que ver e contar. Como dizem, ninguém morre na..." Ele se deteve. Ia dizer "na véspera", mas se lembrou da dor do amigo.

"Pode dizer, Will", Thor adiantou-se, mostrando um sorriso torto. "Deborah morreu na véspera, sim. E Mike, também. Ele tinha só 13 anos..."

**Tipo de cerveja.(N. do A.)*

Como já acontecera outras vezes, a lamúria puxou as lágrimas, que logo se voltaram para as lamentações novamente; e a noite terminou com Thor adormecendo sobre a mesa do pub, William sacudindo-o e levando-o até a pensão onde ele morava, sendo recebido pela senhoria com um misto de irritação e comiseração, pois ela gostava muito do inquilino, aquele homem do mar.

Agora, sozinho em seu quarto, Murdoch puxou seu relógio de bolso e viu que já passava das 19 horas. Guardou num pequeno estojo os apetrechos de barba, saiu do banheiro e vestiu a jaqueta por cima da camiseta, sem camisa.

Apanhou um molho de chaves e se preparou para sair. Tomaria um último gole hoje, antes de dormir. Amanhã, nada. Amanhã seria o grande dia. Convocado para partir no Titanic, ele sabia que seu nome talvez figurasse na lista dos que participariam da viagem inaugural do maior e mais potente navio do mundo.

Mas a angústia de Thor o contagiara.

"Todos afundam...", ele tinha dito.

– Como eu preferia ser esquecido agora – William Murdoch disse a si mesmo. – Como seria melhor não participar dessa viagem tão cheia de glamour...

Capítulo 1

O embarque

Agitados, homens, mulheres e crianças subiam pela rampa da terceira classe. O ruído de seus passos pesados e de seus grandes baús sendo arrastados para o embarque chegava ao convés superior, onde muitos dos passageiros da primeira classe já se haviam assentado. Era o dia 10 de abril de 1912, e dentro de no máximo meia hora, o navio iria zarpar.

Através do pincenê, a Sra. Rita Bromski olhava, desgostosa, para baixo; de repente, grunhiu algo que sua acompanhante, a Srta. Harriet Wagner, não compreendeu.

– O que está dizendo, Rita? – ela perguntou, impaciente. – Do que reclama, agora?

– Ora essa, o que você acha? – retrucou, mal-humorada, a idosa Sra. Bromski, franzindo a testa num gesto que a deixava ainda mais enrugada do que lhe era natural. – Veja aquela gente, que sobe e cheira como gado. Agora me diga: por que eles têm que viajar conosco, Harriet?

A Srta. Wagner suspirou, irritada, e nada disse a princípio. Com seus 40 anos, dez dos últimos passados na companhia da prima bem mais velha, ela às vezes sentia vontade de dizer certas verdades a outra, que, no entanto, não suportaria, e certamente passaria mal.

– Rita – disse Harriet, por fim. – "Eles", como você diz, viajam conosco porque compraram as passagens. E quanto a "cheirar", francamente, o único "cheiro" que sinto no momento é de seu fortíssimo perfume. Será que você não consegue aceitar que você e eu não somos as únicas pessoas que gostam de passear?

– Bah! – bufou a Sra. Bromski. – Já chega termos de esbarrar com esses italianos e irlandeses nas ruas, ainda vamos aguentá-los aqui também?!

– O navio em que estamos, querida, foi construído na Irlanda, sabia?

– Bah! E mais Bah!

Harriet Wagner riu. E não fez a menor questão de disfarçar. Rita Bromski jamais saía de sua mansão, nem mesmo para serviços religiosos, pois havia uma pequena capela em sua propriedade. Ela *nunca* esbarrava com irlandeses e italianos nas ruas – aliás, com ninguém, pois suas saídas eram raríssimas.

– Rita, você se torna mais preconceituosa a cada dia! Apesar de sua idade, sabe que nunca é tarde para aprender?

– Humph! – grunhiu a prima mais velha, virando-se para a outra, que embora graciosa em seus trajes elegantes, não exibia ares de superioridade. – Agora vai me chamar de velha, é?

Harriet riu novamente. Mostrava dentes bonitos, e seus lábios vermelho-escuros se destacavam com certo glamour no rosto claro, rosado.

– Fique sabendo – continuou Rita, apertando as pálpebras, os olhos azul-cinzentos faiscando – que se não fossem seus cachos castanho-escuros tingidos, você pareceria mais velha que eu.

Harriet balançou a cabeça, sorrindo. Sua prima era uma velha rabugenta, intolerante, sem dúvida; mas também era uma parenta querida, de certa forma. Uma parenta que a acolhera quando ela, Harriet, precisou. E agora, apesar dos constantes conflitos, desenvolvera-se entre as duas uma espécie de codependência.

Rita mais uma vez se voltou para ver os passageiros da terceira classe, ainda subindo pela rampa, tagarelas, risonhos, empurrando ou carregando suas crianças.

– Pena que estaremos separados, Rita – Harriet disse, enquanto ajeitava o chapéu de cor creme sobre os cabelos, que para a prima eram tingidos. – Veja quantos italianos bonitinhos estão subindo no navio!

Os olhos de Rita Bromski, quando ela soltou o pincenês e se virou, aturdida, para a prima, pareciam saltar das órbitas. Se não a conhecesse, Harriet pensaria que a mulher estava prestes a sofrer um infarto.

– Começo a acreditar que o mundo está chegando ao fim – Rita declarou, pausadamente, com o maior tom de desprezo que sua voz conseguia expressar. Harriet riu deliciosamente, jogando a cabeça para trás.

A procissão de passageiros nas rampas de embarque continuava. Um oficial de aspecto sóbrio, de porte atlético e elegante, passava a poucos metros do parapeito, entre as duas primas e um grupo de jovens em paletós esporte e gorros brancos.

– Senhor oficial, perdão...? – chamou Harriet. O homem se aproximou.

– Pois não, madame? – perguntou, gentil, porém, formal.

– Só uma curiosidade. Como são as acomodações da terceira classe? Muito desconfortáveis?

O bem-apessoado oficial raspou a garganta, antes de responder.

– Pode-se dizer que são perfeitamente adequadas...

– ... para eles, não é, oficial?

– Harriet, pelo amor de Deus! – Rita sussurrou.

– Perdão, madame, mas devo me reportar agora.

– Claro, claro; desculpe, senhor... a propósito, qual é seu nome?

– Murdoch, madame. William Murdoch.

– Obrigada, Sr. Murdoch.

Mal se afastara o oficial, Harriet balançou a cabeça, e uma certa sombra de tristeza lhe encobriu o rosto.

– "Adequadas..." – ela repetiu. – Pois sim. Pobre gente. Prima, tenho certeza de que se essa joça de navio afundasse, eles seriam os últimos a receber ajuda. Se é que receberiam...

– Harriet, depois você diz que eu sou impossível. Pare de falar asneiras.

– Acho absurdo separar as pessoas por "classe" – bradou Harriet, implacável. Seus olhos castanho-escuros moviam-se inquietos, desde o fundo das órbitas. – É como se nós, primeira classe – grande coisa – pudéssemos nos contaminar se entrássemos em contato com os outros. Por que não podemos todos nos sentar juntos para as refeições, por exemplo, contando nossas histórias, ouvindo as aventuras de homens de terras distantes, estilos de vida diferentes?

– Harriet, que está acontecendo com você? – censurou Rita Bromski, com um olhar de incredulidade dirigido à prima. – Sentar à mesa ao lado de carvoeiros? Ouvir o choro de seus filhotes sujos e remelentos? Eles é que devem ser gratos pela oportunidade de viajar no mesmo barco que nós!

– Rita, já parou para pensar que o sangue deles, desses viajantes que chama de "terceira classe", é igualzinho ao nosso?

– Não é, não.

– ... e que todos eles, e nós duas, e todos neste navio, neste planeta, têm enfim o mesmo destino quando nossos dias chegarem ao fim?

– Não, mesmo! – Rita ergueu o queixo, altiva, descartando o comentário da prima com um gesto impaciente da mão. – Se existe um céu, o meu e o dessas... pessoas devem ser céus diferentes. Repugna-me a ideia de que Deus não veja isso!

Harriet bufou.

– E você se diz cristã? Explique-me uma coisa: o que Jesus pensaria dessa sua posição? Ele não pregava "bem-aventurados os pobres"? Não dizia que tínhamos de acolher os pobres, os pecadores, as *prostitutas*?

– Não diga essa palavra em voz tão alta assim, Harriet. As pessoas estão olhando. Além do mais – Rita, mais uma vez se virou para observar o embarque dos passageiros da terceira classe – Jesus não viveu na Inglaterra infestada de irlandeses, italianos e... Deus nos livre... indianos.

Harriet se limitou a balançar a cabeça. E dessa vez, não sorriu.

No convés da segunda classe, o jovem brasileiro Thiago Matoso se sentou na primeira espreguiçadeira que viu. Mal podia se conter de tamanha felicidade. No entanto, apesar da euforia, estava cansado, pois nos dois últimos dias trabalhara mais que nas últimas três ou quatro semanas juntas. O esforço compensara. Não era fácil para um brasileiro, ainda por cima que mal completara 21 anos, ganhar a vida na tão conservadora Inglaterra georgiana. Thiago falava inglês com perfeição, mas tinha sotaque americano, adquirido após anos vividos nos Estados Unidos, e não perdera totalmente a inflexão do português brasileiro.

Mais uma vez, ele via que seu empenho nos estudos compensara: mal acabara seu primeiro período de dois anos de trabalho numa faculdade em Londres, como bibliotecário auxiliar, e a instituição lhe concedera as primeiras férias, que ele pretendia passar de volta na América, onde parte de sua família e vários amigos o aguardavam. A alegria de Thiago não se restringia a isso: com ele, seguia viagem sua encantadora mulher, a também brasileira Hermínia Oliveira, de uma rica família portuguesa há muito já estabelecida no Brasil. Os dois, recém-casados, se conheceram na instituição de ensino em que Thiago trabalhava; ele o bibliotecário, ela a visitante, ávida por conhecer museus e bibliotecas.

Thiago afrouxou o colarinho, pouco se importando com a ousada informalidade. Ninguém o jogaria em alto-mar por aquele "crime". Era um passageiro pagante, embora viajasse na segunda classe e não seria um atentado ao pudor tirar o casaco, desabotoar os punhos e afrouxar o colarinho já sem gravata, enquanto se escarrapachava na poltrona.

Apertando os olhos contra a claridade do céu – ele estava bem de frente para o os hesitantes raios de sol no horizonte – o rapaz distinguiu a silhueta de sua jovem esposa se aproximando. Com ela, vinha a jovem que os dois haviam conhecido no embarque. Uma mulher reservada, porém simpática, que aceitou a tentativa de conversa de Hermínia, e se permitiu travar os laços iniciais de uma amizade com a brasileira. Logo atrás das moças, vinha um senhor, aparentemente de cabelos grisalhos, elegantemente vestido em trajes escuros e chapéu do mesmo tom.

Hermínia se aproximou do marido, que se levantara e sorria para as duas. Tocando-lhe a mão, ela disse:

– Sabe de uma coisa? Katherine disse que quase embarcou na primeira classe, mas mudou de ideia na última hora.

– É mesmo? Não teríamos nos conhecido, então – comentou Thiago.

– É verdade. – Katherine Mansfield sorriu, discretamente. – Meu marido me enviou o dinheiro. Mas achei melhor economizar e guardar parte dele.

– Sábia decisão – disse Thiago. – Nunca se sabe quando vamos precisar de algum extra.

As duas moças sorriram, e Katherine percebeu que Thiago olhara discretamente na direção por onde elas vieram, e muito levemente levantou uma sobrancelha.

Hermínia caminhou até o parapeito e olhou para o mar.

– Estou ficando ansiosa – disse, sem se voltar. – Por que não podemos zarpar logo?

Thiago sorriu para Katherine, meneou a cabeça, aproximou-se da esposa e pôs o braço em torno dos ombros dela.

– Vamos sair logo, querida – ele comentou, em português. Mas zeloso por não parecer mal-educado na frente da outra moça, logo mudou para o inglês. – Vê quanta gente ainda está subindo?

Esse navio é uma verdadeira cidade; parece que cabe gente até perdermos de vista...

Katherine observava o casal que se apoiava no parapeito do Titanic. Ela nunca conhecera um brasileiro antes. Se todos os homens do Brasil fossem como Thiago, então seriam, sem dúvida, atraentes. Ele era loiro, alto, com um cavanhaque discreto e costeletas que começavam a crescer. Tinha ombros largos e braços bem delineados sob as mangas. Já Hermínia poderia passar por uma cidadã inglesa – nada havia de grande destaque nela; era uma jovem de altura mediana, cabelos escuros, quase ruivos, um rosto comum, do tipo que se mesclaria entre outros numa festa. Seus olhos castanhos não brilhavam efusivamente como soavam suas palavras, o que poderia deixar a impressão de que sua fala nem sempre correspondia aos sentimentos.

– Bem, nós também poderíamos ter... – começou Hermínia.

– Sim, sim, poderíamos. – Thiago suspirou, ainda com o braço ao redor dos ombros da mulher. – Meu bem, não vamos voltar a esse assunto. O que eu podia pagar era onde estamos agora.

– Sei disso, meu amor – ela disse, balançando a cabeça. – Mas papai não se importaria de nos garantir todo o conforto de uma primeira classe. Ainda mais nesta tão apregoada viagem inaugural.

– Hermínia – Thiago chamou, tomando-a delicadamente pelo queixo e fazendo-a olhar para cima, direto nos olhos dele. – A viagem tinha de ser um presente meu a você, querida. O presente não é de seu pai. Não é questão de orgulho, mas você sabe como eu me empenhei para isso.

– Claro que sei, querido...

– Além do mais, a segunda classe deste barco provavelmente é melhor que a primeira de muitos outros.

Hermínia balançou a cabeça, entortando um pouco os lábios.

– Bem, o que importa – ela disse, por fim. – É que estamos aqui, e vamos conhecer sua família.

Thiago sorriu.

Quando os dois se viraram para Katherine, porém, ele teve um sobressalto, que mal pôde disfarçar. O homem que vira antes, acompanhando Hermínia e Katherine, estava lá, bem atrás da jovem inglesa. Se ela desse um passo para trás, esbarraria o cotovelo no estômago dele.

– E quem seria o cavalhei... – ele começou a dizer. Mas parou.

– C-como? – indagou Katherine.

Thiago engoliu em seco.

– Nada... só achei que... nada mesmo. Bem, já sabe onde vai ficar, Sra. Mansfield?

– Sim, Hermínia e eu já fomos perguntar sobre isso. Não estaremos muito longe, aliás. Bom, não é? Bem, talvez possamos jantar juntos nesta primeira noite. Se me derem licença, vou para a minha cabine. – Simpática, Katherine sorriu. – Até mais ver, então, Thiago, Hermínia.

– Até breve – responderam os dois, quase em coro.

Quando Katherine já não estava mais no campo de visão do casal, Hermínia não se conteve.

– O que foi? – perguntou ao marido. – Aconteceu de novo, não foi? Oh, por favor, me diga.

O rosto de Thiago estava sério. Sentiu-se incomodado. Não que tivesse medo... Simplesmente não sabia como agir quando acontecia.

Ele se virou para a esposa, olhou-a fixamente nos olhos, e fez um sinal de sim com a cabeça.

Ele acabara de ver o que a maioria das pessoas parecia não ver. O homem atrás de Katherine, e que antes ele notara no convés, caminhando com as duas mulheres, não era de carne e osso. Era um espírito. Um espectro. Ele não saberia qual o melhor termo. Os ingleses chamavam tais aparições de "ghosts", fantasmas. Thiago via "fantasmas". E às vezes, como ocorrera agora, ele não se apercebia disso logo de cara. A visão era tão nítida que ele pensava estar vendo uma pessoa comum. Agora há pouco, com Katherine, mudou de ideia ao perceber o "espectro" desvanecer-se entre ela e a cadeira.

– Não sei quem é, mas aquele espírito acompanha a Sra. Mansfield.

– Thiago, isso me deixa arrepiada – queixou-se Hermínia. – Se eu contasse a papai e mamãe que me casei com um homem que vê coisas, eles seriam capazes de exigir que eu me divorciasse, quero dizer, se não fossem católicos!

– "Ver coisas" não é bem a expressão certa, minha querida. A noção de ver coisas descreve gente doida, Hermínia. Tenho certeza de que não estou louco. Eu vejo mesmo pessoas que não são de carne e osso. Que desaparecem, como que se desintegram na minha frente. E às vezes, são pessoas que eu sei que já morreram...

– Cruz credo! – dessa vez, a jovem fez o sinal da cruz. – Não vamos mais falar disso. Não quero pensar que nossa viagem será assombrada.

Thiago riu.

– Nem a viagem nem o navio estão assombrados, meu amor – ele disse, paciente, afagando os cabelos da esposa, que apoiava a cabeça no peito dele. – Sejam essas aparições o que forem, elas podem ocorrer em qualquer lugar. Já li sobre isso. Andei fazendo algumas pesquisas. Trabalhar em biblioteca ajuda. Ainda mais na Inglaterra, o país dos fantasmas...

– Pois então, vamos pensar que logo estaremos na boa, lúcida e sã América. Duvido que você veja esses... espíritos, ou sei lá o quê, na deliciosa Nova York...

– Não sei por que não veria... – disse Thiago, em provocação. – É como eu disse: isso pode acontecer em qualquer lugar.

– Não comigo, espero. Aliás, meu amor – ela acrescentou, com a voz abafada na camisa dele –, não podemos em hipótese alguma contar a papai sobre essas visões. Qualquer coisa que não seja estritamente católica é vista por ele como artimanha do diabo! Imagine se você lhe contar que vê espírito de gente morta? Ele não só vai começar a citar a Bíblia, tentando provar que isso não existe, como é capaz de insistir que você se confesse e pague alguma penitência, rogando a Deus que nunca mais Ele o deixe ver essas coisas do mal...

Thiago a apertou contra o peito, sorrindo. Ela não ofereceu resistência, mas ele percebeu que Hermínia tremia.

– Querida menina, menina minha – Thiago disse, enquanto agora lhe acariciava os cabelos. – Não há a presença do mal nisso, em ver espíritos, quero dizer. Se alguém tem a facilidade para um contato com pessoas desencarnadas...

– Credo, que palavra horrível!! – reclamou Hermínia, levantando um pouco a cabeça. – Não quero nem pensar nisso, "pessoas desencarnadas". Prefiro logo pensar que um dia vou morrer, e pronto.

– É verdade, meu amor. Mas morrer é apenas um conceito. A morte, na verdade, é uma ilusão. Nunca morremos...

– Sei, sei... – ela retrucou, com impaciência. – Você já me explicou essas coisas. Essa história que nosso espírito só passa para um outro plano, que a consciência continua, ou alguma coisa assim. Seja como for, papai e mamãe só conhecem o que a Igreja prega. Morreu, foi para o céu ou inferno, e pronto! Por isso, quando alguém diz que viu um fantasma ou espírito, ou está mentindo, ou foi vítima de uma maquinação de Satanás.

Thiago ficou em silêncio por um instante.

Mas Hermínia ainda não queria parar:

– Não estou dizendo que concordo com eles, entende, amor? Aliás, nunca penso muito nisso. Vou à missa, comungo, me confesso algumas vezes, e pronto. Não questiono o que me ensinam. E morro de medo disso... Percebo quando você está tendo essas coisas... Quando você acha que vê...

– Não *acho* que vejo! – Thiago interrompeu-a, sério. – Já lhe disse que não se trata de alucinação, muito menos loucura. Eu *sei* que estou vendo seres desencarnados. Desencarnados, sim! Essa é a melhor palavra.

Hermínia suspirou. Não queria brigar com o esposo – e isso iria acontecer se continuassem com aquela conversa. Muito a contragosto, engoliu o que ainda queria dizer.

– Pronto, não vamos mais pensar nisso. – Thiago, que parara de acariciar os cabelos escuros da esposa, pousou a mão sobre a cabeça dela novamente. – Vamos descobrir onde é nossa cabine e nos preparar para nossa primeira noite no Titanic.

Capítulo 2

O primeiro jantar

Com a lua já a pino, o Titanic se deslocava pelo mar escuro; uma verdadeira cidade ambulante e iluminada enfeitando a noite. O jantar começara a ser servido há uns vinte minutos, e o restaurante da primeira classe começava a se encher.

Hassir Mansur saboreava, vagarosamente, a deliciosa água que insistira em beber antes de degustar seu prato de pato assado com batatas.

Estava sozinho à mesa, elegantemente trajado em sua caríssima túnica púrpura por cima da camisa branca, sapatos escuros de couro reluzente, bem ao gosto da burguesia ocidental; óculos pequenos, redondos, refletindo o brilho das luminárias do salão; cabelos escuros devidamente penteados para trás e seguros pela brilhantina especial que usava; tudo isso, somado à tez bronzeada, não deixava dúvidas quanto à sua origem: aquele homem era um indiano abastado; certamente um "novo rico", afrontando a clientela aristocrata inglesa, que não se curvaria em sua altivez a ponto de sentar à mesa com tal figura.

Vez por outra, Hassir notava olhares furtivos de alguma outra mesa. Os altivos súditos de sua majestade não jantariam ao lado de um indiano... Ele sorriu, entre um gole de água e outro. Mal sabiam eles. Indiano, pois sim. Seu plano estava dando certo. Ninguém o questionara no embarque. Os documentos estavam aparentemente em ordem. E o bilhete mostrado provava seu direito de viajar na primeira classe do Titanic. "Dennis O'Brien", seu antigo "eu", estava morto. Ou pelo menos, ficaria esquecido por um bom tempo.

Um garçom se aproximou, e discretamente raspou a garganta.

– Posso lhe servir o prato agora, senhor? – perguntou. Era jovem e evidentemente – este sim – um autêntico indiano, conforme revelavam sua pele escura e seu sotaque.

– Sim, por favor – respondeu Hassir.

O rapaz fez uma reverência formal e breve, antes de se retirar.

Hassir sorriu, malicioso, mais uma vez. O garçom indiano devia se sentir indignado por ter de servir um cliente também indiano, porém, endinheirado. Provavelmente maldizia a própria sorte... Por que ele e não eu? Por que esse indiano viaja em meio aos colonizadores britânicos, com toda pompa, enquanto eu tenho de lhe servir pato assado? Essas ideias deviam estar passando na cabeça do jovem indiano agora. Pena que as coisas fossem assim. Pena que os súditos de Sua Majestade britânica se considerassem realmente os donos do mundo... Que vergonha a súbita lembrança de que a Índia pertencia à Inglaterra e que nada podia fazer para...

– Com licença! – uma voz feminina chamou, interrompendo a corrente de pensamentos de Hassir.

Ele se virou.

Uma mulher que aparentava 30 e poucos, talvez 40 anos, o olhava, com uma expressão de curiosidade e interesse. Estava de pé ao lado de sua mesa, usando um bonito vestido carmesim com estampas floridas e carregava um leque da mesma cor.

– Pois não? – Hassir disse.

– Importa-se se minha prima e eu nos sentarmos com o senhor? É que esta mesa parece mais confortável que as outras e é a única com uma visão esplêndida do mar!

– C-claro que não – Hassir respondeu. – Estejam à vontade. Entretanto, já fiz meu pedido. Espero que não se importem.

Puxando uma cadeira, a mulher, sorridente e elegante se sentou e foi logo dizendo:

– Muito obrigada. Estou com uma fome.... O que o senhor pediu? Recomenda alguma coisa?

Antes que ele pudesse responder, notou que a mulher dirigia o olhar a um ponto atrás dele, na direção da porta do restaurante. Ela não era particularmente bonita; aliás, parecia ligeiramente acima do peso, apesar de elegante e graciosa; mas tinha olhos castanhos alegres e interessantes, cabelos escuros e cacheados, que ficavam bem, em conjunto com seu rosto claro. Ela não usava chapéu. De súbito, começou a acenar.

Discreto, Hassir se virou e viu, à porta da entrada do restaurante, uma senhora que aparentava certo avanço em idade, de baixa estatura, usando um chapéu cuja aba era grande demais e um vestido de cor creme. A mulher não respondeu ao aceno da outra, mas como era a única pessoa parada ali, o cumprimento só poderia ser para ela.

– Talvez sua prima prefira outro lugar – ele comentou.

– Bobagem – retrucou sua companheira de mesa. – Ela vai aonde eu for, confia no meu gosto para escolher os melhores lugares. Aliás, obrigada de novo pela gentileza em permitir que nos sentemos com o senhor.

Ele apenas assentiu com a cabeça, sorrindo delicadamente.

A mulher de vestido carmesim florido acenou novamente, desta vez com mais vigor. Moveu o corpo para a frente, o que deixou Hassir com a impressão de que iria se levantar para ir se encontrar com a outra.

– A propósito – ela disse, abaixando o braço finalmente. – Sou Harriet Wagner. Viajo a passeio.

– Hassir Mansur, Sra...

– Senhorita – ela corrigiu, sorrindo.

– Srta. Wagner. É um prazer conhecê-la.

– Igualmente, senhor Mansur. Tem negócios em Nova York, presumo?

– Sim – Hassir respondeu, após tomar outro gole de água. – Mas também pretendo visitar parentes lá.

– Ah, sim. Rita – minha prima – e eu não conhecemos ninguém lá. Bem, ninguém exceto o irmão de Rita, meu primo, que já mora na América há vinte anos.

– Então conhecem *alguém* – Hassir não pôde se conter.

Harriet sorriu.

– É verdade. Mas ele é um solitário. Nunca se casou, e duvido que tenha amigos americanos. Sabe, nós britânicos, às vezes somos muito antissociais em ambientes que não sejam nossa corriola imediata.

– Sim, sei disso.

Harriet ia dizer mais alguma coisa, quando a sombra discreta e silenciosa de sua prima cobriu parte da mesa.

– Deixe-me apresentar – disse Harriet. – Rita, este é o senhor Mansur, que gentilmente nos permitiu sentar em sua companhia. Sr. Mansur, minha prima, a Sra. Rita Bromski.

A mulher que hesitantemente ofereceu a mão para ser beijada por Hassir Mansur parecia tão lívida e quase catatônica como se fosse feita de cera! Seus olhos absurdamente claros tinham um mal-disfarçado brilho de horror.

– Encantado em conhecê-la, Sra. Bromski. Será um privilégio jantar na companhia das senhoras – Hassir assegurou à mulher idosa, com exagerada cortesia.

– Sente-se, Rita. Estava dizendo ao Sr. Mansur como fico com fome quando viajo. Acho que vou pedir... O que o senhor vai comer, Sr. Mansur?

– Pato assado com batatas.

– Humm, parece interessante... Que ótima ideia. Quero isso também. E você, Rita? Quer ver o cardápio?

Uma Rita paralisada se apoiava no encosto da terceira cadeira à mesa. Com certo esforço, ela desviou os olhos, até então fixos em Hassir, para a prima.

– Não fique muito tempo em pé, querida – insistiu Harriet. – Olhe o bico de papagaio. Sente-se. Tenho certeza de que vamos adorar a comida.

Sem saber um do outro, tanto Hassir quanto Harriet riam por dentro. Que deliciosa provocação contra a ultraconservadora Rita. Mas aquele cavalheiro indiano era absolutamente irresistível. Ela não podia deixar passar aquela oportunidade. E ele estava sozinho...

Que engraçado viver o personagem, e sentir o efeito que isso causava nas pessoas. Aquela mulher, Rita Bromski, provavelmente jamais teria imaginado que um dia se sentaria à mesa com um indiano... Ainda mais um indiano falso, se ela soubesse. Hassir/Dennis O'Brien estava se divertindo imensamente...

Mas havia um problema. Se a prima insistisse em permanecer ali, pensou Hassir, a velha Rita poderia ter uma síncope. Aliás, talvez já estivesse sofrendo um ataque cardíaco, exatamente naquele momento! Se ele não se controlasse, seu riso interno explodiria em gargalhada.

O pato assado chegou, trazido por um atendente. Alvoroçada, Harriet não sabia se elogiava o aspecto saboroso da iguaria, ou se insistia com sua prima para que experimentasse o mesmo prato que ela estava prestes a pedir. Agitada, fazia as duas coisas ao mesmo tempo... Hassir pediu mais água; e Rita, finalmente dando algum sinal de vida além do olhar estarrecido, arrastou lentamente a cadeira, a fim de se sentar. Um maitré se apressou ao encontro da velha senhora, e segurou a cadeira para ela, até que se ajeitasse. Claro que Rita Bromski não se virou para agradecer. Após olhar, sem ver, para um cardápio aberto à sua frente, ela conseguiu grunhir para a prima:

– *Quero um English chowder.**

– O quê? – quase gritou Harriet. – Desculpe. Não ouvi, querida.

**Sopa cremosa, típica inglesa. (N. do A.)*

– Ela quer um *English chowder* – repetiu Hassir.

– Ah, sim... Já vamos chamar o garçom.

Aquele era o pior dia na vida de Rita Bromski.

No canto diretamente oposto do salão, sentado a uma mesa pequena, discreta, ricamente decorada e pronta para o jantar, o Revendo John McKeefe saboreava seu primeiro gole de vinho da noite. De lá, ele podia ver o movimento em volta de Hassir Mansur.

– Aquele indiano não devia estar esperando visita – disse McKeefe ao seu companheiro de jantar e amigo, o Professor Karl Krüger, arqueólogo alemão residente na Inglaterra.

– Como sabe disso? – perguntou o professor, esfregando efusivamente os bigodes espessos e grisalhos com a ponta do guardanapo. Logo em seguida, tirou os óculos e começou a esfregá-los com o mesmo guardanapo.

– Não ouço o que eles dizem daqui, claro – respondeu o reverendo. – Mas vi quando a mais jovem e rechonchuda se aproximou e, depois, o modo como apresentou a colega. Ela simplesmente invadiu o espaço do indiano...

McKeefe falava em um tom de divertimento. Seus 60 anos de idade, 37 dos quais no ministério, lhe davam a confiança de seus instintos. Ele se julgava um bom conhecedor das pessoas e seus motivos. A mulher de vestido florido procurava companhia. Companhia masculina, evidentemente. E apesar da distância, McKeefe pôde notar a relutância com que a senhora idosa se sentara à mesa. Falar a uma congregação, às vezes lotada, dava ao religioso a oportunidade não só de se deliciar com o som da própria voz, mas também de observar a reação de pelo menos grande parte dos presentes. Gestos de impaciência, hesitação, ou até de admiração não lhe escapavam facilmente.

– Você devia se casar novamente – comentou Krüger. – A companhia feminina não só o deixaria mais alegre, como menos bisbilhoteiro. – Ele tossiu, e precisou engolir um pouco de água.

– Está vendo? – McKeefe virou-se para o amigo, com um sorriso maroto. – Fale mal de um homem de Deus, e se engasgue!

Refeito, Karl Krüger riu.

– Falar mal, não, meu amigo. Digo a verdade. Você é um bisbilhoteiro, sim. De minha parte, nem tinha notado que havia um indiano em nosso restaurante.

O Professor Krüger era homem magro, muito alto, cujo porte se fazia notar mesmo enquanto estava sentado. Os cabelos e o cavanhaque grisalhos ajudavam a revelar sua posição de catedrático. Embora aposentado de suas funções – ele já tinha 70 anos, e não mais visitava lugares distantes em busca de traços de civilizações antigas – Krüger mantinha a mente ativa, lendo muito e escrevendo artigos para a revista *The Archaelogist.*

John McKeefe riu, também. Levantou o copo e fez um gesto de "saúde" para o amigo.

– Hellen foi a primeira e única, meu amigo – disse. – Estou muito bem, em paz comigo mesmo e com Deus. Além do mais, posso ser um bisbilhoteiro, mas respeito as diferenças e os espaços alheios. Você sabe disso...

– Isso é verdade – concordou o Krüger. – Nunca vi um ministro de uma igreja específica ser tão aberto a ponto de aceitar outros, católicos, hindus, e até judeus, como "irmãos de fé", como você gosta de dizer.

– Tenho orgulho de minha fé anglicana, Karl – disse o reverendo, pensativo. – Mas conheço homens bons de todas as denominações religiosas e filosofias. Sento à mesa para cear com judeus, sim, bem como com padres católicos, e até com ateus como você! – Ele selou o último comentário com um riso curto e amistoso.

– *Komm, lass uns darauf trinken!**

O reverendo, com vinho, e o professor, com água, brindaram discretamente e voltaram a beber.

– Já estive em Nova York antes, sabe? – comentou McKeefe. – Não sei se já lhe contei, mas a família de Hellen me recebeu naquela magnífica cidade duas vezes.

**Brindemos a isso!* (*N. do A.)*

– Não, eu não sabia. Bem, sabia que a família de Hellen era americana.

– Todos, há várias gerações. Só ela nasceu fora da América e veio morar na Inglaterra.

Vendo um garçom passar com um carrinho de iguarias, Krüger estalou os dedos, chamando-o.

– Essas ostras vão bem, para começar – disse ao jovem garçom, que começou a servi-lo. – Quer? – perguntou Krüger ao amigo.

– Não. Só depois do meu terceiro cálice.

Enquanto mastigava com absoluto deleite as ostras, Krüger perguntou:

– Já faz o quê? Sete anos?

– Que Hellen morreu? Sim, sete anos e dois meses.

– Desculpe se a pergunta o incomoda... – completou Krüger, quase sem abrir os lábios por causa das ostras.

– De modo algum. Sinto falta dela às vezes, mas acredito que está bem, onde quer que se encontre.

O Reverendo McKeefe não se limitava a repetir chavões religiosos. Ele de fato acreditava que a vida continuava após a morte. E acreditava que agora sua amada Hellen devia estar no que a Igreja gostava de chamar de o Reino dos Céus. Ou pelo menos algo semelhante, ele não tinha certeza... Era um homem bem apessoado, corpulento, quase nem um pouco calvo e com os cabelos quase totalmente escuros apesar da idade – um homem que ainda podia atrair o interesse das mulheres. Mas resolvera se dedicar exclusivamente ao ministério quando se tornara viúvo.

– Bem, sabe que respeito suas convicções – disse Krüger, entre uma garfada e outra. – Gostaria de acreditar, como vocês acreditam. Mas infelizmente, acho que sou um cético inveterado.

McKeefe sorriu, compreensivo.

– Um dia talvez mude de ideia. Mas como eu disse, respeito até os ateus. Embora eles me achem bisbilhoteiros...

Krüger riu, e mais uma vez quase se engasgou.

– Assuma, John – ele insistiu. – Você está doido para saber qual será o desfecho do encontro do indiano e das duas solteironas... Pois é óbvio que pelo menos uma delas é solteirona.

Em meio ao riso, McKeefe disse:

– Estou curioso, sim. A mais velha é viúva, tenho certeza. Tem o porte da mulher que já foi casada e hoje desfruta a solidão da velhice. – Discretamente, ele olhou para a mesa em questão. – Veja só. Não é mãe da outra... Não... Deve ser uma tia... Os modos da mais jovem com ela não são de filha. Talvez sobrinha, mesmo. Noto outra coisa, meu amigo. A senhora está mortificada. Parece uma estátua, sentada ali, naquele vestido cor de gesso envelhecido. Deve ser um horror para ela, a experiência...

– Que experiência? – perguntou Krüger, fixando os olhos miúdos atrás das lentes no amigo.

– De sentar à mesa do jantar com um colono. Não é assim que nós, europeus, vemos os outros? Aliás, para o bem ou para o mal, é isso que são os indianos: colonos, pobres coitados!

– Que há de mal em ser colono, desde que seja bem tratado?

Sem desviar o olhar furtivo da mesa do indiano, McKeefe retrucou:

– Bem tratado! Você é ingênuo ou irônico, meu amigo. Acho que um pouco dos dois. Chegamos às terras deles, dominamo-los em nome de nossos reis, de nossos governantes, de nossa civilização superior; damos a eles migalhas e brinquedos para acreditarem que cuidaremos deles... E você diz que são bem tratados? Arrancamos tudo de suas riquezas. Sujeitamo-los a humilhações a ponto de até a alma deles não poder mais respirar...

– Está certo, está certo... – interrompeu Krüger, terminando as ostras, e temeroso de um clima pesado até o fim da noite. – Não vamos enveredar por esse caminho político tétrico agora, por favor. Coma algo, meu amigo. Já bebeu demais. E por favor, não comece a pregar, agora – ele acrescentou, sorrindo.

McKeefe sorriu também, mas continuou olhando para a mesa do indiano e das duas mulheres.

De repente, endireitou-se na cadeira. Seus olhos brilharam.

– O que foi? – quis saber o amigo.

– Agora a coisa vai ficar interessante.

O Professor Krüger dirigiu o olhar para a mesa do indiano.

O homem vestido na extravagante túnica púrpura subitamente parara de dar atenção às "convidadas", girando a cabeça em direção à porta de entrada. Uma jovem trajando um vestido cor de vinho, chapéu creme com uma fita da mesma cor do vestido, e usando um colar que reluzia mesmo àquela distância, conversava com um dos maîtres. Este apontou discretamente para a mesa do homem em púrpura. Em seguida, os dois se encaminharam para lá.

Krüger e McKeefe viram quando o indiano se levantou. Acompanhado do maître, a jovem chegou à mesa.

– Por essa, a moça gordinha não esperava... – foi o comentário do Reverendo McKeefe.

Nesse exato momento, dois violinistas se aproximaram também...

Hassir Mansur beijou a mão de sua convidada.

– Que prazer imenso, senhora! – disse, fitando-a. – Cheguei a pensar que não viria.

A moça mostrou um sorriso encabulado, talvez incerta quanto à própria decisão de ter aceitado o convite.

– Deixe-me apresentá-la – continuou Hassir. – Esta é a Sra. Bromski, e esta é a Srta. Wagner... Senhoras, minha convidada, a Sra. Katherine Mansfield.

Após os devidos cumprimentos, e quando Katherine já estava sentada, Harriet Wagner tomou a palavra:

– Mil perdões, Sr. Mansur. Se soubéssemos que estaria acompanhado, eu...

– Não se preocupe com isso, Srta. Wagner. A Sra. Mansfield e eu acabamos de nos conhecer no navio, não é verdade, senhora?

– Sim – respondeu Katherine, afável. – Foi por acaso...

– Bem, como não acredito muito no acaso – interrompeu Hassir –, creio que nosso *rendez-vous* foi proposital. Não por sua parte, claro, nem pela minha. Talvez o destino.

– Conheceram-se aqui, então? – perguntou Harriet. Embora ainda amável e risonha, seus olhos brilhavam menos agora, o que traía uma certa decepção.

– Exatamente – disse Hassir. – Nas circunstâncias mais engraçadas possíveis.

– Engraçadas?

– Vou lhe explicar. – Ele enfiou a mão por baixo da túnica, à altura do peito, remexendo algo por baixo do tecido púrpura. Quando tirou a mão do bolso interno, ou de um bolso na camisa, nela havia um relógio dourado, com uma corrente curta. Na verdade, sob olhar atento, Harriet percebeu que a corrente estava partida. – Carrego esta preciosidade aonde quer que eu vá. Foi de meu pai. Após me instalar em minha cabine, fui à sala de fumantes e logo em seguida saí para o convés, pouco depois de escurecer Quis ver as horas, mas estava escuro demais e puxei o relógio com certa força, para mais perto do rosto. Acho que a velha corrente não aguentou, e se soltou do bolso de minhas calças. Não consegui segurá-lo e ele despencou...

– Que curioso! – exclamou Harriet, enquanto virava para a esquerda, olhando a prima, como que para encorajá-la a participar da conversa.

– Pois é – disse Hassir. – Ele teria se espedaçado no convés inferior se, para minha sorte, a Sra. Mansfield não estivesse passando justamente por lá, naquele momento. Agora me digam: dá para acreditar no acaso?

– Percebi uma coisa brilhante no ar, apesar do escuro – acrescentou Katherine, olhando para Hassir, e não para as duas mulheres. – E como lhe disse, instintivamente estendi a mão. O relógio caiu nela e consegui apará-lo com a outra mão.

– *Onde a senhora disse que estava?* – a voz de Rita surpreendeu a todos, particularmente a Harriet, que jogou a cabeça para trás e arregalou os olhos em direção à prima.

Katherine hesitou em responder, a princípio. Não por embaraço, mas pelo estranhamento da voz da velha senhora, que soara como um rosnado.

– No convés inferior. Não sei bem em que ponto... Acho que perto da entrada para o restaurante, mas realmente não tenho certeza.

Rita se calou de novo. Harriet sabia o que ela estava pensando. Hassir convidara uma passageira da segunda classe para jantar com ele, na primeira.

– Desci até onde ela estava – disse Hassir –, começamos a conversar e notamos que temos muito em comum. Não é mesmo, Sra. Mansfield?

Ela se limitou a sorrir para seu anfitrião.

Se Katherine Mansfield queria passar momentos sozinha com Hassir Mansur, degustando um jantar elegante e agradável, pensou Harriet, sem dúvida se decepcionara. Se ela, Harriet, tivesse ideia do que ia acontecer, não teria sido tão indiscreta. Pedir licença agora e procurar outra mesa não só seria deselegante, como causaria tremendo embaraço a todos. Ficar era a única opção. Mas ela própria, Harriet, sentia como se um balde de água gelada tivesse caído sobre sua cabeça. Paciência. O jeito seria aproveitar o jantar e a conversa. Além do mais, a Sra. Mansfield parecia reservada, mas simpática. E, tinha de admitir: obrigar Rita a fazer uma refeição ao lado de um indiano e de uma mulher que viajava em segunda classe era, no mínimo, divertido.

– Estava me dizendo que seu marido a aguarda em Nova York, não é? – perguntou Hassir à sua convidada.

– Sim. Está lá faz certo tempo – confirmou Katherine. – Creio que ficaremos na América ainda até o fim do ano, quando voltaremos para cá definitivamente.

– Há quanto tempo o senhor vive na Inglaterra, Sr. Mansur? – interveio Harriet.

– Ah, a maior parte de minha vida...

– Entendo.

Rita Bromski desistiu de fixar os olhos no nada, e lentamente se virou para o homem sentado entre ela e a Sra. Mansfield. Harriet se sentara de frente para ele, à direita de Rita.

– Permite-me um comentário? – disse Rita.

– Claro. Pois não? – retrucou Hassir, entre curioso e surpreso.

– O senhor não tem o menor sotaque indiano. Já vi outros indianos que moram na Inglaterra. Mas falam inglês como se ainda estivessem em seu país...

Katherine sentiu o peso de um breve silêncio. Um leve trepidar no rosto de Hassir...

Harriet sabia que a observação da prima soara grosseira, mas como ela já estava acostumada com seus modos, apenas se divertiu ante a investida.

– É verdade, senhora – afirmou Hassir. – Sou extremamente adaptável. Desenvolvi os modos britânicos, muito rápido. Se tinha algum sotaque quando cheguei à Inglaterra, o perdi logo.

Rita mostrou um meio sorriso.

– Modos britânicos? Bem, suas vestimentas continuam, então, bastante... peculiares para os britânicos, não é verdade? – ela grunhiu.

Hassir riu.

– Tem razão – concordou. – Gosto desses trajes, sabe? São muito confortáveis, e me permitem lembrar de *minha origem*.

Touché. Harriet adorou a última resposta.

Rita se calou. Katherine examinou seu anfitrião, discretamente. Tinha certeza de que ele não gostara do comentário da velha senhora. Mas não por que se sentira inferiorizado. Era outra coisa...

O balanço do mar, àquela hora, era quase imperceptível. Vez por outra, no entanto, as bebidas se agitavam um pouco sobre a mesa, e um ou outro olhar de preocupação despontava entre os comensais.

Um rapaz de compleição escura, talvez indiano como o outro, trouxe o *chowder* de Rita Bromski. Para a infelicidade dos presentes, bem naquele instante, uma quase imperceptível trepidação fez, porém, com que a tigela de servir balançasse um pouco, e uma gota do creme fervente derramou sobre a manga da velha Rita.

Harriet temeu pela saúde da prima. Se até então, ela se controlara para não explodir de indignação pelas circunstâncias em que seria servido seu jantar, agora seu rosto se contorcia em uma expressão de tamanha fúria que, antes que pudesse extravasá-la, talvez desmaiasse – ou até pior.

– *OLHE O QUE ESTÁ FAZENDO!!!* – a mulher gritou, atraindo o olhar das mesas vizinhas. A aristocrata Rita Bromski perdera a compostura.

O jovem garçom, que não devia ter mais de 18 anos, emudeceu. Mais um pouco, Harriet pensou, ele ficaria mais branco que seu colete.

– M-mil perdões, madame! – o rapaz conseguiu balbuciar, finalmente. – É que...

– A que ponto chegamos?!!! – a velha continuou, em tom um pouco mais baixo. – Sentamo-nos para comer em companhi-... – ela se deteve. – Sento para jantar e sou escaldada viva? Saia daqui, moleque, miserável subalterno – ela completou o desaforo, enquanto o jovem tentava, afoito, limpar-lhe a manga. – Se não sabe servir às mesas, vá trabalhar nas caldeiras; vá servir a terceira classe, e que alguém me traga um caldo sem me queimar toda!

Dois maîtres já se acercavam da mesa, e entre eles, o jovem garçom desapareceu sem qualquer insistência. Entre os pedidos de desculpas dos dois, o praguejamento de Rita, os apelos de Harriet para que a prima se acalmasse e a expressão não disfarçada de júbilo no rosto de Hassir, Katherine Mansfield se sentiu mal. Antes de sequer olhar o cardápio, ela pediu licença e se levantou. Hassir a imitou.

– Por favor, não vá embora.

– Eu...

– Fique, eu insisto. Vamos jantar. Não deixe esse contratempo perturbá-la.

– *CONTRATEMPO?!* – guinchou Rita Bromski. – Tomo banho de caldo fervente, e ele diz contratempo?

– Rita, se você não se aquietar, eu ponho a mão sobre sua boca e peço para chamarem um médico, dizendo que você está tendo uma síncope! – advertiu Harriet, falando entre os dentes.

– Atreva-se e...

– Duvida? Continue com sua cena e verá.

Rita bufou, largou o guardanapo com qual tentava enxugar a manga do vestido e empurrou a cadeira para trás.

– Não quero mais jantar. Vamos embora, quero me recolher.

Hassir e Katherine ainda estavam em pé. Katherine virava os olhos, e contava até dez...

– Pode ir, se quiser – disse Harriet. – Estou com fome, vou jantar com meus novos amigos e só saio daqui quando tiver vontade.

Se pudesse, Rita fulminaria a prima com os olhos. Eles brilhavam como uma fornalha. Bufou mais uma vez e disse:

– Ora, pois muito bem.

Desajeitada, quase derrubando a cadeira, ela se levantou, apanhou a bolsa, que estava pendurada no encosto, e saiu marchando, bufando, quase tropeçando em meio à fúria.

Hassir fez com que Katherine se sentasse, de novo.

– Não se incomode mais com isso, por favor.

Harriet interveio:

– Nem sei como me desculpar. É coisa da idade, entendem?

– Não se preocupe, Srta. Wagner. Conheço a indignação dela. Não foi o incidente com a sopa que a deixou assim...

Harriet se sentiu embaraçada.

– De fato...

– É apenas uma questão cultural – disse Hassir. – Não podemos esperar que pessoas já dessa idade, habituadas a uma sociedade tão conservadora, crentes de sua própria superioridade, se sintam à vontade, de igual para igual, na presença de estrangeiros, ainda mais oriundos de uma colônia.

Harriet nada disse. Katherine pegou um lenço e o passou sobre o pescoço.

– Peço desculpas à senhora, também – disse Harriet. – Mas o Sr. Mansur tem razão. Não deixe que o incidente com minha prima estrague seu jantar... Aliás, se me desculparem, perdi o apetite. Vou andar um pouco pelo barco; e mais tarde, se o apetite voltar – ela sorriu – venho jantar sozinha. Minha prima não sairá da cabine esta noite, se bem a conheço.

Em silêncio, Harriet se levantou.

Antes que se afastasse, Hassir assegurou-lhe que foi um prazer conhecê-la, apesar do inconveniente, e que sem dúvida, eles voltariam a se encontrar. Katherine lhe desejou uma boa noite e, finalmente, respirou aliviada.

Agora, sem a companhia das duas mulheres, ela pegou o cardápio.

Do outro lado do restaurante, o Professor Karl Krüger segurou o garfo no ar, antes de provar seu segundo prato. Ao lado dele, o Reverendo McKeefe alternava o olhar entre o amigo e a mesa onde se dera a cena patética com Hassir e suas acompanhantes. Krüger parecia paralisado, olhando fixamente em direção à porta.

– Absurdo, não é? – cutucou McKeefe. Não obtendo sequer um resmungo de resposta, ele insistiu: – Karl. O que houve?

– *Um Gottenswillen!** Hum? É... realmente. Absurdo. Que espetáculo patético...! – O professor ainda não desviara o olhar, falando em tom meio catatônico.

**Pelo amor de Deus! (N. do A.)*

– E se ela não tomar cuidado, vai cair, do jeito que saiu, furiosa, meio cambaleando.

– Seria muito bem feito... – afirmou Krüger.

– Como?

O professor respirou fundo, baixou o garfo de volta ao prato, e forçou um sorriso, dessa vez nada natural.

– Ela não tinha mesmo o direito de tratar o rapaz daquele jeito... Claro que como passageiros pagantes, não podemos aceitar que...

– Espere um pouco, Karl – interrompeu John McKeefe. – Por que ficou chocado, afinal? Todos no restaurante, que aliás é muito grande, mas mesmo assim a voz da velha ecoou por toda parte... enfim, todos devem ter ouvido o motivo do escândalo. Em um navio em alto mar, será que um incidente tão pequeno quanto uma migalha de comida caindo na mesa, ou sei lá onde, é razão para tal distúrbio?

-N-não. Claro que não. Realmente, as pessoas são tão insensíveis...

Notando que o amigo falava de modo incoerente, McKeefe pôs a mão em seu braço e o apertou.

– Falando sério, Karl. O que houve? Você ficou abalado com alguma coisa. O que é?

Krüger suspirou, recostou-se na cadeira, e sorriu para o amigo, por baixo do grosso bigode.

– As coincidências na vida de um homem podem deixá-lo extasiado, ou fazê-lo perder o juízo, não podem, John?

O rosto do reverendo se converteu em um ponto de interrogação.

– Aquela mulher que você estava bisbilhotando, John, é Rita Bromski...

– Você a conhece? Sério? E não me disse nada, seu velho safado...

– Só a reconheci quando se levantou. Aliás, desconfiei quem era quando começou a gritar. A voz era inconfundível.

John McKeefe, que ainda não pedira nada para comer, pediu também um prato de ostras, esperou que chegasse; e só então, servindo-se de água, quebrou o silêncio.

– Pode ir contando... De onde conhece aquele encanto de criatura?

Karl Krüger contorceu o bigode em mais um sorriso. Sem olhar para o amigo, começou a falar:

– Já faz cinco anos. Você se lembra, é claro, de minha expedição ao Egito, acompanhado de minha equipe inglesa, e mais dois arqueólogos alemães?

– Sim.

– O principal patrocinador da expedição, e ao mesmo tempo o maior curioso por relíquias e templos egípcios que já conheci na vida, era um milionário polonês, que viera para a Inglaterra com as mãos abanando, mas soube fazer fortuna no país. Ele nunca nos negava verba. Pedíamos cada vez mais, pois precisávamos de equipamentos, dinheiro para *subornar* as autoridades locais corruptas, mantimentos apropriados, enfim... Ele sempre nos dava o que queríamos...

– Mas você me contou que a expedição foi interrompida e nunca retomada!

– Claro. Quando ele morreu.

– Sim, eu me lembro – comentou McKeefe, servindo-se de ostra.

– A expedição foi interrompida, meu caro amigo, porque a ilustre esposa do milionário polonês, e única herdeira de todo o dinheiro dele, não se interessava por arqueologia, detestava tudo o que fosse árabe ou do Oriente Médio, e simplesmente não nos deixou ter mais um único centavo. Foi um fracasso total. O que já havíamos conquistado foi perdido, e não tínhamos como recuperar. Voltamos para casa como um bando de falidos e fracassados. As escavações não foram terminadas. Creio que até hoje, nenhum outro se interessou em pesquisar no local. E tudo por culpa daquela... bruxa velha, a viúva de Ivan Bromski. Tomara que caia no mar e morra afogada, maldita!

John McKeefe riu.

– Calma, amigo – disse, batendo de leve no braço do amigo. – Alguém pode ouvir você e ter ideias erradas. Não se preocupe, pois não vou lhe dar um sermão sobre a importância de perdoar e coisa e tal. Mas você se deu bem em sua carreira – e ainda se dá – mesmo a despeito da malograda expedição.

– E não graças à Sra. Bromski! – O Professor Krüger olhou em direção à porta por onde saíra a velha senhora. – Nunca pensei que a veria novamente. Quando me lembro do olhar de desdém da canalha...

John McKeefe sabia quando devia se omitir. Apelar para o atual sucesso do amigo e insistir na questão do "perdoar e esquecer" em nada ajudariam, agora. Só esperava que o amigo não deixasse de saborear as delícias de uma viagem marítima por causa de um fantasma do passado.

– Assim que acabarmos de jantar – ele disse, por fim – sugiro darmos uma caminhada pelo convés. Não está muito frio, e podemos bater papo com outros passageiros, fumar um charuto e tomar um *brandy* com os outros cavalheiros... e quem sabe cortejar alguma jovem, ou mesmo não tão jovem senhorita... – Ele sorria, tentando animar Krüger.

– É uma boa ideia, mesmo. Preciso de exercício para ajudar a digestão. Principalmente após aquela visão do inferno. Dispenso o charuto, mas as jovens senhoritas... Duvido que veja você cortejando alguém... Seria muito bom, claro.

McKeefe riu discretamente e continuou a comer.

Capítulo 3

Encontros na noite

Menos de uma hora após a cena tragicômica no restaurante da primeira classe, Hassir e Katherine já haviam terminado o jantar e agora caminhavam pelo convés, em direção oposta ao restaurante. Muita gente ainda se dirigia para lá, mas eles se afastavam da turba. A brisa suave já não era mais tão suave, e Katherine apertou as pontas de seu xale em volta dos ombros.

– Está com frio? – perguntou Hassir.

– Ainda não – ela respondeu, sorrindo. – Mas se demorarmos muito, creio que vamos sentir a queda da temperatura.

– Podemos nos refugiar em alguma das salas, lá dentro, se quiser.

– Não. Está gostoso aqui. O céu estrelado é deslumbrante.

Hassir sabia que sua recente amiga era casada. Assim ela lhe dissera. Ele sabia que não era o melhor momento de sua vida para se envolver com quem quer que fosse. Mas o olhar cândido de Katherine Mansfield, seu modo perfeito de falar, sempre usando as palavras certas, jamais constrangendo alguém, despertavam-lhe o interesse. E se conheciam há tão pouco tempo!

– Sabe, senhora – ele disse, quando se detiveram diante do parapeito. – Perdão se sou muito direto, mas a senhora me inspira confiança. Preciso lhe perguntar: o que achou dos comentários da Sra. Bromski?

Ela balançou a cabeça.

– Bem, Sr. Mansur...

– Hassir, por favor.

– Claro. Hassir. Então, por favor, chame-me de Katherine. Bem, respondendo à sua pergunta, os modos dela com o garçom foram...

– Sim, mas me refiro ao que ela disse antes... a *mim*.

– A você?

– Sim. Quando ela falou de meu sotaque. Quando comentou a respeito de meus trajes...

Katherine deu de ombros, mas novamente teve aquela impressão esquisita de Hassir.

– Por que se interessa por isso? É uma mulher preconceituosa, debochada...

– Sim, mas o modo como ela me olhou. Era como se...

– Como se desconfiasse de você? Como se suspeitasse que não é indiano?

Hassir meneou a cabeça, tirou os óculos e limpou-os com a manga da túnica.

– Mais ou menos isso – ele disse, recolocando os óculos. – Mas é claro que não haveria motivo para isso, haveria?

– Não sei... – Katherine respondeu. – Haveria?

– Não, claro que não – Hassir se apressou em responder. – Só que pessoas como a Sra. Bromski vivem desconfiando de todos os que não são de seus círculos. Aliás, até dos que são.

Katherine riu. Era um riso triste, mais cortês que sincero.

– Acho que todos nós temos segredos, Sr..., quero dizer, Hassir.

– Hummm.... isso é interessante. Que segredo você teria?

– Não é segredo. Mas há quem me julgue *comunista*, embora eu não me ache.

– É mesmo?

– Talvez não exatamente comunista. Mas socialista. Pró-proletariado. Anti-imperialista, qualquer coisa assim.

– Ah, entendo! Tem algum envolvimento político?

– Não, não... Nada disso. Bem, por enquanto não. Apenas não tenho paciência com os ares de superioridade da aristocracia inglesa, ou europeia em geral. Homem escravo do homem... Quem começou com isso, afinal?

Hassir suspirou.

– Acho que a ideia nasceu com a própria humanidade – ele disse.

– Pois a acho abominável! Não aceito a ideia de escravidão! – Katherine quase gritou, agora. Hassir viu as veias em seu pescoço se dilatarem quando ela se alterou. – E ela existe ainda, em variadas formas. O preconceito dessa tal classe média alta, com sua pretensa superioridade; preconceito contra pobres, contra estrangeiros, contra negros... O que é isso senão um resquício da mentalidade escravocrata? Esse desdém contra os próprios empregados, trabalhadores deste navio! Quem dá o direito àquela mulher, por exemplo, de falar daquela maneira com o garçom?

– Acalme-se, Katherine – Hassir pediu. – Você tem razão. Também abomino a intolerância preconceituosa. Mas não pode mudar as coisas só porque não concorda com elas...

– Por que não? Alguém tem que tentar.

Hassir sorriu-lhe discretamente. Quanto mais a ouvia, mais a admirava. E mais bonita ele a achava, expressando-se assim tão francamente.

Nenhum dos dois percebeu quando o Professor Karl Krüger e o Reverendo John McKeefe passaram por trás deles, em silêncio. O reverendo os teria cumprimentado ao menos com um gesto de cabeça, mas os dois jovens estavam tão absortos na companhia um do outro, que não o notariam.

Dali a alguns instantes, o professor e o reverendo entraram na sala de diversões – um salão de jogos não muito grande, porém, confortável, com mesas para cartas, xadrez e gamão. Os sofás estofados de couro marrom e espaldar alto eram convidativos, mas ambos os homens preferiam a companhia de jogadores de pôquer...

Dali a dez minutos, Katherine Mansfield se deteve em frente à porta de sua cabine. Antes de abri-la, virou-se mais uma vez para o seu acompanhante.

– Muito obrigada pela noite agradabilíssima, Hassir – ela disse.

– Ora, eu é que devo agradecer por sua companhia.

Ela já estava destrancando a porta, quando Hassir voltou a falar:

– Katherine, podemos nos encontrar amanhã novamente? Que tal à hora do almoço? Não tenho muita companhia, nesta viagem, como pode imaginar. E não é só isso. Gostei muito de nossa conversa. E...

Ele se deteve. Por trás de seus óculos extremamente claros, fixava os olhos nela, com uma admiração indisfarçável. Katherine queria lhe desejar boa-noite, mas não conseguia. Agora não se sentia mais assolada por uma impressão esquisita; a sensação era outra, agradável, forte, mas por sua vez, não deixava de incomodar... Melhor seria não dar muita atenção a tal sentimento. Mesmo assim, surpreendeu a si própria, dizendo:

– Claro, Hassir. Será um prazer. Podemos, então, nos encontrar onde?

– Venho até aqui – ele disse, visivelmente animado. – Que tal, ao meio-dia?

Ela assentiu com a cabeça, despedindo-se com um doce sorriso.

Enquanto Hassir desaparecia no fim do corredor, uma porta entreaberta, não muito longe da cabine de Katherine, se fechou.

Do outro lado da porta, dentro da cabine, Hermínia Matoso respirou, aliviada.

Thiago tinha saído, dizendo que ia fumar e que voltaria logo.

O casal já jantara, e os dois caminharam por um bom tempo pelas dependências da segunda classe do Titanic. Agora, sozinha,

Hermínia se sentou diante da penteadeira, certa de que suas suspeitas eram nada mais que uma imbecilidade. Como podia suspeitar do marido assim? Logo ele, que nunca dera o menor sinal de infidelidade. Por cerca de uma hora, o peso da incerteza lhe cutucara, ferindo-lhe o orgulho, machucando-lhe o amor próprio. Mais ou menos uns vinte minutos após a saída do marido, ela, num impulso, correu até a porta de Katherine e bateu. Não obtendo resposta, chamou pela moça. Chamou de novo e nada. Bateu novamente. Katherine não estava na cabine. Aquilo bastou para a suspeita se formar... E agora, Hermínia se censurava por tais pensamentos. Mesmo assim, o alívio era imenso: Katherine acabara de voltar para a cabine na companhia de um homem. Um indiano em trajes típicos de seu país. Não era Thiago.

As acomodações da segunda classe podiam não ser as melhores disponíveis – certamente não eram – mas pelo menos ela estava na companhia da pessoa que ela mais amava no mundo. Pelo menos, achava que sim. Claro que o amava... Hermínia escovou os cabelos, começou a retirar a maquiagem, e logo mais experimentaria a primeira noite na cama, no Titanic.

Mas onde se metera Thiago?

– Maldito sotaque! – exclamou Hassir/Dennis – para si próprio, sozinho em sua cabine. Ele tirara a túnica, soltara os suspensórios e desabotoara a camisa. Tinha até ensaiado o sotaque indiano, sabia imitá-lo com perfeição. Esquecera-se completamente, logo que conversara com a Sra. Mansfield, quando ela resgatou seu relógio. Tampouco se lembrou do tal sotaque ao sentar no restaurante e conversar com as três mulheres. Mas tudo aquilo era muito engraçado, e ele sorria, apesar da autonegligência.

Hassir andava pela luxuosíssima cabine toda decorada de sedas e adereços indianos, que trouxera consigo e insistira que fossem espalhados pelo quarto. Tirou de vez a camisa e se olhou no espelho. Gostou do que viu: peitorais e braços bem definidos, abdômen bem plano, tez escura, própria de indiano (mesmo para um falso indiano), poucos pelos no peito... Ele era vaidoso e admitia isso. Mas não foi movido pela vaidade que convidara Katherine Mansfield para jantar e para se encontrar com ele de novo no dia seguinte. Fora simpatia. Grande admiração por aquela moça que ele mal conhecia... Era estranho, mas sentia como se os dois já se conhecessem; como se não tivessem se encontrado por acaso. O episódio do relógio parecia a artimanha de uma força estranha em ação, uma entidade pensante, ou um joguete do Destino. Mas precisava tomar muito cuidado. Nunca se podia confiar totalmente nas pessoas. Infelizmente, a situação dele ainda exigia cautela. Além do mais, Annalee o aguardava. Ela precisava dele. O disfarce não podia ser revelado. Nem mesmo pela indelicada e bisbilhoteira Sra. Bromski...

No convés superior, o Reverendo McKeefe deixou o amigo entretido em sua partida de xadrez com um jovem empresário americano, e saiu para respirar o ar fresco da noite. Abriu a porta envidraçada com tanta delicadeza que ela não produziu ruído algum, e ninguém percebeu sua saída.

Tão logo se viu ao ar livre, McKeefe distinguiu a silhueta de uma mulher apoiada no parapeito. Apurou a vista. Embora estivesse escuro, logo percebeu quem era. A acompanhante da insana Rita Bromski estava de costas para ele, como que contemplando o mar ou o céu noturno.

Silencioso, John McKeefe se aproximou.

– Boa noite – arriscou cumprimentar.

Harriet Wagner se virou, espantada. Instintivamente, levou a mão direita aos olhos, enxugando-os. Estava chorando ou tinha chorado.

O reverendo tombou a cabeça ligeiramente para um lado e Harriet viu que seu rosto parecia paternal. Seus trajes escuros, com o meio do colarinho branco, revelavam sua vocação.

– Posso lhe fazer companhia um instante? – o religioso perguntou.

Harriet Wagner respirou fundo e enxugou o resto das lágrimas.

– Claro – ela respondeu.

Os dois se sentaram em espreguiçadeiras e começaram a conversar.

Thiago Matoso tirou do bolso o relógio: 22h11. Não tinha ideia de quanto tempo ficara fora, pois nem olhara as horas ao sair. Já vinha caminhando e às vezes parando para contemplar o céu estrelado há algum tempo. Não devia ser nem 21h30 quando disse à Hermínia que iria ao salão de fumantes.

Passos no convés superior lhe chamavam a atenção. Os passageiros da terceira classe estavam agitados; ouvia risos, trechos de conversa e até um gritinho de criança, tudo lá de cima.

Há pouco, ouvira por acaso alguém, possivelmente um funcionário, resmungar algo do tipo "quem aquela bruxa pensa que é?" A voz viera de trás de uma porta entreaberta no convés em que ele, Thiago, andava. Devia ser uma voz masculina, mas não tinha certeza, pois naquele exato momento, dois homens passaram conversando e rindo alto, no convés superior. Ele não se deteve para ouvir a conversa; continuou em seu caminho, mas inevitavelmente ouviu a resposta do interlocutor: desta vez, sim, inconfundivelmente uma voz de homem. "Deixe isso como está. Não pense mais no assunto. Por favor, não crie problemas com..." O resto da conversa se perdeu no vento noturno, para Thiago.

Ele estava preocupado. Não pensava que seria assim: Hermínia não apreciava a viagem. Queria acomodações melhores, comida melhor, companheiros de mesa de classe mais elevada. Ela não tinha dito nada disso com essas palavras, mas seus modos e comentários imprudentes deixavam tais sentimentos bem claros. Talvez ele tivesse sido egoísta; podia ter aceitado o convite do sogro e acomodado a si próprio e sua mulher na melhor parte do Titanic. Mas era importante para ele sentir que podia dar a Hermínia uma suntuosa viagem de presente. Agora tal ideia parecia tola. Mas a preocupação não se restringia à viagem. Seria possível que Hermínia se arrependesse de ter se casado com um homem de menos posses, talvez menores ambições, no entanto, bem "encaminhado" na vida, como diziam? Será que os pais de Hermínia o julgavam inferior por acharem que o orgulho não o deixava aceitar favores, ou presentes? Só ele sabia que não era nada disso... Não recusaria um presente dos sogros, mas por outro lado...

Thiago viu a Estrela Polar, e pensou: para onde será que está me guiando?

Sentiu um súbito arrepio, e tinha certeza de que não era apenas pelo frio da noite... Não sabia por que, mas desde o plano inicial de viajar para os Estados Unidos a bordo do Titanic, ele não se via chegando a Nova York. Não se via desembarcando lá; não tinha sequer um vislumbre do futuro próximo na América. O que significaria aquela sensação?

Desde a última conversa com a jovem inglesa, Katherine Mansfield, o casal Matoso e ela não tinham mais se encontrado. Não a viram tampouco no restaurante. O que ela estaria fazendo? Será que tinha noção de que um espírito desencarnado a acompanhava? Pois Thiago tinha certeza disso: o espírito tinha ligação com Katherine, não com ele nem Hermínia, muito menos com a embarcação.

Pensar no espírito não lhe dava medo. Sentia um grande impulso de procurar a moça e lhe dizer que uma alma desencarnada desejava se comunicar com ela... Essa certeza era irracional, ilógica, puramente instintiva. Talvez fosse melhor, antes, verificar se o tal espírito continuava presente ao lado da jovem.

Tudo ficara silencioso agora. Só se ouviam as ondas do mar.

Se alguém desse um passo naquele convés, ou em cima, ou talvez mesmo no convés inferior, da terceira classe, ele certamente ouviria...

Mas não foi um passo que ele ouviu...

Era um som característico. Peculiar. Fora de contexto.

Thiago se virou e olhou para cima.

– Espero estar enganado – disse a si mesmo.

Nada viu além de parte do parapeito superior e o infinito céu negro estrelado.

Às 22h55, quando a porta do salão de jogos se abriu no convés superior, o empresário James Brenton já estava de pé, vestindo o paletó cor de creme, preparando-se para sair. Três homens e duas senhoras ainda jogavam cartas na única outra mesa ocupada.

Para surpresa do Reverendo McKeefe, que entrou e fechou a porta atrás de si, bloqueando o vento, o homem até então jogando xadrez com o Sr. Brenton não era o Professor Krüger. Era um senhor de cabelos grisalhos, também, mas de aparência mais jovem, com o rosto vermelho e sem bigode.

– Seu amigo saiu – disse Brenton – há mais ou menos meia-hora, acho. Não tenho certeza, não olhei as horas. Acabamos a partida e ele disse que ia procurá-lo.

– Ah, nos desencontramos, então – comentou McKeefe, risonho. – A propósito, quem ganhou?

– Eu – respondeu Brenton. Ele era um homem alto, aparentando uns 30 anos, com ombros largos e um paletó que lhe parecia apertado, agora que o vestira. Os cabelos pretos, puxados para trás, eram bem curtos, quase raspados à altura das orelhas. – Olhe que o bom professor joga bem, viu? – acrescentou, sorrindo. – Mas foi um bom perdedor, devo admitir!

McKeefe riu.

– Verdade? Puxa, estou surpreso... Deve ter sido por isso que saiu logo; meu amigo detesta perder. Bem, boa noite, senhores. Vou me deitar. Krüger já deve estar em sua cabine, também.

– Boa noite, reverendo – responderam os dois homens, quase em uníssono.

John McKeefe saiu e fechou a porta. Brenton pegou o chapéu, que estava sobre uma cadeira, despediu-se de seu companheiro de xadrez e saiu também.

Uma vez lá fora, James Brenton, comerciante no ramo de apólices de seguro, achou incrível que o bom e velho reverendo tivesse desaparecido tão rápido de vista. Não estava em parte alguma do convés, e não saíra nem há cinco minutos.

Impressionante como o frio faz as pessoas se recolherem rápido. Nem estava tão frio... Mas talvez para um senhor da idade do reverendo, aquele vento incomodasse.

Brenton não queria ir para a cama, ainda. Era muito cedo. Procuraria o bar, e pediria um bom drinque. Talvez encontrasse alguém para conversar àquela hora. Sendo a maioria dos passageiros ingleses, seria difícil. Povo reservado, frio... E quando dizia que era americano, então (o que nem seria necessário, por seu sotaque), o olhavam com puro desdém. Nem todos, claro. O simpático reverendo era uma exceção. Assim como seu amigo, o velho arqueólogo. Mas se lembrou de que o arqueólogo era alemão.

Alguém andou apressado, pouco atrás de Brenton. Pareciam passos aflitos. Ele se virou para ver, mas já dobrara uma esquina e não enxergou ninguém. Correndo com pressa só podia ser um atendente, ainda em serviço, deduziu Brenton.

Prosseguiu a caminho do bar.

Subitamente ouviu um som distinto. Uma espécie de borrifo, um respingo. Alguma coisa caíra ou fora jogada ao mar. Não tardou até que novamente ele ouvisse passos, dessa vez mais distantes, pois em sua caminhada, já se afastara.

– Engraçado... – James Brenton murmurou. E não pensou mais no assunto.

– Puxa, amor! Como você demorou! – Hermínia disse, em meio a um bocejo. – Deve ter fumado muito, hein? – acrescentou, zombeteira.

– Fiquei um tempo contemplando o céu estrelado – retrucou Thiago, sentando-se ao lado da mulher, na cama.

– Caí no sono, mas acordei de novo – Hermínia se aconchegou para o lado do marido, deitando a cabeça em suas pernas. – Ouvi passos até agora há pouco.

– Claro – disse Thiago. – As pessoas não param de ir e vir. Você devia ter ido comigo. O ar fresco, salgado, me fez bem.... – Ele suspirou e tirou o paletó, jogando-o sobre uma cadeira.

– Este navio balança muito... Não sei se conseguirei dormir.

Thiago riu e curvou-se para beijar os cabelos de Hermínia. O mar estava calmo demais para o navio "balançar muito". E ele disse isso a ela.

– Não sei, não. Está um bocado incômodo. Hummm... essa barbinha crescendo é uma delícia...

Ele riu mais uma vez, de um jeito gostoso e descontraído.

– Vou me trocar, querida. Você vai dormir muito bem agora, com seu querido marido ao seu ladinho...

Ela riu, enquanto Thiago se levantava e se afastava da cama.

– Você ficou acordada até agora há pouco, não foi? – ele perguntou.

– Sim. Como eu disse, só cochilei um pouco e acordei de novo.

Parecia que Thiago queria lhe dizer algo. Hermínia percebeu isso, e perguntou:

– O que foi? Não me diga que viu aquele... *fantasma* de novo! Olhe que tenho medo, hein? Só me faltava ficar presa num navio que tem fantasmas...

– Não, não foi nada disso – Thiago se apressou em dizer. – Só quero saber se você ouviu alguma coisa estranha.

– Coisa estranha? – ela se sentou na cama. – Ah, meu Deus! O quê? Sabia! Aquela história de espíritos de novo. Thiago, por favor, pare de falar de...

– Calma, meu bem! Quem mencionou espíritos, afinal? Estou falando de outra coisa.

– Do quê? – Hermínia tombou a cabeça, com um ar de interrogação.

– Bem, eu estava lá fora, olhando para o céu, como lhe disse, apoiado no parapeito – ele desabotoou a camisa e começou a tirá-la. – Tenho quase certeza que ouvi um... – Deteve-se. Talvez fosse melhor não assustar a esposa com essa outra história; nada tinha a ver com "fantasmas", mas ela ficaria apavorada, da mesma forma.

– Um o quê, Thiago?

Ele jogou a camisa por cima do ombro e se virou para a esposa.

– Olhe, posso estar enganado – disse, resolvendo contar-lhe, afinal. – Mas tenho quase certeza de que ouvi um tiro. Estava muito silencioso. Não devo ter me confundido, não!

– Cruz credo! – Hermínia fez o sinal da cruz, um hábito seu quando dizia "cruz credo". – Você chamou alguém? Um dos oficiais ou...?

– Não, não – ele respondeu, enquanto colocava a camisa em um cabide, agora. – Não falei com ninguém. Fiquei tão estupefato, que nem saí do lugar, por uns instantes. Além do mais, não havia ninguém por perto. Até eu encontrar um funcionário, ou oficial, poderia demorar. E não quis criar confusão, também!

– Mas de onde será que veio? Foi perto de você? – Hermínia insistiu em saber.

– Não. Veio do convés superior.

– Da primeira classe, então? – ela arregalou os olhos. – Lá, onde deveríamos est...

Vendo que a mulher interrompia a própria fala, Thiago se adiantou:

– Onde deveríamos estar, não é? Você está detestando essa viagem, não está, meu amor?

Hermínia baixou os olhos, embaraçada. Mas logo se recompôs.

– Não, querido, não estou detestando coisa alguma – disse. – Mas é que, você há de convir, a cabine é apertada. É pouco iluminada, e os acessos às dependências como salões, restaurante são difíceis.

Thiago forçou um sorriso e balançou a cabeça. A cabina não era apertada. Não era pouco iluminada. E os acessos não eram difíceis.

– Querida... – Sem camisa, e ainda vestindo as calças, Thiago caminhou até a cama, estendeu os braços e segurou as duas mãos da esposa. – Vamos tentar o seguinte. Eu tenho mais dinheiro comigo. Amanhã de manhã procuraremos o responsável pelas acomodações e tentaremos mudar para a primeira classe, se é tão importante para você. Mas...

– Mesmo???!!! – os olhos de Hermínia brilharam como os de uma criança que ganha o brinquedo que mais desejava.

– ... mas não sei se conseguirei. Talvez estejam todas ocupadas e não seja possível mudar agora.

– Ah, meu amor! Nem sei como lhe agradecer. O que você não faz por sua criança mimada, esta com quem você se casou?

Ele se sentou na cama e começou a beijar as mãos da "criança".

– Não sei. Mas essa criança mimada vai ter que me compensar...

Hermínia riu, entre um arrepio causado pelos beijos e uma alegria indescritível.

Às 3 horas da madrugada, Harriet Wagner acordou e se virou para o lado da janela. Da cama, não dava para ver o mar, mas ela sabia que do outro lado da porta envidraçada que dava para a varanda da cabine, a vista do oceano a acalmaria, se fizesse um esforço.

Não queria se levantar. Estava cansada, embora nervosa e sem sono. Quando entrou no quarto, umas duas horas antes, olhou com um misto de desdém e pena para a cama onde se deitara a prima. Normalmente, a velha senhora roncava muito. Não hoje. Elas podiam ter pedido cabines separadas, mas Rita insistira em não ficar sozinha. Mesmo dentro da própria cabina, espaçosa e com acomodações e camas em quartos separados, ela preferia ocupar a cama de solteiro ao lado da outra, de Harriet. E Harriet não se incomodava em fazer companhia para a prima idosa que, às vezes, acordava assustada no meio da noite. Ela própria não gostava da ideia de ficar sozinha em um navio daquele tamanho.

A ansiedade não a deixava dormir; mal cochilara por uma hora, talvez um pouco mais. Agora estava acordada no escuro e não sabia o que fazer. Sair de novo não seria apropriado. Procurar companhia para conversar àquela hora não seria bem visto para uma dama. Como detestava essas convenções! Mas não se podia dizer uma coisa dessas em público. As convenções eram o que mantinham a sociedade coesa, forte, inquebrantável.

Inquebrantável. Pois sim. Inquebrantável à custa de subjugar as pessoas. Pessoas como aquele jovem indiano, humilhado por Rita. Como aquele outro indiano, que apesar de rico, era evitado pela "fina nata" da sociedade britânica. E pessoas como ela, Harriet Wagner, 40 anos, solteira, sem dinheiro, morando com uma parenta rica e incapaz de atrair a atenção de quem ela gostava... Sociedade coesa, civilizada... Civilidade esta que sufocava as mulheres, os estrangeiros e os menos favorecidos financeiramente.

Harriet respirou fundo e mergulhou a cabeça no travesseiro.

– Mas isso pode mudar, de uma hora para outra – ela disse, baixinho. – Parece que um pequeno passo, já dei...

Pensando no que fizera poucas horas atrás, Harriet finalmente adormeceu.

Capítulo 4

Mais mistérios entre o céu e a terra...

Às 7h35 da manhã do dia 11 de abril, Hassir Mansur saiu da sala de ginástica da primeira classe com uma toalha sobre o pescoço, como se fosse um boxeador. Sem camisa, ele segurava a túnica laranja, quase dourada, em uma das mãos e apressou o passo, com intenção de retornar à sua cabine, lavar-se, e depois então se arrumar para o café da manhã.

Mal saíra ao convés, porém, o olhar assustado de uma senhora que por ali passava nesse exato instante, lhe chamou a atenção. A mulher vinha acompanhada de um jovem adolescente e uma menina mais nova, que andava de mãos dadas com ela. Hassir-Dennis se lembrou de como as coisas eram ao menos um pouco diferentes na Irlanda. Lá, pelo menos em sua vizinhança de classe média, uma mulher não se atormentaria ante a visão de um homem sem camisa, só com suspensórios e uma toalha branca sobre os ombros – ainda mais um homem de 31 anos com um físico em perfeita forma como o dele!

Mas na vizinha e colonialista Inglaterra, a situação era outra – mesmo em alto mar, já distante da costa! Hassir fez uma leve reverência à mulher, deu meia-volta, retornou à sala de ginástica e, lá dentro, vestiu a túnica por sobre a cabeça, sem camisa.

Sorrindo para si próprio da situação, ele saiu, dessa vez devidamente coberto, e agora sim, rumou para sua cabine.

Passou por várias pessoas no caminho, sem olhar-lhes no rosto, mas sempre fazendo uma gentil e indiferente reverência com a cabeça, mostrando-se sempre o digno e cortês indiano, que cumprimentava até mesmo aqueles que não o cumprimentavam.

Uma vez na cabine, ele trancou a porta, tirou as roupas e foi se banhar.

Dali a 15 minutos, enquanto se barbeava, lembrou-se de Annalee e sentiu um aperto no peito. Ela era doce, meiga, encantadora; e até ontem, a única pessoa pela qual ele arriscaria a se expor na Inglaterra – devidamente disfarçado, claro – a fim de embarcar no Titanic e se encontrar com ela na América. Pensou em seus atos nos últimos anos. Ninguém tinha descoberto o que ele fizera. Ainda. Caso se atravesse a ficar muito tempo na Inglaterra, seu destino seria a prisão, com certeza. Mas para rever Annalee e finalmente viver nos Estados Unidos, teria que se arriscar. Seria uma vida nova, em novas terras, com uma nova identidade e um novo tipo de trabalho.

Katherine Mansfield aparecera em seu caminho como um bom augúrio. Katherine Mansfield não se afastara do indiano excêntrico; pelo contrário, parecia até gostar de sua companhia. E agora, Katherine Mansfield não lhe saía do pensamento.

A jovem que viajava para se encontrar com o marido não parecia uma pessoa muito feliz. Pelo menos, não muito convicta de sua felicidade. Sorria e olhava nos olhos ao falar, mas algo a amedrontava, ou a entristecia. Ele sentia isso. Mas Katherine não se abrira com ele. Queria muito a companhia da jovem inglesa, e sentia que a atração era recíproca. Mas ao mesmo tempo, gostaria de ajudá-la em alguma coisa, embora não soubesse o quê.

Quando pegou o relógio das mãos dela, naquele primeiro encontro, teve uma sensação de déjà vu como há muito não experimentava. E pela primeira vez desde que saíra da Irlanda rumo a Southampton, onde tomaria o navio para Nova York, parara de pensar em Annalee por um instante.

Hassir terminou de se barbear, guardou os apetrechos, e sentiu quase um êxtase ao pensar que se encontraria com Katherine ao meio-dia, para almoçarem. Agora, pretendia tomar seu café da manhã sozinho, para repensar algumas coisas – isto é, se novos incidentes como os da noite anterior não interferissem. Caso isso acontecesse de novo, faria uma refeição ultra-rápida e retornaria à cabine, onde teria de traçar alguns planos... Reconfortou-se, lembrando a si próprio que o mais difícil ele já tinha feito...

O Reverendo John McKeefe entrou no restaurante às 8h15 e logo viu seu amigo, o Professor Karl Krüger, tomando o café da manhã com o Sr. James Brenton.

Brenton falava e gesticulava, enquanto Krüger ouvia e assentia com a cabeça.

McKeefe cumprimentou o maître e logo se sentou à mesa do amigo.

– Bom dia, senhores – disse, sorridente. Os dois responderam. – Nem me esperou para o café, seu bode velho?

– Bati à sua porta umas três vezes! – justificou-se o professor. – Achei que já tinha saído.

– Dormi demais, é verdade – retrucou o reverendo. – O que temos aqui...? Acho que vou pedir um pouco dessa geleia.

– Reverendo, estava contando ao bom professor a cena sui generis que testemunhei ontem à noite, depois que vocês já se tinham recolhido – anunciou Brenton.

– É mesmo? – McKeefe arregalou os olhos, com genuíno interesse. – O que foi?

– Quando entrei no bar, logo que saí do salão de jogos, havia um casal discutindo...

– Humm... briga de casal, hein?

– Não era uma *briga de casal*, no sentido clássico, se me entende – corrigiu o Sr. Brenton.

– O que havia de sui generis na cena?

– Por que não ouve a história, John? – interveio Krüger, servindo-se de uma baguete.

– Bem, vou recomeçar, então... O homem, um senhor de certa idade, um Sr. Thompson, como o barman o chamou, estava reclamando que alguém havia mexido em seu casaco, que ele esquecera no bar. O casaco ainda estava ali, mas uma coisa fora furtada do bolso...

– Não me diga...! – exclamou McKeefe.

– Pois é – continuou Brenton, mais animado em falar do que em tomar sua bebida quente, que logo começaria a esfriar. – Ele disse bem claro: "alguém roubou minha pistola". E a mulher, uma senhora idosa também, quase berrou: "Como você foi esquecer o casaco aqui com aquela arma no bolso?" Ao que ele respondeu: "Se você não ficasse tagarelando feito uma matraca o tempo todo, eu não teria me distraído". E ela: "Ah, então a culpa é minha?". O homem, irritadíssimo, respondeu: "Claro que é!" O barman tentava acalmar os dois, mas eles nem o ouviam mais. O velhote segurava o casaco, e o agitava no ar, vociferando: "Como pode acontecer uma coisa dessas? Você deve ter visto alguém mexer nele!" E o barman: "Senhor, estive atendendo a outros clientes. Deve ter sido muito rápido. Quando vi o casaco na cadeira, ia pegá-lo para guardar; foi quando o senhor voltou".

– Quer dizer que alguém neste navio roubou uma arma de fogo?! – concluiu McKeefe.

– É isso mesmo que ele está dizendo, John – respondeu Krüger.

– Ou isso, ou o velho nem sabe onde a pôs. Talvez estivesse em sua cabine mesmo – disse Brenton. – Mas então, a mulher disse: "Vamos embora, Richard. Estou cansada". O homem, ainda bravo com a situação, respondeu: "Vá você. Irei em seguida. Preciso de um drinque, antes de dar parte às autoridades do navio". E a mulher: "Acha que vou entrar naquele corredor escuro sozinha, com um ladrão de armas à solta por aí? Quem rouba uma arma, boa intenção não tem!"

– Com o que, aliás, concordo! – comentou Krüger. – Acho que "sui generis" é um termo brando para essa situação.

– Mas se alguém pegou a arma do homem – interveio McKeefe – devia estar seguindo-o, ou de alguma maneira sabia que ele carregava uma arma.

– Sim! – concordou o entusiasmado americano. – Mas a questão aí é: por que roubar uma arma? Coisa de cleptomaníaco é que não foi...! Acho que a esposa do velhote tinha razão. Bem intencionado é que o ladrão não está!

– Espero que ele tenha realmente dado parte – retrucou o reverendo, franzindo as sobrancelhas. – Podiam revistar as pessoas...

– Não, não – disse Brenton. – Chamaria muita atenção, e poderia despertar pânico. A menos que façam isso com muita discrição.

– Talvez peçam licença para revistar as cabines – sugeriu McKeefe.

– Talvez. – Brenton inclinou a cabeça.

Nesse momento, Harriet Wagner entrou no salão. Estava sozinha.

De longe, ela avistou o reverendo e seus companheiros de mesa. John McKeefe acenou para ela, que respondeu. Em seguida, o religioso fez um gesto convidando-a para se juntar a eles.

Harriet acentuara um pouco mais a maquiagem, naquela manhã. Usava um vestido verde-musgo, uma gargantilha e um bracelete discretos, com alguma pedra verde e, assim como à hora do jantar de ontem, não tinha chapéu. Seus cabelos castanho-escuros estavam armados, presos num coque, deixando ver um par de brincos reluzentes que, se ela os usara na noite anterior, os cabelos não permitiram ver.

– Dormiu bem, senhorita? – perguntou McKeefe, gentil.

– Ah sim, muito bem – ela mentiu.

– Acho que ainda não a apresentei. Karl, Sr. Brenton, esta é a Srta. Harriet Wagner...

Durante as devidas trocas de cumprimentos, o Professor Krüger pôs de lado o chá e se deteve um pouco demoradamente na observação da convidada de McKeefe. Embora discreto, ele a olhava com certa admiração, perguntando-se como uma moça de aparência tão amável podia viajar em companhia da velhaca Rita Bromski.

– O Professor Krüger conhece... – começou McKeefe. O olhar do arqueólogo e um leve sinal negativo de sua cabeça impediram que o reverendo dissesse "sua prima". Na conversa com Harriet durante a noite anterior, ela lhe contara sobre Rita Bromski e seu parentesco. – ... Conhece muito bem nosso país – emendou o reverendo. – Trabalha na Inglaterra há anos. Nem tem mais sotaque alemão.

– Ah, sim? Que interessante! – comentou Harriet. – É o segundo estrangeiro que conheço nesta viagem, professor. E em menos de 24 horas.

– Sou mais inglês hoje que estrangeiro, senhorita – declarou Krüger. – Já nem me sentiria bem, se voltasse a morar na Alemanha.

– Creio que a senhorita vá conhecer um terceiro estrangeiro já, então – apressou-se a dizer James Brenton. – Sou americano. Estou voltando para casa.

Harriet e o próprio Brenton riram.

Que conversa boba! Pensou o professor Krüger. *Só espero que ele não comece com a história do velho e da pistola de novo.*

– Sabe, senhorita, estávamos aqui falando sobre um evento interessante que aconteceu ontem...

Que mal eu fiz? Perguntou-se Krüger, em pensamento. *Será que é porque sou ateu?*

Quando Brenton chegou à parte da "matraca", Krüger virou-se para o primeiro garçom que passava:

– Por favor, pode me servir mais chá?

– Pois não, senhor – respondeu o garçom, e despejou o chá fumegante do bule na xícara de Krüger.

– Homem, sua xícara já está cheia! – exclamou John McKeefe.

– Está frio – resmungou Krüger, olhando para o amigo.

– Bem, resumindo – tornou Brenton – alguém neste navio roubou uma arma, e deve estar andando por aí com ela.

Harriet Wagner fixou o olhar no americano, estarrecida.

– Mas não se preocupe, senhorita – disse McKeefe. – Os oficiais são discretíssimos e certamente encontrarão a pessoa e a arma, sem pôr em risco ou embaraçar os demais passageiros.

Por que não esquecem essa maldita arma, afinal? Pensou Krüger.

– É o que esperamos – completou Brenton. – Gosta de geleia de framboesa, Srta. Wagner?

Ela não respondeu. Continuava olhando na direção de Brenton, mas sem realmente vê-lo. Parecia estar divagando...

– Senhorita? – o jovem americano chamou.

– S-sim?

– Está tudo bem?

– Ah, sim. Claro. Desculpe-me; distraí-me por um instante. Então, quer dizer que estão procurando a pessoa que pegou a tal arma?

McKeefe deu uma risada curta.

– Bem, esperemos que sim. É o que eu acho, pelo menos. A propósito, Srta. Wagner. Como está sua prima? Não vai tomar o café da manhã?

– Não sei, acho que mais tarde. Quando saí, ela ainda dormia profundamente.

– Que bom para ela! Quando ficamos mais velhos, às vezes dormimos menos, e acordamos mais cedo.

– É verdade. Veja meu pai, por exemplo... – começou Brenton. – Ele já tem 81 anos e quase não dorme. Acorda várias vezes no meio da noite.

– Ela costuma dar trabalho à noite, senhorita? – dirigiu-se McKeefe a Harriet, ignorando Brenton. – Quero dizer, uma vez que moram juntas, ela a acorda muito, pedindo coisas?

– Não, não. Rita é bastante independente. Mas não dorme muito mesmo, como o senhor disse. Costuma acordar ced... Puxa, como este chá está quente! Acho que vou pedir um suco de frutas... Pode chamar o garçom para mim?

– Claro! – disse o reverendo, e fez um gesto discreto para chamar o serviço.

Enquanto isso, no convés da segunda classe, sob o tênue sol da manhã, Katherine Mansfield e Hermínia Matoso passeavam, de braços dados (iniciativa de Hermínia), como duas boas amigas. Embora Hermínia se sentisse em débito com a "nova amiga", não podia confessar-lhe isso. Bem menos reservada que nas primeiras conversas, Katherine já falava com a brasileira em tom mais confidencial.

– É algo que tenho naturalmente, entende? Não aprendi com ninguém – dizia. – Sempre senti que forças superiores, benéficas, nos guiam e tentam nos ajudar...

– Sim, entendi – disse Hermínia. – Bem, como católica, eu nem poderia falar dessas coisas, mas respeito, claro. Meu marido tem algumas experiências que... bem, alguns o chamam de vidente, mas ele não gosta do termo. Acha que recebe mensagens de seres... como você disse agora há pouco... *desencarnados*! Para dizer a verdade, até me arrepio de usar essa palavra. Mas é como ele os chama – assim como você.

– Pois é. E como lhe contei há pouco, sei que meu pai quer se comunicar comigo. Mas por algum motivo, não consegue. Conheço a opinião das igrejas a respeito disso. Tenho amigos católicos, protestantes, que abominam a noção de outros planos espirituais, contato com os mortos, e coisas assim. Para eles, é céu ou inferno, e nada mais!

– Aliás, é justamente sobre isso que Thiago quer lhe falar. Você já tem uma ideia, pelo que lhe contei, mas ele prefere falar pessoalmente...

Katherine assentiu, olhando firme para a outra jovem.

Pelo canto do olho, Hermínia distinguiu um homem loiro, usando camisa branca e colete quase da mesma cor, calças cinza-claras, se aproximando. Não usava paletó. Apressava o passo, embora mancasse um pouco.

Logo, ela se assustou:

– É Thiago! Por que está mancando?

Katherine acompanhou o olhar de Hermínia.

Thiago se aproximou, e as duas notaram que ele não só estava um pouco ofegante, mas também apertava o lado direito das costelas com uma das mãos.

– Meu Deus do céu! – exclamou Hermínia. – O que aconteceu?

– Um pequeno incidente – Thiago respondeu. – Nada sério. Já vai passar. Aliás, já passou. Que bom que a encontrei, Katherine...

– Ela estava aqui, sozinha, pensando na vida – disse Hermínia. – Enquanto você fumava naquela sala malcheirosa, resolvi dar uma volta com nossa amiga. Mas, Thiago, meu bem, por favor me diga o que...

– Vou dizer, querida. Já, já. Mas antes precisamos conversar com Katherine.

– Ela já sabe.

Thiago olhou para a esposa, confuso. E Katherine disse:

– Hermínia me contou sobre o... homem que você viu ao meu lado.

– E...?

– É verdade, Thiago. Esse homem é meu pai. Sim, ele já morreu... Vejo seu espírito há certo tempo. Como expliquei a Hermínia, não consigo um contato. Penso que ele quer me falar, mas por alguma razão, não consegue.

– E Hermínia lhe contou sobre a mensagem?

As duas se calaram, enquanto Katherine alternava o olhar entre Hermínia e seu marido.

– Mensagem?

– Não, Thiago. Da mensagem, eu ainda não falei – explicou Hermínia.

– Pois bem, vou contar. Que tal se... nos sentarmos? Isso ainda está doendo um pouco...

– Mas que coisa! Você precisa me falar o qu...

– Depois, querida. Vamos ao que interessa agora.

Os três caminharam até um amplo banco de madeira e se sentaram, Katherine entre os dois.

– Hoje de manhã, pouco antes das 6 horas, estávamos ainda na cama – Thiago começou. – Ouvi um raspar na porta. Achei que era sonho ou que me enganara. Mas o ruído se repetiu. Ergui-me na cama e olhei na direção de onde vinha o som... Dali a pouco, embora ainda estivesse um tanto escuro na cabine... Creia-me, Katherine, não estou delirando... Uma silhueta começou a se formar... Não tive medo porque já passei por essa experiência antes (Hermínia não gosta de falar disso!)... Logo, distingui traços quase nítidos. Era o mesmo homem que vi logo que embarcamos. Usava um terno escuro, óculos e um chapéu. Mais que isso não vi...

"Levantei-me, tomando o cuidado para não acordar Hermínia, e dei alguns passos em direção a ele. Se não tivesse visto a maneira como a figura se formou, diria que era um sujeito de carne e osso, cujos traços do rosto não dava para distinguir por causa da escuridão.

"Não esperei mais e logo fui perguntando: 'em que posso ajudá-lo?'. A figura, ou o homem, pareceu mexer ligeiramente a cabeça. Finalmente ele disse: 'minha filha... por favor... ajude-a.'

"Perguntei então: 'é Katherine Mansfield?'. Ele assentiu com a cabeça. Agora, Katherine. Por favor, não fique com medo. Mas sugiro que pense a respeito: seu pai não se plasmaria na minha frente – na frente de um homem que ele nem conhecia – para me dar uma mensagem falsa. Ele me disse: 'ela correrá perigo se chegar ao fim dessa viagem. Por favor, converse com ela. Não pode ficar em Nova York'. E a figura foi se desvanecendo; no fim, era como se nunca tivesse estado lá."

Katherine não moveu um músculo do rosto. Ficou olhando para Thiago, impassível.

Hermínia fez mais uma vez o sinal da cruz e ao dar a entender que ia se levantar, Thiago estendeu o braço à frente de Katherine, quase chegando a tocar a esposa, mostrando que preferia que ela ficasse.

Depois do que pareceu a Hermínia uma verdadeira eternidade, mas que não passara de pouco menos de um minuto, Katherine girou o pescoço e, olhando à sua frente, para o nada, murmurou:

– Não ficar em Nova York...

– Foi exatamente o que ele disse – confirmou Thiago.

– Faz algum sentido? – indagou Hermínia.

Katherine respirou fundo.

– O pior é que sim. – Seus olhos se encheram de lágrimas – Papai... Como sinto sua falta... Ainda tentando me ajudar... Parece que não descansa, enquanto não souber que estou bem...

Hermínia pôs a mão sobre o ombro da outra. Tentando resguardar-se, não atraindo a atenção dos passantes, Katherine deixou as lágrimas descerem em silêncio.

Nem Thiago nem Hermínia sabiam o que dizer. Em silêncio, permaneceram sentados ao lado de Katherine, esperando que se acalmasse e, se assim desejasse, abrisse o coração.

Por fim, a jovem inglesa endireitou o pescoço, parou de chorar e enxugou as lágrimas, aceitando o lenço oferecido por Thiago.

– Obrigada... E obrigada pela mensagem, Thiago. Tenho certeza de que ele também está grato...

– Fico feliz em ajudá-la – ele disse, fixando-lhe o olhar.

Hermínia olhou para o marido, mas logo em seguida virou o rosto e se levantou.

– Confio em vocês – disse Katherine – e preciso contar a alguém. Se não incomodar, eu...

– Claro que não incomoda... – adiantou-se Thiago.

– Não quer tomar o café da manhã agora, querida? – interveio Hermínia.

– Sim, em um minuto. Mas preciso desabafar.

– Claro! – repetiu Thiago.

– Bem, acho que sei por que meu pai me alerta para não ficar em Nova York. Embora eu não possa voltar daqui, do oceano, para casa. Bem, a verdade é que...

Vendo que ela se demorava, o casal se limitou a fixar os olhos nela.

– Diga, Katherine – pediu Hermínia, ficando impaciente.

– A verdade é que meu marido está envolvido em atividades criminosas. Ele me quer sempre ao lado dele. Mas é tão possessivo e, às vezes, tão paranoico, que chega a me assustar. E essa paranoia ou é fruto do tipo de atividade em que ele se envolve, ou faz parte de sua personalidade doentia, que o levou a fazer aquilo...

– O que ele faz?!

– Hermínia... – cortou Thiago.

– Bem, se vou me desabafar, é bom ser sincera com vocês. Ele trabalha com uma rede de contrabando de ópio. Uma rede internacional. Nunca foi pego na Inglaterra. Mas nos Estados Unidos, escapou por pouco, mais de uma vez. Já brigamos muito por causa disso, mas ele me manda não me meter; e quando está mais calmo, diz que eu não preciso me preocupar com isso, que é um negócio dele. Sabem, na verdade, eu o amo. Mas não sinto tanto falta dele assim, como lhes disse antes. Acho que sou um pouco moderna demais para ele, para toda essa sociedade. E quando tento lhe dizer que não gosto do modo como as mulheres são submissas na burguesia inglesa, fica fulo comigo. Achei até bom nos afastarmos por algum tempo. Ele diz que quer voltar à Inglaterra; mas se fizer isso, cedo ou tarde será pego – a menos que abandone esses negócios escusos. Seu machismo exacerbado eu até poderia relevar; afinal, nunca foi violento. E apesar de possessivo, nunca me impediu de dizer o que penso. Mas o ciúme doentio, o medo de ser abandonado e, sobretudo, o contrabando... essas são coisas que não posso mais tolerar... – Ela começou a balançar a cabeça, mas não parecia prestes a chorar, e sim, a gritar de raiva.

– Por que vai se encontrar com ele, então? Não seria melhor pedir o divórcio?

– Thiago! Como pode dizer isso? – Hermínia mal acreditava no que ouvira.

– Seria – concordou Katherine. – Mas toda vez que tomo coragem para pedir o divórcio, lembro-me de como já fui feliz com ele, e de como ele fica feliz quando estou por perto.

– É por isso, então, que seu pai... o espírito dele... diz que não deve ficar em Nova York! Será que seu marido a envolveria em algum crime federal, ou algo assim? –Thiago perguntou.

– Não sei. Não propositalmente, acho. Mas quando a gente convive com um criminoso, tudo pode acontecer. E além do mais, meu pai não confiava nele... E os dois até chegaram a brigar.

– Sei que na Inglaterra as coisas são diferentes! – declarou Hermínia. – Mas para nós, católicos, o divórcio é um pecado contra as leis de Deus.

– Hermínia, querida, quando você diz "nós, católicos" espero que não me inclua... – disse Thiago, um tanto impaciente.

– Thiago...!

– Só porque nos casamos na igreja, não quer dizer que sigo alguma religião. Não sigo. Sou *espiritualista*, isto sim. Daqui a alguns anos, esse termo vai se tornar muito comum, vocês vão ver. Acredito na existência eterna da alma, mas não do modo como pregam as religiões. Aliás – ele acrescentou, voltando-se para Katherine – acredito inclusive em *reencarnação*!

– Sério?! – exclamou Katherine, entusiasmada. – Pois saiba que eu também! Como é bom conhecer alguém que compartilhe seus pensamentos.

Hermínia apertou os lábios.

– Que tal agora fazermos uma boa refeição? – Thiago sugeriu.

– Ótima ideia. Vamos, sim. – Ajudada por Thiago, Katherine se levantou do banco.

Hermínia se apressou em segurar no braço de Thiago; e agora, os três se dirigiram ao restaurante.

A caminho, Hermínia mais uma vez insistiu:

– Querido, não vai me contar por que está mancando?

Tendo a atenção das duas ouvintes, Thiago começou:

– Veja só o absurdo da coisa. Estou eu na sala de fumantes da primeira classe (aliás, querida, isso me lembra daquele nosso outro assunto), porque a deste convés estava insuportavelmente abafada, e chegam mais dois cavalheiros, acendem seus charutos e começam a bater papo. Pois bem, logo em seguida, entra outro homem, bem mais jovem, vestindo um traje típico da Índia, creio, uma túnica laranja brilhante; puxa de baixo dela um charuto e também começa a fumar. Os outros homens olham como se vissem um ser de outro mundo... De minha parte, acendo meu velho cachimbo irlandês e começo a tragar... Não sei o que acontece, mas a geringonça não pega, não sinto o gosto e digo: "essa porcaria irlandesa não serve mais". Como disse em inglês "*this crappy Irish thing*", óbvio que o indiano, que estava ao meu lado, entendeu. Sem problemas, penso eu. Ainda olho para ele e sorrio, tentando ser simpático. Para meu espanto, o rapaz parecia me fulminar com os olhos. Pensei que ia me golpear. Mas em vez disso, ele simplesmente saiu da sala, batendo a porta com muita força...

– Puxa, que estranho! – comentou Hermínia.

Katherine nada disse, mas engoliu em seco.

– Quando saí, depois de desistir de fumar – continuou Thiago – quem vocês acham que estava lá fora, como que esperando por mim?

– O indiano! – sussurrou Hermínia, antevendo o que tinha acontecido.

– Pois é. O indiano – confirmou Thiago. – Sem perder tempo, o homem veio em minha direção e me deu tamanho soco no estômago que, creio que por causa de minha altura, ou da posição em que estava, pegou esta parte aqui – apontou para as costelas – me desequilibrando. – Senti tamanha dor que me dobrei. Não satisfeito, ele avançou e me chutou na perna, com tanta força que cheguei a pensar que a tinha quebrado. O chute foi aqui em cima – ele indicou um ponto da coxa perto do joelho – mas irradiou para toda a perna, até o pé.

– Santo Deus! – Hermínia estacou o passo, olhando estarrecida para o marido. – E ninguém viu isso?

– Não. Não havia ninguém por perto, naquele momento. Não sei o que deu nele. Talvez meu sotaque brasileiro o tenha confundido, e ele tenha entendido "sujeira" ou "sujo indiano" ao invés de "porcaria irlandesa", ou algo assim, ofendendo-se. Eu poderia dar queixa, mas prefiro deixar assim. Se o vir de novo, vou interpelá-lo. Quero saber o que houve. Na hora, não tive chance, pois enquanto eu me encolhia no chão, ele se afastou.

– Que situação hedionda! – gemeu Hermínia. – No convés da primeira classe, um indiano, e ainda por cima violento. Acho melhor não nos mudarmos para lá, afinal. Já pensou se você se encontra com ele de novo?

– Não tenho medo! Estou mais é curioso. O rapaz não me agrediu à toa! Aliás, acho que deixei meu paletó no chão. Saí da sala de fumantes carregando-o nas mãos. Só agora percebo que estou sem ele...

Katherine não sabia o que dizer.

"Um indiano, e ainda por cima violento", foram as palavras de Hermínia. Sua nova amiga também era preconceituosa, como tantos outros. Hassir se ofendera ao ouvir o que julgou ser um insulto aos irlandeses... irlandeses... Bem que ela desconfiava. Alguma coisa estranha... alguma coisa inverídica sobre Hassir...

– Venha, vamos entrar – disse Thiago. – Apesar de tudo, estou com fome.

Os três entraram no salão.

Enquanto se sentavam, Katherine fingiu acompanhar o resto da conversa. Mas a pergunta não saía de sua mente: Por que Hassir estava escondendo sua verdadeira identidade?

Achou, então, que seria melhor contar logo aos dois brasileiros que conhecera o misterioso e "violento" indiano, e que fora sua convidada para o jantar na noite anterior.

– Que peculiar! – disse Hermínia, fingindo surpresa, pois de repente se lembrou de tê-lo visto acompanhando Katherine. – Como ele é, de modo geral?

– Pareceu-me bastante gentil. Bem, na verdade, vamos almoçar juntos, hoje.

– Isso é interessante – comentou Thiago. – Pergunte a ele, por favor, se tem o hábito de agredir jovens brasileiros que reclamam do cachimbo...

Os três riram. Mas Katherine não estava tranquila.

Às 9 horas daquela manhã, ele ainda não fizera seu desjejum, mas se limitara a tomar um pouco de conhaque, no conforto e no requinte da própria cabine. Estava de pé, andando vagarosamente de um lado para outro, enfurecido consigo mesmo, esmurrando a própria palma da mão.

– Que imprudência! – Hassir repreendeu a si próprio, falando em voz alta. – Como fui idiota! Expondo-me dessa maneira...

Não que o loiro barbudo atrevido não merecesse a surra... Mereceu-a. Mas com isso, Hassir podia ter problemas com as autoridades do navio. Teria que tomar muito cuidado agora. Talvez valesse a pena descobrir o paradeiro do rapaz e lhe pedir desculpas; por outro lado, isso poderia complicar ainda mais as coisas.

Crappy Irishman...[*], aquelas palavras repercutiam-lhe no cérebro. Não fora uma demonstração velada de preconceito, mas sim um ataque deflagrado. *E o miserável ainda sorria para mim.*

Tentando se acalmar após uma segunda dose de conhaque – o que lhe era incomum, uma vez que nunca bebia álcool de manhã – Hassir finalmente se sentou. Começou a rever toda a cena, desde o princípio. O rapaz tinha um cachimbo nas mãos... Tentava fumá-lo, mas obviamente não conseguiu. Então, disse... disse... Hassir sentiu o coração parar de bater. *Espere um pouco.* Ele não disse "porcaria de irlandês" e sim *Crappy Irish thing...*[**] *Por isso, olhou para mim e sorriu, meio brincalhão.* Era o cachimbo. *Pelos deuses, ele estava se referindo ao cachimbo de fabricação irlandesa, que não conseguia usar... Além do mais, não podia saber que sou irlandês.*

Com um salto, Hassir/Dennis se levantou da cama onde se sentara. Tinha que reparar o mal que causara a si mesmo... Guardou rapidamente o frasco de conhaque e saiu às pressas.

– Tenho que encontrar aquele rapaz – disse a si próprio, no meio do corredor.

– Explique-me uma coisa, se puder, Thiago – pediu Katherine. Eles e Hermínia ainda estavam sentados à mesa do café, embora já estivessem satisfeitos com a refeição.

– Pois não? – Thiago disse, solícito.

– Por que acontece isso? Quero dizer, tenho estudado um pouco sobre o mundo espiritual, as visões de espíritos e também a questão da reencarnação. Mas entendo muito pouco. Por que uma pessoa morre, mas não morre realmente? E como pode ser vista pelos que ainda estão vivos? O que é o espírito, afinal?

Thiago sorriu e, em tom afável, disse:

---

[*]*Porcaria de irlandês!* [**]*Porcaria de coisa irlandesa! (N. do A.)*

– Como é mesmo a famosa frase, "há mais mistérios entre o céu e a terra..."

– "... do que imagina nossa vã filosofia" – completou Katherine.

– Pois é – ele assentiu. – Katherine, não sou nenhum especialista, mas penso que o espírito é a essência real da pessoa. Por isso é que os espiritualistas e os espíritas dizem que ninguém morre, realmente. Acredito que estamos em evolução, sempre. Por isso, é necessário reencarnarmos. Mas penso também, o que se confirma pelo que já li, que o espírito desencarnado leva algum tempo para se adaptar à sua nova realidade, e não reencarna imediatamente após deixar seu corpo físico... Penso também que são amparados por aqueles que já se encontram no plano espiritual há mais tempo. Como um espírito aparece, que força ele usa para realizar essa manifestação... bem, isso não sei. Talvez dependa mais de quem ainda se encontra vivo, por assim dizer; isto é, com seu corpo físico, da disponibilidade, da abertura das pessoas para ver um ente desencarnado. Talvez haja mais espíritos por aí do que pensamos, mas nossos limites emocionais nos impedem de vê-los.

– Gozado, também penso assim... – comentou Katherine. – E posso adiantar-lhe que seu amigo indiano... – ela sorriu, discreta – também compartilha desses pensamentos. Conversamos um pouco sobre isso.

– Ah, é? – exclamou Thiago. – Bem, não me surpreende. Se ele for hindu, deve ter uma visão semelhante acerca da espiritualidade. Apesar da agressão, tenho a curiosidade de conhecer aquele homem. Sinto que é uma pessoa perturbada com alguma coisa... Não foi um ataque leviano, gratuito. Algo em minha fala o ofendeu... Gostaria de conversar com ele e saber o que foi.

– Isso é o que eu chamo de desprendimento! – comentou Katherine. – A maioria das pessoas não pensaria como você. Só desejariam vingança.

Thiago sorriu para ela.

– Bem, não costumo guardar mágoa. E nesse caso específico, sinto que ele precisaria de um papo amigo. Não sei explicar por que penso isso.

Era um prazer ouvir o rapaz brasileiro. Katherine sentiu imediatamente um carinho por ele, como que por um irmão caçula. Porém, esse "irmão caçula" parecia muito sábio.

A terceira pessoa à mesa mal podia se conter de frustração. Hermínia se sentia ignorada na conversa. Não só o assunto era *espiritismo* e *espíritos*, mas o marido conversava com a jovem inglesa com um exagerado entusiasmo. Fazer uma cena não era próprio dela; aliás, não era próprio de nenhuma dama. Mas se permanecesse ali, talvez não conseguisse mais se controlar.

– Desculpe-me, Katherine – ela disse, por fim. – Mas estou com uma certa dor de cabeça. Esse episódio do cachimbo me deixou abalada e...

– Que é isso, meu amor? Já disse que estou bem – adiantou-se Thiago, preocupado com a esposa.

– Vamos voltar à cabine, por favor. Quero me deitar um pouco. Importa-se, Katherine?

– Claro que não, Hermínia. Eu entend....

– Pode ir, meu amor. Irei também, logo em seguida – cortou Thiago. – Quero ouvir um pouco mais o que Katherine pensa sobre esse assunto que é tão polêmico para alguns.

Contendo a irritação, Hermínia forçou um sorriso e disse:

– Certo, então. Até mais, Katherine.

Ela saiu do restaurante, mantendo a compostura. Uma vez sozinha, suspirou, como que soltando o ar após ter prendido a respiração.

Agora, Hermínia não estava mais irritada. Estava furiosa.

Capítulo 5

Problemas

Da janela frontal na cabine dos oficiais em serviço, o Sr. Murdoch tinha uma vista deslumbrante do mar. Era quase como se o navio estivesse voando, desimpedido, de encontro ao horizonte. Não que o céu fosse o mais limpo e azul que ele já vira. Em outras viagens, já vislumbrara céus mais límpidos, quase sem um fiapo de nuvem. Mas o encontro de céu e mar era sempre fascinante, para ele.

Murdoch se sentia intranquilo. Algumas reclamações dos passageiros da terceira classe tinham-lhe tirado o sono, mas esse problema já estava resolvido; e agora os homens e mulheres lá acomodados pareciam em paz. Alguns eventos isolados, porém, o perturbavam ainda.

"O homem afirma categoricamente que a arma foi roubada no bar, enquanto seu casaco ficou lá", reportara-lhe um oficial subalterno. "Mas o barman jura que ninguém entrou ali entre o momento em que o Sr. Thompson saiu e o instante em que voltou, esbaforido". Um incidente assim podia ser gravíssimo.

"Falarei com ele", assegurara Murdoch ao outro oficial. "O importante agora é sermos discretos – todos nós, inclusive ele!"

A conversa com o Sr. Thompson de nada adiantou. O homem não estava cuspindo fogo nem ameaçando fazer um escândalo, mas parecia mais entristecido por perder uma arma de estimação do que preocupado com o que o ladrão poderia causar, usando sua pistola.

A Sra. Thompson... ah, esta sim, estava apavorada.

"Imagine só, senhor oficial, o que pode acontecer, agora? Se alguém for assassinado com a arma de meu marido!"

"Diane, pare de falar bobagens...!" interrompera o Sr. Thompson.

"Bobagens, é? O que você acha que a pessoa pretende fazer com arma? Colecionar?"

"Sua esposa não deixa de ter razão, Sr. Thompson", interveio. "Se o senhor tem certeza de que não a perdeu, precisamos dar um jeito de procurá-la em todos os passageiros – pelo menos dentre os da primeira classe".

"Bem, poderia ser alguém da terceira ou segunda classe", ele retrucou. "Mas não creio que entrassem no bar sem que o barman o visse..."

O mesmo se aplicaria a qualquer pessoa. E ele, Murdoch, tinha a sensação clara de que o barman não mentira quando conversou com os oficiais. Aquela arma devia ter sido perdida em outro lugar.

Mais duas coisas perturbavam Murdoch àquela hora da manhã. A primeira fora um comentário casual de uma passageira. Se ele não se enganava, chamava-se Harriet Wagner. *Apropriadas para eles....* ela dissera, referindo-se às acomodações da terceira classe. Murdoch sabia que os passageiros naquela parte do navio não tinham acomodações privativas, muito menos o conforto da segunda classe ou o conforto e luxo da primeira. Como oficial, também subalterno a outros, Murdoch não questionava instruções ou convenções. Não que as acomodações fossem sujas ou sem higiene. Isso não. Mas era gritante a diferença entre o tratamento e consideração dirigidos àqueles passageiros e o modo como as duas classes superiores eram tratadas – com toda atenção e requinte, como verdadeiros príncipes e princesas!

Murdoch balançou a cabeça, enquanto olhava para o mar. Estava sozinho naquele momento, e disse a si mesmo:

– Por que fazemos isso? Quem nos dá o direito de considerar este ou aquele ser humano melhor? Por que o dinheiro dá a alguém o direito de pisar nos outros?

Se um oficial subalterno ou superior o ouvisse poderia questionar seus motivos, ou até julgar que estava perdendo o juízo, fazendo perguntas daquele tipo em voz alta e sozinho! Julgar era, sem dúvida, a primeira coisa que todo mundo estava sempre disposto a fazer. E o que era pior: quase todos se diziam cristãos. "Não julgueis para não serdes julgados". Não era isso que dissera Jesus? Mas de que adiantava pensar nisso agora?

Entretanto, a principal preocupação do Oficial Murdoch no momento era outra, muito mais premente.

Ele ouvira uma conversa entre Edward J. Smith, oficial comandante do Titanic, e um dos passageiros, o milionário John Jacob Astor IV, a respeito da segurança do navio. Após assegurar ao ricaço que o Titanic era de fato "inafundável", o capitão respondeu a uma pergunta de Astor a respeito dos botes salva-vidas. Suas palavras fizeram o milionário compreender que o número de botes não seria suficiente para o resgate de todos a bordo caso ocorresse um acidente – e o milionário disse isso, com todas as palavras!

"Eu lhe asseguro que nenhum bote será necessário, senhor", disse Smith. "Nada de errado ocorrerá com este navio".

O construtor do navio, Thomas Andrews, estava a bordo para a viagem inaugural, e corroborou as palavras de Smith. Mas Murdoch, que via os três homens conversando de onde estava, detectou uma sombra de incerteza no olhar de Andrews.

E agora Murdoch estava preocupado e se perguntando por que tal coisa fora permitida, e por que havia espaço para mais botes se o número deles era suficiente.

Perguntas demais, dúvidas demais... E inevitavelmente se lembrou de seu bom amigo Thor, dizendo que "... *o mar devora você vivo*". O que Thor diria se ouvisse o Sr. Andrews e o Comandante Smith defenderem a segurança do Titanic?

– Sr. Kenan – Murdoch chamou o jovem que adentrava a sala naquele momento.

– Pois não, senhor? – apressou-se o rapaz a atendê-lo.

– Fique aqui um instante, sim? Há algo que preciso fazer.

– Sim, senhor.

Kenan rendeu Murdoch, e este saiu apressado, em direção à sala do telégrafo. Abriu a porta estrepitosamente e encontrou dois oficiais em suas fardas pretas, que lhe dirigiram um olhar de interrogação.

– Bom... dia! – cumprimentou Murdoch. Os dois responderam com um discreto gesto de cabeça. Não cabia a Murdoch estar ali; seus serviços a bordo do Titanic eram outros. – Amigos, por favor, tirem-me uma dúvida. – Os homens continuaram olhando para ele, intrigados. – É que... vários passageiros me perguntaram – mentiu. – Por isso, nada melhor que descobrir na fonte. Como funciona o telégrafo a bordo? Tem a mesma eficácia que em terra? Parece que alguém levantou a questão de como seria o contato entre este navio e os outros.

– Tudo depende do alcance – respondeu um dos homens. – A comunicação entre barcos nesta parte do oceano é tranquila. Pode assegurar aos passageiros, se perguntarem, que nosso equipamento funciona perfeitamente, e sempre há alguém de plantão.

– A questão é, penso – continuou Murdoch – se haverá alguém de plantão nos outros navios!

– Claro que sim! – disse o mesmo oficial, e os dois telegrafistas riram. – O que o aflige, oficial?

– Nada – Murdoch respondeu, sério. – Apenas minha intuição me fez vir até aqui e ver a sala pessoalmente. Isso, e a inquirição dos passageiros, claro.

– Pois pode dizer aos nossos passageiros que eles não precisam se preocupar com isso – comentou o outro oficial, que até agora se mantinha calado.

– Obrigado, senhores.

Murdoch saiu e fechou a porta. Os dois oficiais do telégrafo se entreolharam, sorrindo maliciosamente. Um deles meneou a cabeça.

– Não acha que sua prima já deveria ter se levantado? – James Brenton perguntou a Harriet Wagner, quando os dois saíam do *Café Parisien*, um dos suntuosos salões a bordo onde eles, o reverendo e o professor Krüger haviam tomado o café da manhã. Atrás deles vinha o reverendo McKeefe. – Não quero ser inconveniente, mas a senhorita disse que ela se levanta cedo... Sabe como é, com pessoas idosas. Eu tomaria extremo cuidado com uma senhora idosa em uma viagem longa, intercontinental.

Harriet suspirou; e antes que respondesse ao comentário, McKeefe disse, ainda atrás dos dois:

– Mais cuidado do que ela já toma...

– Tenho certeza disso – replicou Brenton. – Mas é como digo: quando uma pessoa de idade avançada muda de hábito...

– Não creio que Rita esteja mudando de hábito agora, Sr. Brenton – disse Harriet. – Apenas dormiu um pouco a mais. Estava cansada e nervosa, por causa do incidente de ontem; culpa dela mesma!

– Mesmo assim, senhorita – insistiu o jovem Brenton. – Desculpe-me, mas acho que seria bom verificar.

Americano chato, pensou McKeefe. Olhou para Harriet e sentiu que, caso ele lesse pensamentos, saberia que ela estava pensando a mesma coisa.

– Só para tranquilizá-lo, vou fazer isso – retrucou Harriet. – Pretendia acompanhar o professor Krüger numa deliciosa partida de xadrez. Ele disse que raras vezes jogara com uma mulher. Mas posso fazer isso depois, enfim. Aliás, por que ele saiu antes de nós, mesmo?

– Adivinhe: foi fumar. O que a maioria dos homens faz neste navio? – respondeu o reverendo.

– É verdade. Agora me lembro. Pois bem, vamos lá. Vou ver se está tudo bem com Rita e...

– Encontramo-nos no salão de jogos, então? – perguntou McKeefe.

– Sim. Por mim, está bem.

– Antes, vou andar um pouco por aí, se não se importam – disse Brenton.

– Nem um pouco! – Harriet e McKeefe responderam em coro.

E cada um seguiu um caminho.

Ao passar pela sala de fumantes, a caminho da sala de jogos, John McKeefe reparou em um jovem que vinha em sua direção, mancando e contraindo um pouco o rosto, como se sentisse dor.

– Desculpe, senhor – dirigiu-se McKeefe a ele. – Está machucado? Precisa de ajuda?

– Não, obrigado! – respondeu Thiago Matoso, sorrindo. – Não é nada grave. Um pequeno incidente...

– Se quiser, fique sentado aí, e vou procurar um enfermeiro.

– Estou bem, mas muito obrigado mesmo, senhor! O que mais me incomoda foi ter perdido meu paletó...

A interrogação no simpático rosto do religioso fez Thiago sorrir e resolver contar-lhe resumidamente o incidente em frente à sala dos fumantes.

Imediatamente, McKeefe reconheceu o indiano amigo da Srta. Wagner na descrição do jovem. Estendeu a mão para o rapaz e foi se apresentando:

– Sou o reverendo John McKeefe.

– Thiago Matoso – disse o outro, aceitando o cumprimento.

– Tem certeza de que não quer ajuda?

– Bem, para falar a verdade, se eu puder me apoiar no senhor para descer a escada... Nem poderia estar aqui. Viajo na segunda classe. – Apesar de uma certa idade, o reverendo era um homem grandalhão e em boa forma, e Thiago não sentiu que lhe seria um grande inconveniente emprestar-lhe um braço para ajudá-lo a descer. A perna estava doendo...

McKeefe sorriu e balançou a cabeça, num gesto que dizia "quem se importa com segunda ou primeira classe".

– Claro que o ajudo. Mas por que não se senta aqui um pouco, antes? Deixe-me olhar sua perna. Tenho experiência como auxiliar de enfermagem. Já fui missionário na Irlanda e outros lugares, e cuidar das pessoas fazia parte de meu treinamento.

– Então, vejo que o senhor não cuida só da alma, mas também do corpo? – Thiago arriscou uma brincadeira.

McKeefe riu.

– Com certeza. A gente faz o que pode... A canela está um pouco roxa, mas nada quebrado.

– Bem, o chute foi na coxa. O hematoma na canela foi causado pela queda. Caí bem em cima...

– Nesse caso, não posso pedir para examinar-lhe a perna aqui. Vamos até a sala dos fumantes. As mulheres raramente entram lá...

Ainda mancando, mas agora apoiado no braço forte do reverendo, Thiago o acompanhou até a sala dos fumantes.

Três homens se encontravam na sala. Só dois fumavam.

– Com licença, senhores – pediu McKeefe, e esperou até que Thiago baixasse as calças para que ele examinasse sua coxa. Os outros olharam para os dois; discretos, porém, visivelmente curiosos. McKeefe notou que seu amigo, Karl Krüger, não estava lá.

Após tocar o hematoma na coxa de Thiago, e apalpar a região em volta, o reverendo McKeefe deu o mesmo diagnóstico.

– Realmente, nada quebrado, jovem. O músculo está sensível, mas deverá passar logo. Deixe-me ver essas costelas... – Apalpou-as, sem sentir nada fora do comum. – Tenho certeza de que aqui também foi apenas uma luxação.

– Eu sei. Foi o que disse à minha mulher. Ela está preocupada. E agora, ainda por cima, está zangada comigo.

– É mesmo? Por quê? Por causa da briga?

– Não. Crise de ciúme. Coisas da cabeça dela.

– Vou lhe trazer uma pomada, que guardo em minha maleta... Mas por que ela está com ciúme?

– Acha que dei atenção demais a uma certa moça. Uma moça que precisava de ajuda. É verdade que andei conversando demais com ela. Mas foi sem nenhuma outra intenção que não ajudá-la. E vou conversar muito mais ainda.

– Nesse caso – McKeefe sorriu – pode esperar mais crises de ciúmes...

Thiago riu.

– Não tem problema. Sou assim. Quando sinto que preciso ajudar alguém, vou atrás da pessoa até conseguir. Ou pelo menos tento com afinco. Hermínia – minha mulher – terá que se acostumar com isso. Essa jovem, sabe...

Thiago se deteve. Não queria abrir a um estranho a história pessoal de Katherine Mansfield, muito menos falar com o reverendo sobre o espírito que acompanhava a moça.

McKeefe percebeu a hesitação e não insistiu. Aquele jovem era uma boa pessoa. Dele emanava sinceridade.

– Se esperar um pouco, vou até minha cabine pegar a pomada – disse. – Pode ser?

– Claro! Espero, sim. Muito obrigado.

Próximo às entradas para os aposentos privados dos passageiros, McKeefe ouviu gritos e passos. Uma algazarra começava a se formar. Ele se deteve, tentando apurar o ouvido.

Pouco abaixo de onde estava, Harriet Wagner estacou o passo e esperou: ouvira nitidamente um grito de mulher.

De repente, o grito se repetiu, dessa vez com palavras nítidas:

– *Ajudem! Aqui! Ela está morta! Está morta!* – gritava uma mulher, em tom de total desespero. Em seguida, Harriet viu uma camareira despontar no outro extremo do corredor. Fora ela que gritara, sem dúvida. E continuava chamando.

Harriet não queria ouvir... Não podia sequer pensar em...

Nesse exato momento, passaram por ela dois homens, correndo na direção dos gritos. Um deles era um médico ou enfermeiro, ela não tinha certeza. O outro era... *Era ele!* Mas por quê? Então...

Harriet sentiu que ia desmaiar. Não podia. Não agora. Encostou-se à parede do corredor e fechou os olhos. Ou o navio estava balançando ou sua cabeça estava. Tudo girava. Queria chorar, mas não conseguia.

McKeefe segurou-a bem no momento em que ia deslizar até o chão. Ela se virou e abraçou-o. As lágrimas vieram com facilidade, agora.

– Diga-me que não é verdade... diga-me, por favor!

McKeefe a abraçou fortemente. Sentia que se amolecesse o corpo, a Srta. Wagner cairia violentamente ao chão. Amparou-a com força, até ela parar de tremer e soluçar.

Agora, ele tinha que cumprir seu papel. Precisaria prestar qualquer socorro que fosse necessário. Mas não se esqueceu do rapaz, na sala de fumantes, que aguardava seu retorno. E, afinal de contas, as situações mais graves pediam médicos, e não pastores religiosos com conhecimento de enfermagem.

– Está se sentindo bem? – perguntou a Harriet.

Ela fez que sim, com a cabeça.

– Ouça, senhorita. Parece que alguma coisa séria aconteceu por aqui. Mas há uma pessoa ferida lá em cima, e prometi ajudar.

– A camareira gritou, dizendo que ela está morta...

– Quem, Srta. Wagner? Você viu de onde veio a camareira?

Harriet não respondeu imediatamente. Olhou na direção para onde correram os dois homens.

– Não sei...

– Está preocupada com sua prima, não é?

De novo, ela não respondeu.

– Vá até lá. O médico está atendendo seja quem for. Voltarei em um minuto.

Ela assentiu, o reverendo apertou-lhe a mão para lhe dar confiança e saiu apressado.

No caminho, esbarrou com o Sr. Brenton.

– O que houve, afinal? – perguntou o empresário.

– Graças a Deus o senhor está aqui! – disse McKeefe. – Fique com a Srta. Wagner! Preciso fazer uma coisa... Ela está logo ali. Por favor.

Brenton não fez perguntas e correu na direção que McKeefe lhe apontara.

Dali a poucos minutos, McKeefe revirava, afoito, suas gavetas. Estava confuso. Não era um homem propenso à confusão mental. Mas toda aquela situação era intensa demais, mesmo para um homem com o preparo psicológico como o dele. Mas por que tanto nervosismo, afinal? Não tinha com o que se preocupar. Os médicos que fizessem seu trabalho... E ele faria o dele.

Não estava nas gavetas. Claro que não. Agora se lembrou; não deixaria aquilo numa gaveta... Puxa, devia estar perturbado, mesmo!

Acalme-se, John. Acalme-se. Está tudo bem. Lembre-se de que, afinal de contas, você é humano. Antes de ser um ministro do Senhor, você é um ser humano...

Thiago percebeu uma comoção do lado de fora. Assim como ele, os outros homens que se encontravam na sala de fumantes saíram. Daquele ponto do convés não se podia ver o que se passava no piso inferior, com acesso às cabines da primeira classe; mas os gritos chegaram aos ouvidos dos homens. Mancando menos agora, Thiago se preparou para descer; poderia se encontrar com o Reverendo McKeefe no caminho. Se a confusão estivesse muito fervente, ele desceria até a segunda classe, seu lugar, e depois daria um jeito de se desculpar com McKeefe.

Já estava adentrando o piso inferior quando avistou o indiano. Sem dúvida, a gritaria lhe chamara a atenção também. Mas em um navio daquele tamanho, será que todos estavam hospedados no mesmo setor? Bem, provavelmente havia muito mais passageiros espalhados pelas outras áreas da primeira, segunda e terceira classe, os quais estes, desta ala do navio – incluindo ele próprio e Hermínia, Katherine, o indiano e o reverendo – nem chegariam a conhecer. Claro, era isso.

– Não sei se é a oportunidade – Thiago murmurou, sem ser ouvido pelos outros três homens que também se preparavam para descer. – Mas vou tentar abordá-lo.

O indiano estava de costas para ele. Uma mulher trajando um vestido verde se encontrava alguns passos à frente do indiano, sendo amparada por um rapaz em um terno claro, que parecia falar-lhe incessantemente ao ouvido, embora ele, Thiago, não ouvisse suas palavras.

– Sr. Brenton – disse Harriet. – Por favor, me ajude. Desculpe, mas não pude ouvir nada do que disse, tamanha é a comoção. Estou muito nervosa. Pode me acompanhar até minha cabine?

– Claro – Brenton assentiu. – Aquele é o Sr. Thompson, está vendo? – ele apontou para o homem em mangas de camisa, no meio do corredor. – Foi ele que perdeu a arma!

– Sim, eu sei... Quero dizer... – Harriet se interrompeu.

– Ah, então o conhecia?

– Não, mas eu... Mas estou vendo direito? O médico está parado à porta da cabine dele?

– Sim; isso mesmo.

– Preciso saber o que está acontecendo...

Dois oficiais tentavam acalmar alguns observadores curiosos. Devia haver entre dez a 12 pessoas se achegando à cabine de onde viera o grito da camareira, além do médico, do Sr. Thompson e dos próprios oficiais.

– Acalmem-se todos e, por favor, voltem aos seus afazeres. Ela já está melhor...! – avisou um dos oficiais.

– Quem...? O que...?

– Não se sente bem, Srta. Harriet? – perguntou Brenton, amparando-a pela cintura, preocupado.

– Não é isso; é que pensei que...

– Parece que a Sra. Thompson passou mal – interrompeu James Brenton.

– Foi exatamente o que aconteceu – explicou o mesmo oficial. – O marido nos informou que ela ficou muito nervosa e desmaiou. Ele saiu correndo em busca de ajuda e deixou a porta da frente aberta. A camareira viu a Sra. Thompson no chão e temeu que estivesse morta. Infelizmente, perdeu a compostura e criou uma cena desnecessária. A ajuda médica já estava chegando.

Harriet Wagner experimentou o gosto do alívio.

Mas foi apenas temporário. Ainda não tinha chegado à própria cabine... Os oficiais estavam tão próximos. Talvez eles...

– Obrigada, Sr. Brenton. Já estou bem melhor – ela disse ao americano, gentilmente. – Preciso ver se minha prima está acordada; acho que vai pedir uma refeição na cabine, mesmo.

– Vou acompanhá-la, como me pediu. Só para o caso de...

– Para o caso de quê, Sr. Brenton?

James Brenton olhou para ela com ternura. Ele era um homem charmoso, embora não exatamente bonito, pensou Harriet Wagner. Tinha porte atlético, exalava juventude, e seus olhos castanho-escuros – assim como os dela – inspiravam confiança. Pena que fosse um pouco irritante, às vezes, de tanto que falava...

– Bem, vamos então?

Harriet sorriu.

– Muito obrigada, mas acho melhor ir sozinha, afinal. Não vou me demorar; só trocar umas palavrinhas com Rita, ver se está tudo bem, e depois me encontro com o senhor e os outros no salão de jogos.

– Está muito bem, então, senhorita – ele concordou, sorrindo amavelmente.

Deixando os curiosos e o simpático e falador americano para trás, Harriet prosseguiu em seu caminho até a cabine.

A porta estava destrancada. Entrou suspirando, recuperando-se do susto, e jogou a bolsa sobre uma poltrona.

Sentou-se na cama, virou os olhos para cima e se perguntou se tomara a decisão certa em embarcar naquela viagem... O que iria fazer em Nova York, afinal?

Os passos atrás de si lhe chamaram a atenção. Ela suspirou novamente, agora aliviada de verdade.

– *Que gritaria infernal foi aquela?* – esganiçou uma voz.

– Acordaram você? – Harriet perguntou a Rita.

– Não, querida – respondeu a prima idosa. – Já estava acordada. Estava sentada ali – ela apontou para a penteadeira maior, na cabine – terminando de me arrumar, quando ouvi aquele guincho de "está morta, está morta!" Meu susto foi tão grande que quase caí da cadeira. Nem sei, até agora, para onde joguei minha escova! Aquela de cabo de safira, caríssima, preciosíssima! Vou processar a companhia até o último centavo...!

Rita se afastou e começou a olhar, com dificuldade, por baixo da penteadeira. Estava toda de branco hoje: vestido, sapatos e brincos. Com seus cabelos brancos, e o rosto rosado, ela podia passar por uma boneca de cera.

Harriet ficou olhando para ela e logo um sorriso se formou em seus lábios. Era uma rabugenta, sem dúvida. Mas como gostava daquela velha chata! E como lhe era grata, apesar de tudo.

Mas não podia deixar passar certas coisas. Não podia...

– Rita – ela chamou, levantando-se da cama.

– Hummm? – grunhiu a velha, tentando olhar atrás do móvel.

– Diga-me uma coisa, e não me venha com embromações.

– O que foi, Harriet? Desembuche.

Harriet puxou a cadeira na frente da penteadeira e se sentou, enquanto Rita começava a remexer uma cortina espessa, atrás de um abajur. Harriet respirou fundo, e finalmente perguntou:

– *Rita, por que você pegou a arma do Sr. Thompson?*

Capítulo 6

Confissões

– Hahaha...! – grasnou Rita Bromski. – Pensei que você nunca fosse perceber, distraída como é.

– Muito menos do que você pensa, querida prima – respondeu Harriet, irritada. – O velho Thompson acha que alguém lhe roubou a arma quando ele esqueceu o casaco naquele bar...

– Bar? Ele pensa isso mesmo? – Rita parou de olhar atrás das cortinas e se virou para a prima. – Acha que eu entraria em um bar deste navio, por mais pomposo que fosse, sozinha?

– Não, não acho. Mas Thompson não tem ideia...

– ... de que eu peguei sua pistola enquanto descíamos pela tal suntuosa *Grande Escadaria*, para conhecer o requinte que a companhia oferece aos passageiros da primeira classe. O MC falava com orgulho dela a nós e também ao casal Thompson, lembra-se? Foi logo depois que nos instalamos e saímos para ver algumas dependências do navio. O casal ia na mesma direção. Quem mandou o Sr. Thompson ficar se gabando o tempo todo de ter armas na bagagem e carregar uma no bolso? Ainda fez o favor de apalpar o bolso, nos mostrando onde ela estava...

– E pouco depois, você fingiu tropeçar, claro! Bem que achei estranho.

– Sim, e quando ele me segurou, não tive a menor dificuldade em passar rapidamente a mão no bolso do velho e pegar sua pistola. Nem ele nem a mulher perceberam, espero.

– Claro que não! – exclamou Harriet, cada vez mais indignada. – Não lhe disse que ele pensa que a perdeu no bar?

– Que importa isso agora? – Rita deu as costas para Harriet e caminhou até o quarto contíguo. De lá, sua prima a ouviu dizer: – Uma senhora de minha idade precisa ser precavida. Se quer saber, foi por isso que peguei a arma...!

– Pelo menos, fale baixo – censurou Harriet, levantando-se da cadeira em frente à penteadeira.

– Ninguém pode nos ouvir – disse Rita, retornando com outra escova na mão, já que não achara a preferida. – Culpa sua, claro.

– Culpa minha pelo quê?

– Por eu ser forçada a pegar a arma do velho Thompson.

Harriet soltou um riso nervoso.

– Talvez você possa me esclarecer *como* isso foi minha culpa!

– Quis trazer a minha. Temos várias em casa, mas você me perturbou até não poder mais, dizendo que era absurdo, que não devíamos nem pensar em carregar uma arma, e tal e coisa. No fim, acabei concordando.

– Mas quando viu a oportunidade...

– Sim, me aproveitei – conclui Rita, resoluta, virando-se para o espelho e recomeçando a escovar a vasta cabeleira branca. – Sabe que tenho medo, Harriet. Preciso sentir que possuo alguma coisa para me defender.

– Não sei por que algumas pessoas acham que carregar uma arma traz segurança... – Harriet meneou a cabeça. – Quantos acidentes estúpidos e fatais acontecem por causa disso.

– Não comigo. Quando carrego uma arma, deixo-a sempre na bolsa, muito bem escondida. Ninguém sabe que está lá. Mas se precisar...

– Rita, estão falando de revistar todos os passageiros – Harriet exagerou. Na verdade, ninguém sabia ao certo que providências seriam tomadas quanto à arma desaparecida do Sr. Thompson. – Se pegarem você...

– Ninguém vai olhar dentro da delicada bolsinha de uma senhora de 81 anos.

– Eu não teria tanta certeza.

– Bah! Não vou devolver. Ninguém ousará me revistar.

Harriet suspirou, exasperada e resolveu não prosseguir aquela conversa.

Após um período suficiente de silêncio, ela disse:

– Voltei aqui para ver se você estava bem. Nunca se levanta tão tarde... Bem, vou subir agora. Combinei de jogar xadrez... isso mesmo, xadrez... com um simpático senhor, no salão de jogos. Espero que não se importe em tomar o café da manhã sozinha.

– Não, não me importo.

– Bem, então...

– Harriet, espere um pouco. – O tom de Rita era outro agora, menos desafiador e sem a costumeira petulância. – Ontem à noite, não sei ao certo a que horas... você não tinha voltado ainda (aliás, onde esteve?)... percebi que fiz bem em pegar a arma.

Intrigada, Harriet olhou para a prima.

– O que houve, Rita?

– Alguém entrou aqui, Harriet. Não, não estava sonhando, antes que você diga isso! Estava bem acordada, mas a cabine estava às escuras. A porta se abriu... Pensei que fosse você... Já ia perguntar por que demorara quando percebi uma respiração ofegante, nervosa, e me virei para olhar. Mesmo no escuro, notei que não era você. De onde a pessoa estava, tive a impressão de que olhava para mim. Perguntei: “Quem é?” A pessoa, então, disse alguma coisa que não entendi. Perguntei de novo: “Quem está aí? O que você quer?” De novo, ele ou ela (não pude perceber pelo tom de voz) respondeu com palavras que não compreendi. Devia ser uma língua estranha. Não pensei duas vezes: minha bolsinha, sempre companheira, estava ao lado de meu travesseiro. Abri-a e peguei a arma, apontando logo para o intruso, e quase gritei: “Saia daqui imediatamente, ou atiro! Juro que atiro!”

– Meu Deus, que coisa!

– Pois é. Isso pegou a pessoa desprevenida. O invasor saiu correndo, derrubando o abajur ao lado da porta. Depois que saiu, eu me levantei, acendi as luzes, e tentei reparar o estrago. Pensei em dar parte, mas fiquei com medo que me fizessem perguntas demais...

– Mas, Rita, como essa pessoa entrou aqui?!

– Ou esqueci a porta aberta (o que duvido muito) ou ele ou ela *subornou* algum funcionário responsável para saber em que cabine estávamos e para ter acesso a ela.

– Nesse caso, precisamos solicitar uma mudança de cabine imediatamente! – decidiu Harriet. – Temos que falar com alguém, sim.

– Bem, talvez tenha razão.

– Claro que tenho. Vamos providenciar isso agora mesmo.

Rita sorriu, maliciosa.

– Mas e a sua partida de xadrez com o cavalheiro simpático? – perguntou.

– Terá de esperar – bufou Harriet.

– Não, querida – disse Rita. – Aproveite a companhia de seu amigo. Podemos procurar as autoridades depois.

Harriet riu agora, mais descontraída.

– Esse amigo é muito velho para mim, querida. Só quero jogar xadrez com ele, porque é um sujeito agradável. Quando ao amigo dele, aí a coisa fica mais interessante...

– Ah!!

– Sim, fiz uma coisa que nunca tinha feito na vida. Dei um passo importante, creio: ficamos conversando até tarde, ontem à noite.

– Que inapropriado para uma dama! – comentou Rita, sorrindo entre maliciosa e divertida.

– É um pastor anglicano, Rita! Embora já tenha 60 anos, parece um rapagão. Homem muito educado, inteligente... e bonitão!

– Solteiro?

– Viúvo. Ele me contou muito de sua vida, ontem. E eu, da minha.

– Humm... interessante. Mas cuidado com quem você fala de si, querida. As coisas que a gente conta aos outros podem, um dia, ser usadas contra nós.

Harriet apertou as pálpebras, intrigada.

– Nada disse de comprometedor a ele, Rita. Aliás, o que eu teria para dizer que fosse usado contra mim?

– Não sei. Provavelmente nada. Mas quando uma pessoa quer prejudicar alguém, qualquer coisa que saiba desse alguém pode ser uma boa arma.

– Seja como for, ele me pareceu um homem bom e respeitador. Pretendo conhecê-lo melhor, sem dúvida.

– Que bom! Espero que, assim, não procure novamente aquele... *indiano*!

Novamente, Harriet riu, descontraída.

– Querida prima, tente deixar de lado, pelo menos durante esta deliciosa viagem, seus preconceitos. Uma viagem longa é uma excelente oportunidade para a gente conhecer pessoas, fazer amigos... É o que pretendo fazer. Bem, vai tomar seu café, agora?

– Sim. Se estiver muito inspirada, procuro você e seus amigos no salão de jogos, depois.

– Muito bem, então. Até mais. Cuidado com os estranhos no caminho...

Rita não sorriu.

Aprumou o chapéu no alto de seus cabelos brancos, verificou mais uma vez se os brincos estavam fixos, apanhou sua inseparável companheira, a bolsa branca, e por fim, foi se olhar no espelho de corpo inteiro, do outro lado do aposento.

Esperava não se encontrar com nenhum indiano no caminho... Indiano, pois sim. Aquele leve sotaque não a enganava:

o tal Hassir Mansur era irlandês, viajando disfarçado como indiano. Por que faria isso? Não que fosse da conta dela.

Enquanto procurava o *Café Parisien*, Rita se lembrou mais uma vez do episódio da invasão. Que susto levou...! E que sangue frio precisou para pegar a arma do Sr. Thompson e apontar para o intruso... ou a intrusa.

Ela só não contou à prima que apertou o gatilho e disparou, uma vez. Por sorte, não atingiu a criatura, pois poderia gerar complicações. Mas na hora do medo, não pensou nisso. Onde a bala teria se alojado ela não tinha ideia. Mais tarde, se tivesse a oportunidade, tentaria localizá-la. Talvez estivesse enterrada na porta ou mesmo no teto.

Os dois conversavam como amigos antigos.

Sentados no banco, de frente para o oceano azul, contra o sol, de modo que os raios não incomodassem a vista, qualquer um diria que aqueles dois homens se conheciam há muito tempo.

– Conte tudo isso a ela. Katherine é uma pessoa especial. Tem uma espiritualidade elevada. Sei que vai entender – disse Thiago, com sinceridade.

– Você está certíssimo – concordou Hassir, sentado à esquerda do jovem brasileiro, menos tenso após trocar ideias com ele. – Quando penso na minha violência ontem, no abuso da força... não sei se no seu lugar, eu me perdoaria...

Thiago riu.

– Já disse que está tudo bem, agora – ele garantiu ao outro. – Fiquei irado, na hora. Não; na verdade, fiquei intrigado. Mas agora, que tudo foi esclarecido, compreendo. Foi por isso que o procurei, aliás. Queria descobrir o motivo de tanta raiva, Sr. Mansur.

– Chame-me de Hassir. Nem sei mais como me desculpar...

– Não é preciso.

– Não sei de onde vem essa confiança que você me inspira, Thiago. Mas aconteceu tudo como lhe disse. – Hassir tirou os óculos falsos e os guardou no bolso da túnica. – Não quis matar aquele homem. Não, mesmo. Dei-lhe um empurrão quando ele tentou investir contra minha irmã, Annalee. Na verdade foi a gota d'água, depois de todos aqueles insultos... "*prostituta irlandesa... seu macho veio ao seu resgate, é? Outro irlandês sujo, porco, infestando nosso pub...*" Tenho o sangue de briguento, mas teria deixado tudo quieto, se parasse por ali. Mas, não. O maldito bêbado tinha que pular para cima de nós e tentar agarrar Annalee. Dei-lhe tamanho empurrão que o velho inglês caiu contra o balcão, batendo a cabeça. Morreu na hora. Você acha que alguém testemunharia a meu favor, num reduto em que quase todos odiavam irlandeses? Não devíamos ter entrado, mas Annalee estava tão cansada, só queríamos algo para molhar a garganta. Devia ter imaginado...

– Então, desde aquele dia, você não voltou à Inglaterra? – indagou Thiago, demonstrando sincero interesse.

– Não. Quero dizer, só voltei para tomar este navio. Annalee partiu para a América, como tínhamos planejado. Nossos outros irmãos moram lá e a viagem já estava marcada. Quanto a mim, voltei à Irlanda, e me preparei para dali a algum tempo me encontrar com ela na América. Dinheiro para isso eu já tinha. Economizei um bocado com as gorjetas gordas de turistas ricos, que não se importavam de ter um guia irlandês, filho de mãe indiana, mostrando-lhes a história viva da Inglaterra. Mas de repente, percebi que não poderia continuar vivendo na Irlanda por muito tempo, também. Começaram a me procurar por assassinato! Podia ter ido à polícia e contado a verdade, mas jamais me ouviriam! Apodreceria numa prisão, enquanto Annalee me esperaria para sempre, na agonia de não saber o que acontecera comigo.

– Entendo perfeitamente. O disfarce foi uma ótima ideia – observou Thiago.

– Mas enquanto fugia, indo de uma cidade para outra, na Irlanda, o tempo se passou. Já faz mais de um ano que não vejo minha irmã. Mas por carta, comuniquei a ela que finalmente estava em condições de deixar a Europa para sempre e me juntar a ela e ao resto da família nos Estados Unidos. E ela respondeu por telegrama. Mal posso esperar... Deve estar ansiosa, também.

– Vai dar tudo certo, agora. Sinto isso.

– Você também é do tipo instintivo, pelo que percebo – sugeriu Hassir.

– Muito. E não é só isso. Já lhe contei sobre o meu... *dom*. Não gosto dessa palavra, parece que faz de mim um sujeito especial. Não é isso.

– Entendo. Sei o que é ver coisas que os outros não veem. De meu pai irlandês, herdei os traços celtas místicos de inferir coisas da natureza, contatar entes invisíveis mesmo, que uns chamam de duendes, mas que eu acredito que são espíritos. Com minha mãe, indiana e seguidora do hinduísmo, aprendi a acreditar na pluralidade das vidas, no ciclo de reencarnações. E sei que há por aí, como você mesmo disse, meu amigo, espíritos desencarnados, habitando um limbo entre este plano físico e o espiritual, que por vezes nos contatam, que nos ajudam, ou que precisam de nossa ajuda... ou que, em alguns casos, até *nos atrapalham*!

– É verdade! – concordou Thiago, com entusiasmo. Percebia mais uma vez como nada acontecia por acaso; como precisara conhecer Katherine e agora Hassir/Dennis; e que o contato através do ataque físico por parte do irlandês fora talvez o recurso mais próximo, disponível, para a Espiritualidade aproximar os dois. – Isso às vezes me perturba um pouco!

– O quê? – quis saber Hassir.

– O perigo de assédio desses espíritos desencarnados que, voluntariamente ou não, nos prejudicam.

– Isso existe, penso eu. Mas tento não me preocupar muito com a questão. Já temos problemas demais nesta existência física, com assediadores de carne e osso!

Thiago riu.

– É a pura verdade! Os assediadores de carne e osso...

– A ignorância, meu amigo, é uma arma nas mãos do inimigo, esteja ele em corpo físico ou não.

– Sim, o preconceito, a intolerância, nada mais são que isso: frutos da ignorância, talvez usados por assediadores que não conhecemos, que se "acoplam" às pessoas, geram nelas raiva, ódio, e com isso se alimentam... verdadeiros vampiros de emoção.

– Que sábio você é, Thiago. Se alguém me dissesse que faria amizade com um jovem brasileiro sensível, espiritualizado, em uma viagem marítima, depois de quase lhe quebrar as costelas, eu nunca acreditaria.

Thiago riu, e Hassir se juntou a ele.

Do convés inferior, quase que por acaso, Hermínia ouviu a voz do marido. Começou a subir as escadas até o convés da primeira classe e logo o viu conversando com o homem que acompanhara Katherine Mansfield à sua cabine, na noite anterior.

Era um homem bonito, com tez ligeiramente morena, decididamente não inglês, cabelos bem escuros e penteados para trás. Ela caminhou devagar até eles, aproximou-se e Thiago a viu quando chegava por trás de Hassir.

– Resolveu sair da toca, é? – ele perguntou, com um sorriso não muito convicto.

Hassir se virou.

Vendo-o mais de perto agora, Hermínia confirmou a impressão anterior: de fato, aquele era um homem muito bonito. Mesmo por baixo da túnica, percebia-se que era um rapaz corpulento, forte, que exalava sensualidade. Mas sensualidade não era algo em que uma moça recatada, brasileira, filha de portugueses e católica, podia pensar.

– Minha esposa, Hermínia – Thiago apresentou.

Hassir se levantou.

– Muito prazer, senhora – disse, beijando a mão da jovem.

De repente, Hermínia se lembrou de que foi aquele homem que agredira Thiago. Como é que os dois estavam batendo papo daquele jeito, agora, como velhos amigos?

– P-prazer – ela respondeu, incerta.

– O Sr. Hansur e eu conversávamos sobre algo que você não aprecia, meu amor – explicou Thiago. – Mas que tenho certeza de que vai entender, um dia.

Ela suspirou.

– Aquela história de espíritos desencarnados de novo?

Hassir olhou-a, meio sem graça.

– Pois é – confirmou Thiago. – Como vê, querida, quando estamos abertos, fazemos as amizades certas, e descobrimos tantas coisas que valem a pena partilhar... Sente-se, meu bem. Está tudo bem?

Hermínia custou um pouco a responder.

– S-sim. Está, sim.

Os modos dela não condiziam com as palavras.

– A senhora talvez esteja com enjoo do mar! Isso é comum... – aventurou-se Hassir em dizer.

– Não, não é nada – ela se apressou em corrigir. – Apenas... Thiago, essa história de espírito aqui, espírito ali, está me deixando angustiada. Para onde olho, tenho a impressão de ver aquele homem que você diz ser o pai de...

– ... o pai de Katherine. Pode dizer. Já contei tudo ao meu novo amigo, aqui.

Ela olhou para Hassir.

– O senhor também vê fantasmas?

Ele riu.

– Já tive certas experiências, senhora – disse. – Mas não uso a palavra "fantasma"...

– Sei, sei. Espírito, então. Quer dizer que o senhor também vê?

– Posso dizer que já vi.

– Não tem medo?

– Não. É apenas um outro estado de existência. Vamos dizer, uma consciência sem corpo.

Hermínia suspirou, impaciente. Não tinha muita tolerância com essa tranquilidade com que o marido – e agora outras pessoas também – lidavam com coisas que ela não compreendia.

– Acha possível mesmo que o pai de Katherine Mansfield esteja assombrando este navio?

Os dois homens riram ante a ingenuidade do comentário.

Thiago pôs o braço amorosamente em torno dos ombros da esposa.

– Ah, Hermínia, Hermínia...

– Pare com isso, Thiago – ela disse, em português, para consternação do marido. – Detesto quando você me faz sentir uma idiota!

Thiago a soltou e se perguntou quando ele a fizera se sentir idiota.

– E por favor – ela prosseguiu, em português, deliberadamente para o estranho não entender – não traduza isso ao seu novo amigo. – Depois, virando-se para Hassir, e tornando a falar em inglês: – Bem, com licença, Sr. Mansur. Acho que vou descansar um pouco. Estou ficando com uma leve dor de cabeça. Parece que me acompanha desde que entrei neste navio.

Hassir se levantou educadamente, enquanto ela saía, sem se despedir do marido.

Os dois homens se entreolharam. Thiago arqueou as sobrancelhas e não conseguiu disfarçar um sorriso. Hassir, no entanto, o encarava, sério.

– Isso pode ser um entrave entre um casal, Thiago – ele disse. – Influências religiosas podem causar muitos dissabores. Entendi o que ela disse, não se preocupe. Sei que não me ofendeu. Minha mãe, como lhe disse, era de Goa, na Índia, onde se fala o português. Entendo e falo um pouco da língua.

– Sei dos problemas que a religião pode acarretar – concordou Thiago. – Mas amo muito Hermínia, e tenho tolerância em dobro, para compensar a que ela não tem...

Enquanto descia apressada, sem a menor intenção de voltar à cabine, Hermínia se encontrou com Katherine.

– Ele está lá em cima, sentado no primeiro banco! – disse a brasileira.

Incerta se devia perguntar, Katherine arriscou:

– Quem, Hermínia?

– Seu amigo, aquele indiano.

– Ah! – ela fez, aliviada. Já detectara o ciúme de Hermínia pelo marido. – Na verdade, ia procurá-lo.

– Está logo aqui – Hermínia apontou para o convés acima. – Conversando com Thiago.

Katherine franziu a testa.

– Conversando com... Thiago? – repetiu.

– Isso mesmo. Junte-se a eles, querida. Quanto a mim, essa conversa de assombração já me cansou.

Hermínia desceu rapidamente os demais degraus, enquanto Katherine alternava o olhar de interrogação entre a jovem brasileira e o topo da escada. O que irritara tanto Hermínia, ela podia imaginar. Seria muito insensível se não compreendesse os sentimentos da outra. Mas em nenhum momento, olhara para o marido dela com outro sentimento além de simpatia. Meneando a cabeça, ela subiu as escadas a fim de se encontrar com Hassir Mansur.

Foi Thiago quem a viu primeiro. Katherine percebeu que, com um gesto e um sorriso, ele indicava a Hassir que ela se aproximava.

O sorriso do jovem indiano, ao se levantar para cumprimentá-la, iluminou-lhe o rosto. E Katherine se sentiu permeada de uma incrível sensação de alegria ao vê-lo.

Ele tomou-lhe as mãos e ela se sentou ao seu lado. Nenhum dos dois dizia coisa alguma, mas a óbvia sensação de enlevo se fazia sentir até por Thiago, que discretamente disse:

– Bem, vou ver como está Hermínia. Mas nos veremos de novo, claro.

– Mas claro que sim! – Hassir se virou para seu novo amigo. – Nossa conversa foi um prazer. Acho que este é o começo de uma nova amizade...

– Com certeza! – concordou Thiago, e pediu licença, deixando os dois a sós, sentados.

– *Katherine* – Hassir disse, quase num sussurro. E Katherine sentiu que até aquela voz mexia com ela.

– É impressionante... – a jovem murmurou.

– Hum?

– Conhecemo-nos há menos de 24 horas, mas sinto como se fôssemos amigos há tanto tempo!

– Exatamente o que sinto! – declarou Hassir. – Atrevo-me a dizer – ele acrescentou, olhando fundo nos olhos da moça. E ela notou que estava sem óculos – que não é só uma sensação: é um fato. Devemos ser almas antigas. Já ouviu falar da transmigração das almas? Ou da reencarnação?

– Claro que sim! – ela respondeu, animada. – Deve ser isso mesmo. Essa empatia que às vezes a gente tem com pessoas que mal conhecemos deve ter uma origem em vidas passadas. É minha convicção. Mas não se pode falar muito sobre isso em nossa sociedade, não é? As pessoas não gostam de questionar o que já está enraizado nelas.

– O que é uma pena! Prendem-se a convenções criadas por elas mesmas; crenças desenvolvidas por elas mesmas, que só escravizam e nos afastam da verdade, da possibilidade de conhecermos a nós próprios.

Era como se ela, Katherine, dissesse aquelas palavras. A visão espiritual que Hassir tinha da vida era idêntica à dela. Os dois vinham de culturas tão diferentes... Ele indiano, ela inglesa: ele colonizado, ela nativa do país colonizador.

Como se lesse seus pensamentos, Hassir disse que queria lhe confidenciar. Katherine estava totalmente disposta a ouvir...

E em poucos minutos, ele lhe contou tudo o que revelara a Thiago, há pouco: sua verdadeira identidade, seu incidente no pub inglês e sua posterior fuga e disfarce. O tempo todo enquanto ele falava, Katherine assentiu, demonstrando compreensão, e de vez em quando, fazia uma ou outra pergunta. Sentia-se lisonjeada por ser o depositário da confiança daquele homem simpático, atraente e espontâneo.

Quando Hassir terminou seu relato, Katherine sentiu-se ainda mais atraída por ele. Mas não era só atração. Ela sabia que os dois não se haviam encontrado por acaso no Titanic. Havia uma história ali. Os dois tinham um caminho a trilhar, juntos. E apesar das evidentes dificuldades impostas pelo estado civil dela, aquele homem não lhe aparecera na vida apenas para trocar umas poucas palavras de amizade.

Sem pensar, Katherine segurou as mãos de Hassir. Os olhos escuros do jovem irlandês pareciam querer penetrá-la.

Era inevitável.

Katherine estava apaixonada por Hassir. Ou melhor, por Dennis O'Brien.

Ao meio-dia, Hassir e Katherine se despediram com um abraço e adiaram o encontro do almoço para dali a uma hora.

Deitada em sua cama agora, ela sentia que aquele era, sem a menor sombra de dúvida, o melhor dia de sua vida. Nem quando se casara com Edmund, o homem que tanto amara, tinha experimentado tamanha alegria. Foi assim, perdida em felicidade, que Katherine cochilou por alguns minutos...

Crianças gritavam, em meio ao choro e pavor. Mulheres corriam tentando socorrê-las, mas elas próprias caíam, tropeçavam umas nas outras...

e mal conseguiam se levantar. Havia água, mas não era suficiente. As chamas se espalhavam rápido demais.

Ela corria, puxando seu irmãozinho menor pela mão, tentando escapar da fumaça. "Depressa, Corina", alguém a chamava. "Corra, minha filha; não consigo chegar aí". A voz vinha do outro lado da rua. Uma mulher estava caída sob uma tora de madeira. Ela tentava saltar sobre pedras e pedaços de madeira, agora; mas o irmãozinho era pesado e ela, apenas uma garota, não muito maior que ele. Mais homens chegavam com grandes barris cheios de água e se empenhavam, mas o fogo devorador parecia não dar trégua. Ela corria, o irmãozinho chorava, e sua mãe chamava. Ao longe, um garoto que aparentava ter uns 13 anos se desvencilhou das labaredas e correu até onde ela, Corina, se encontrava. Rapidamente, o ágil menino segurou-a pela cintura, agarrou o irmãozinho, colocando-o sobre o ombro, e correu para longe, até o meio da rua.

Dois homens levantavam a tora que caíra sobre sua mãe. Ela estava ferida, mas viva e aliviada. O fogo não chegaria até onde os três estavam. Mas outras mulheres e crianças do albergue continuavam em perigo... Ele era apenas um menino, mas tinha força e vontade de ajudar. Voltou ao local do fogo. Os adultos gritaram para que saísse de lá; ele não deu ouvidos. Embrenhou-se em meio à fumaça preta, em meio aos gritos e ao som pavoroso do crepitar das chamas assassinas...

Assustada, Katherine acordou, levantando-se na cama. Estava tremendo.

Que pesadelo...

Mas era mais que isso.

Ela foi salva das chamas... *Corina*... Era ela, era ela – sem dúvida alguma! Mas como? Quando...? Nunca passara por aquele perigo; aquela mulher não era sua mãe; Katherine não tinha irmãos.

Transmigração das almas. *Reencarnação.*

Sempre aceitara aquilo, na teoria. Será que estava tendo uma prova de que era tudo verdade? Vivera no passado, talvez um século atrás e fora salva de um pavoroso incêndio?

Katherine não conseguiu conter as lágrimas. Mas não chorava de medo. Eram lágrimas de gratidão por um salvamento que... ela não podia explicar... Mas subitamente se sentia grata a alguém, grata como já fora... em outra vida.

Sentou-se na beirada da cama e esfregou o rosto.

Não podia sair para almoçar se estivesse deselegante e mal-arrumada. Precisaria se recompor.

Ainda sentada, ela pousou os olhos na entrada do *boudoir*.

Postura ereta como era seu costume; por trás dos óculos, olhos miúdos e carinhosos que inspiravam segurança; cabeça ligeiramente tombada para a esquerda, como sempre ele fazia quando estava prestes a elogiar alguma coisa... Chapéu de coco escuro, terno do mesmo tom cinza-azulado, mão direita apoiada em sua elegante bengala. *Seu pai estava ali, como que em carne e osso, olhando para ela, inspirando tranquilidade.*

– Papai... – ela balbuciou.

– *Desta vez será diferente, minha filha* – disse a figura, quase sem mexer os lábios. – *Uma vez você foi resgatada. Agora, vai resgatar. Orgulho-me muito de você, minha menina. Muita gente dependerá de você...*

Antes que Katherine pudesse perguntar qualquer coisa, seu pai sorriu daquele jeito caloroso e amigo de que ela ainda se lembrava e, sem que percebesse como, ele já não estava mais lá.

– Papai, papai... – ela suspirou. Não tinha um pingo sequer de medo. – Quem terei de resgatar? Ah, papai. Sempre gostou de brincar com mistério, hein?

Ela sorriu, balançando a cabeça. Seu pai vivia. Em outro plano. Uma consciência livre. Mas vivia e ela podia vê-lo. Ela se lembrou da mensagem passada por Thiago; mas dessa vez, o pai nada disse sobre ficar ou não ficar em Nova York.

Bateram à porta.

Já eram doze horas e trinta minutos, em ponto.

– Só um minuto! – ela gritou.

Dali a poucos segundos, Katherine abriu a porta para Hassir. Por baixo da mesma túnica laranja, ele usava agora uma camisa vermelha, nada comum na Europa, mas provavelmente apreciada na Índia. A túnica cobria-lhe a maior parte do peito, mas o tom vermelho se fazia notar distintamente pouco abaixo do pescoço. Ela própria não tivera tempo de se trocar, pois adormecera; mas estava bem do jeito que se vestira até então: um vestido salmão, com tons de púrpura e vermelho-claro, quase rosa, preso na cintura por um cinto também de cor púrpura.

Antes que ela pudesse cumprimentá-lo, Hassir segurou-a pelos dois ombros, olhou-a bem nos olhos, e a beijou. Longa e apaixonadamente.

Ela não se esquivou e imediatamente passou os braços em volta de cintura do jovem irlandês-indiano, esquecendo-se de tudo o mais no mundo... Não havia Nova York, não havia Edmund e seus gangsteres, nem convenções sociais à sua volta. O mundo era ela e Hassir; Hassir e ela, naquele beijo que poderia nunca mais acabar.

– Desculpe pelo desencontro, Reverendo! – disse Thiago, quando se encontrou com John McKeefe novamente. Ele e Hermínia haviam conseguido uma cabine na primeira classe, para deleite de Hermínia que, não fosse por isso, continuaria birrenta. – Sabe, quanto a uma coisa, minha mulher estava certa: aqui é bem melhor, mesmo! Não que as acomodações da segunda classe fossem ruins, mas...

– Sou da opinião de que quando se tem o dinheiro para o desfrute de um prazer, deve-se usá-lo! – comentou McKeefe. – Não parece um comentário lá muito religioso, sei disso – ele próprio riu. – Mas não é um atentado contra as leis de Deus procurar o conforto.

Os dois estavam no salão de jogos, agora. Às 12h45, muita gente já havia passado por lá, mas só uma mulher ficara algum tempo: Harriet Wagner. Jogou xadrez com o Professor Krüger e perdeu; jogou com o Sr. Brenton, e ganhou. Rita não apareceu na sala, mas Harriet não imaginava que ela fosse até lá, mesmo.

Agora, enquanto Thiago Matoso e McKeefe conversavam e saboreavam um *brandy*, um grupo de três jovens aristocratas jogavam *bridge*, enquanto outros dois iniciavam uma partida de xadrez.

– Devo confessar – disse o reverendo – que quando achei que a "pessoa morta" era a tal Rita Bromski, prima da Srta. Wagner, pensei: de que adianta eu ir vê-la? *Deixe que os mortos cuidem dos mortos.* Preocupei-me mais com você e fui procurar a pomada em minha cabine. Mas minha consciência me incomodava por deixar a Srta. Wagner sozinha. Dizia a mim mesmo: ela não está sozinha. O Sr. Brenton está com ela. Mas cheguei a me questionar: e se a mulher não estiver de fato morta? Valeria minha presença lá para algumas palavras de conforto? Felizmente, porém, ninguém morreu, e a pobre Sra. Thompson só havia desmaiado por causa do nervoso que passou... Quanto à velha Bromski, admito que não tenho a menor vontade de ser apresentado a ela; vê-la a certa distância e rir de seus modos já me basta.

– Bem, pelo que a prima dela disse quando o senhor nos apresentou – interveio Thiago –, a mulher não é lá muito sociável.

– Consigo imaginar o convívio das duas – disse McKeefe. – E não deve ser fácil para a Srta. Wagner. Não só pela diferença da idade entre as primas, mas porque se pode notar que ela, a Srta. Wagner, talvez seja um pouco "avançada" para o gosto da prima mais velha. Gosta da companhia masculina (nada de errado, nisso), e conversa mais com homens que com mulheres, isso é evidente. Tem olhos que flertam discretamente; não é uma sedutora contumaz, claro. Mas parece ávida por uma oportunidade de se sentir apreciada. Ri um pouco alto demais, o que infelizmente chama atenções, às vezes, negativas em nossa sociedade.

– Percebi tudo isso, mas sob uma luz positiva: achei Harriet Wagner uma pessoa espontânea, vivaz, embora um pouco triste...

– É uma ótima pessoa, certamente. Quer ouvir mais uma confissão, meu jovem amigo? Tenho interesse em conhecê-la melhor. E ainda ontem comentei com meu bom amigo Krüger que não haveria mais ninguém em minha vida afetiva.

– Parece que fazemos planos justamente para serem mudados, não é?

McKeefe riu.

– É verdade, Thiago. E isso é cada vez mais frequente. Mas sem planos, não temos referencial. Podemos talvez nunca cumprir nossos planos, mas precisamos tê-los, pois eles são como marcadores no caminho. Às vezes nem olhamos para os marcadores; mas nos dá conforto saber que estão lá. Assim são os planos. Veja só... Se eu fosse um comerciante, por exemplo, poderia planejar algo assim, do tipo, este ano ganharia £200 a mais que o ano passado. Isso pode ser impossível, difícil, ou perfeitamente verossímil; mas de qualquer forma, trabalharia no decorrer do ano vislumbrando a possibilidade. Não falo exatamente de metas; você pode não ter metas muito bem definidas, mas se fizer planos, sentirá que tem uma orientação a seguir, em vez de boiar à deriva.

– Muito bom, reverendo! Gostei de seu modo de ver nossa rota na vida – declarou Thiago, visivelmente entusiasmado.

– Mas isso tive que aprender, Thiago. Nem sempre fui sensato assim. Quando vivi na Irlanda, por exemplo, como jovem missionário, um de meus objetivos era aprender a língua local, ainda falada em alguns vilarejos, além do inglês. Consegui. Mas a falta de planejamento acabou me deixando perdido por algum tempo. Passei tempo demais estudando a língua e quase abandonei o trabalho missionário, que era o essencial.

Thiago se endireitou na poltrona onde se sentava.

– Quer dizer que o senhor fala gaélico? – perguntou, interessado.

– Sim. Pelo menos, a variação irlandesa. Às vezes, deixo escapar frases em gaélico, quando estou exasperado.

– Puxa, é uma raridade.

– Nem tanto. Mais gente fala essa língua do que você pensa.

– Entendo.

O reverendo olhou para o relógio no salão.

– Estou ficando com fome...

– Eu também. Vamos almoçar juntos?

– Claro. Enquanto você chama Hermínia, vou me encontrar com Karl e os outros. Combinado?

A poucos metros dali, Harriet Wagner caminhava entre dois estrangeiros, ambos interessados em sua companhia, ainda que por motivos diferentes. À sua direita, o Professor Krüger sondava discretamente a vida de Harriet com a prima, Rita. Embora ainda nutrisse ódio por ela, no fundo, ele acalentava a ideia de que a velha viúva abrisse a bolsa e soltasse algum dinheiro para a arqueologia, se alguém a convencesse disso. Ele não estava mais "no trabalho de campo", como se dizia; mas com uma verba substancial, as coisas poderiam esquentar. James Brenton, por outro lado, gostava de mulheres mais velhas; Harriet Wagner não era apenas mais velha, mas sim uma mulher descomprometida, sensível, engraçada e inteligente – atributos que ele, americano solteiro, gostava em uma mulher.

Harriet ouvia-os, falava com os dois, sorria, e sentia-se confortável no meio dos dois cavalheiros. Mas pensava em John McKeefe.

O reverendo sexagenário era um homem interessante. Bastante avançado, para um ministro religioso! Porém, era educado, gentil e sabia tratar uma mulher com respeito. Até sua voz era sedosa e atraente. Era um homem que sabia estar presente sem desejar ser o centro das atenções e sabia se calar quando o silêncio dizia mais que palavras...

– Já viajou muito, Srta. Wagner? – disse o Professor Krüger, interrompendo-lhe o devaneio.

– Não muito – ela respondeu. – Mas o que mais gosto mesmo é o campo, professor. A zona campestre inglesa é linda de perder o fôlego!

– Realmente – assentiu Krüger. – Tenho parentes no campo e sempre que posso, fico algum tempo com eles.

– Gosto do campo, também – interveio James Brenton. – Mas sou um homem da cidade, mesmo. Não poderia morar longe do burburinho urbano. Preciso sentir que estou no meio das coisas, quando elas estão acontecendo... Preciso saber que tenho facilidade de serviços, caso precise e...

– Já eu me dou bem em qualquer lugar – interrompeu Harriet. Era o único meio de conversar com Brenton: interrompendo-o. – Vivo em Londres e gosto demais da cidade. Mas se tivesse de morar no campo, estaria bem também.

– Isso é bom – comentou o americano.

– Sua prima também gosta de Londres? – perguntou o arqueólogo. – Deve gostar, pois pelo que a senhorita disse, ela nasceu e sempre morou lá.

– É verdade – confirmou Harriet.

– Tenho a impressão de que a conheço, Srta. Wagner – tateou o professor, sutilmente. – Quando as vi ontem, achei o rosto dela familiar...

– É mesmo? Bem, podemos todos nos encontrar para o almoço daqui a pouco e o senhor poderá confirmar.

– Sim, sim – respondeu Krüger, ainda fingindo.

– Ah, foi aqui! – exclamou James Brenton, chamando a atenção dos dois.

– O quê? – ambos perguntaram.

– Não lhes contei ainda? Acho que não... Ontem à noite, muito antes de me recolher, passei por aqui e, quando estava mais adiante, exatamente naquele ponto – ele indicou com a mão direita – ouvi passos apressados. Só pode ter sido aqui. Tenho certeza. E pouco depois, alguma coisa foi jogada no mar. Ouvi o borrifo e, em seguida, alguém se afastou apressado, pelo mesmo caminho.

– Lixo ao mar? – Harriet disse, com uma expressão de desgosto. – Será que jogam restos de comida no mar?

– Não acho que foi isso – retrucou Brenton.

– O que seria, então?

– Não sei. Alguém quis se livrar de alguma coisa, com certeza. Mas achei estranho. Seja quem for, se esgueirou até ali sozinho, atirou o objeto na água e voltou, também sozinho.

– Muito inapropriado – comentou Harriet.

– Eu diria, muito suspeito – disse Brenton. – Jogar algo ao mar, assim furtivamente, no meio da noite. Mas depois da história da arma roubada... Fico pensando... bem, de que adianta pensar?

Harriet Wagner engoliu em seco.

– Em que exatamente está pensando, Sr. Brenton? – quis saber Krüger.

Brenton riu.

– Bem – começou o rapaz, com um sorriso torto –, a tal arma pode ter sido usada para algo... não exatamente legal, digamos, e a pessoa obviamente quis se livrar dela. Ou talvez o ladrão pensasse em fazer algo que não deu certo e resolveu, enfim, jogar fora a pistola para não ser pego com ela. Quem pensaria em procurar uma arma roubada no mar? Aliás, se foi isso mesmo que aconteceu, nunca será encontrada, claro!

– Puxa, que imaginação, Sr. Brenton! – zombou Krüger.

– Será mesmo? – Brenton disse, passando por cima do comentário desdenhoso. – O que mais seria jogado ao mar àquela hora da noite? Não dei muita atenção ao fato no primeiro momento. Só depois, quando ouvi a reclamação do Sr. Thompson, associei as duas coisas.

– *Wer weiss?** Praticamente qualquer coisa poderia ser atirada para fora do navio! Como a Srta. Wagner sugeriu, talvez comida estragada? Alguma garrafa, ou caixa?

– Não faz sentido! Foi um gesto sorrateiro, eu lhe digo! – insistiu Brenton. – Alguém esperou pelo momento em que estaria sozinho, sem ninguém observando. Porém, eu, andarilho noturno, passava por lá...

**Quem sabe? (N. do A.)*

Mas ela disse que ainda estava com a arma, pensou Harriet. Não, James Brenton devia estar enganado. A menos que fosse outra arma... Outra pessoa e outra situação.

– Seja como for – ela disse – essa história de arma roubada assusta, mas espero que as autoridades do navio estejam empenhadas em encontrá-la. Ainda mais depois do que aconteceu com a Sra. Thompson!

– O que aconteceu com ela? – perguntou Krüger.

Atropelando-se mutuamente, James Brenton e Harriet Wagner contaram ao professor o episódio do mal-estar da Sra. Thompson, bem como de seu pronto atendimento.

– Bom saber que a equipe médica a bordo não perde tempo! – comentou Krüger.

– É verdade, professor! – disse Brenton, inflamado. – Veja só: certa vez, em uma viagem de Nova York a... não, não foi essa. Deixe-me ver, foi uma viagem do Havaí para o continente. É; foi isso. Viajo tanto que às vezes me confundo. Pois bem, na tal viagem...

– Sr. Brenton, perdão – interrompeu-o educadamente Harriet. – Tentarei encontrar minha prima. Não a vi a manhã toda, desde que saí da cabine. Tenho certeza de que está bem, mas...

– Mas é sempre bom verificar, não é? – adiantou-se Brenton. – Claro, senhorita. Fique à vontade. O professor e eu continuaremos com o papo e depois, então, nos encontraremos. Certo?

– Claro... – respondeu Harriet, não muito convicta. – Até logo então, senhores.

Krüger despediu-se com uma reverência. Brenton sorriu, enquanto levantava a mão, num aceno.

– Moça formidável, não acha, Professor Krüger?

O velho arqueólogo não respondeu. Mas seu silêncio não era por descaso... Estava olhando na direção que Harriet Wagner tomara.

Distraído, murmurou, quase num resmungo:

– *Por que será que ela vive com a prima...?*

– Como? Não entendi, professor – disse Brenton.

– Ah, não foi nada. Apenas pensei alto. Sabe, Sr. Brenton, às vezes não é fácil viver sozinho...

– É mesmo, professor? O senhor mora sozinho?

Os dois homens recomeçaram a andar, descontraídos, sem pressa. E Brenton sentia plenamente o gosto de liberdade, de não ter uma única preocupação no mundo, naquele momento.

– Sim – respondeu o professor. – Quero dizer, não exatamente. Tenho uma governanta e dois criados, que cuidam da casa para mim. Mas...

– ... não é a mesma coisa que morar com alguém realmente, não é? – interrompeu Brenton, em seu perene hábito de completar os pensamentos dos outros.

– Sim. Mas a maior parte de minha vida eu me dediquei ao trabalho, aos estudos... Não me arrependo de nenhuma decisão que tomei na vida, nenhuma mesmo. E em minha carreira, só tive um desapontamento – ele se aquietou por um instante, ao pensar na malfadada expedição no Egito. – Mas hoje, com meus 70 anos, sinto-me ainda incompleto. Falta-me uma coisa, talvez essencial.

– Sei, sei. Compreendo perfeitamente, Professor Krüger. Falta-lhe a companhia de uma mulher, não é? Uma mulher que aceite sua condição de estudioso, catedrático; uma mulher que cuide do senhor. E que, de preferência, até o ame, não é isso? – Brenton riu da própria tirada.

O professor riu.

– Bem, uma mulher que cuide de mim, eu já tenho... – disse, referindo-se à governanta.

– Ah, professor. O senhor sabe o que eu quero dizer.

– Claro – ele riu de novo. – Já me envolvi com mulheres, caro Sr. Brenton. Apesar da pressão de meu trabalho, tive ocasionalmente tempo para o... amor, se pudermos chamar de amor. Mas sabe do que sinto falta, hoje? E olhe que é algo que até bem pouco tempo atrás nunca me passara pela cabeça.

– O que é, professor? – Brenton perguntou, arregalando os olhos, visivelmente interessado. De uma coisa ninguém reclamaria do jovem empresário americano: ele gostava de falar, mas também sabia ouvir.

– *Filhos*, Sr. Brenton. Ao menos um filho. Ultimamente venho pensando como seria bom ter um filho que de vez em quando viesse me visitar; um filho ou filha a quem eu pudesse aconselhar, dar ideias; talvez até ter a chance de segurar um neto no colo... Essas são coisas, Sr. Brenton, que parecem não combinar muito com a arqueologia. O senhor consegue visualizar um velho arqueólogo brincando com criancinhas? Ou abraçando a nora ou o genro, desejando Feliz Natal, por exemplo? Enfim, bobagens desse tipo...

De repente, o professor se deteve. Sentiu que talvez estivesse falando demais.

James Brenton, vendo que Krüger parara de andar e lançava um rápido olhar para o oceano, compadeceu-se, e disse:

– Consigo visualizar, sim, professor. Por que não?

Krüger sorriu, em meio a um resmungo.

– Pode ser. Mas é tarde agora, meu amigo. Um homem faz certas escolhas e, embora não se arrependa delas, percebe um dia que elas exigiram certos sacrifícios.

– O senhor tem razão.

Krüger deu um longo suspiro e voltou a olhar para seu interlocutor.

– O senhor não é casado, é, Sr. Brenton? Desculpe perguntar...

– Não, sou solteiríssimo. Mas pretendo mudar isso, logo.

– É mesmo? Alguém em vista?

James Brenton riu.

– Não, ainda não. Mas quero ter uma esposa, professor. Quero viver ao lado de uma mulher que me ame...

– É natural... Não estude arqueologia, então!

O americano riu.

– Não teria tempo, mesmo que quisesse. Meu trabalho não me deixa mais com tempo para estudar. Quase terminei a *Business School*, mas saí por causa do trabalho.

– Que pena. Sei que é mais difícil retornar, depois.

– Pois é. Mas não sinto falta, pelo menos no momento. Felizmente, meus negócios vão bem.

– Vender seguros é sempre um negócio útil... – comentou Krüger.

– Sim, mas... – nesse instante, uma moça de aspecto bastante jovem, usando vestido azul muito claro e chapéu da mesma cor passava por eles. Educadamente, Brenton a cumprimentou com um gesto de cabeça.

Hermínia Matoso respondeu ao gesto e, então, sorriu. Mas Brenton notou que o sorriso era dirigido ao Professor Krüger.

O professor retribuiu o sorriso e, por alguns instantes, os três estacaram o passo.

O rosto da jovem expressava um misto de alegria e algo mais – nele havia um brilho de *afeição*.

Krüger levou a mão ao peito e deu dois tapinhas discretos na altura do coração, enquanto ainda sorria para a moça. Ela mais uma vez assentiu em cumprimento e, então, continuou no seu caminho.

– Conhece-a, professor? – quis saber Brenton, com uma curiosidade incontrolável.

– Sim, eu a conheço – respondeu Krüger. Sabendo que o outro não o deixaria sossegado enquanto ele não explicasse, continuou: – Não acabei de lhe dizer como gostaria de ter um filho ou filha que viesse me visitar? Essa jovem de 20 anos que acabamos de ver, Sr. Brenton, é *minha neta*. Mas infelizmente, não pode me visitar...

Brenton explodiria de curiosidade se não bombardeasse o professor de perguntas agora.

– Mas, como?! O senhor acabou de dizer que não tinha filhos!

– Não, meu jovem. Eu disse que gostaria der *ter um filho ou filha que viesse me visitar*, com quem eu pudesse trocar ideias. Eu tenho uma filha, sim. Mas ela não quer nem ouvir falar meu nome. Nasceu em Portugal, o mesmo país de origem da mãe dela. Lá se casou e mais tarde, ela e o marido se mudaram para o Brasil. Quanto a mim, nunca mais vi a mulher que foi a mãe dela, minha amante. Abandonei-a grávida, na Alemanha, e ela acabou voltando para Portugal. Não lembro mais por que estava morando na Alemanha quando a conheci. Sei que não agi direito. Minha filha com certeza ouviu da mãe que crápula eu fui, que pai desnaturado ela teve, e coisa e tal. Meu genro, um português tradicionalíssimo, concordou em desposar minha filha, mesmo sabendo que sua mãe era uma mulher solteira, desde que contassem a todos a mentira de que era viúva. Isso ele fez mais por questão de conveniência que por amor... Enfim, a história tem várias ramificações. Minha neta, Hermínia, descobriu meu paradeiro e um dia me escreveu. Eu já morava na Inglaterra. Desde então, mantivemos correspondência regular. Até que bem recentemente nos conhecemos na Inglaterra. Claro que os pais dela não ficaram sabendo...

– Puxa, parece até um romance destes que a gente lê nos livros!

Forçando um sorriso, Krüger replicou:

– Pois é, mas é bem real. Deve haver muitas histórias assim, por aí.

– Mas vocês se encontraram aqui, neste navio, por acaso?

– Não. Quando conheci minha neta pessoalmente, num museu em Londres, com encontro marcado e tudo, disse a ela que viajaria à América com um amigo. Ela estava recém-casada;

seu marido tinha amigos nos Estados Unidos e queria visitá-los, passar algum tempo lá...

– ... então, o senhor deu a ideia à sua neta de embarcar no Titanic e...

– ... e aqui, discretamente, nos reencontramos. Como vê, não existem coincidências. Tudo é planejado; tudo acontece por um motivo. Eu disse *discretamente*, Sr. Brenton. Por favor, perdoe meu desabafo, contando-lhe essa história, mas peço-lhe que guarde segredo. Nem o jovem marido dela sabe sequer que mantínhamos correspondência.

– Sinto-me lisonjeado, professor! Não há do que se desculpar. E é claro que guardarei segredo. Meus lábios ficarão selados...

Krüger não tinha muita certeza disso.

– Conhecemos o marido dela agora há pouco, Sr. Brenton.

– Conhecemos?! – repetiu Brenton, apertando as pálpebras.

– Sim. No salão de jogos. O jovem que mancava um pouco. Quando meu amigo, John, me apresentou e disse o nome dele, até me emocionei. Tinha trocado umas palavras rápidas com minha neta a bordo, mas ainda não vira seu marido. É um belo rapaz e parece um homem idôneo.

– Sim, agora me lembro... – Pensativo, Brenton levou a mão ao queixo. – Ele parece que se deu muito com o Reverendo McKeefe.

Krüger sorriu, pensando no amigo.

– Assim é John – disse. – Gosta de fazer amizade. Gosta de puxar conversa com estranhos e se enturmar. Alguns dizem que ele nem parece inglês. Deve ser sua ascendência escocesa. Os McKeefes eram tradicionalmente joviais.

– Sim, é verdade... Diga-me uma coisa, professor. Trocando confidências agora: é impressão minha, ou seu amigo tem... certo interesse pela Srta. Harriet Wagner? Pergunto porque, pessoalmente...

– ... o senhor também tem! – disse Krüger, brincando de interromper, como Brenton fazia. – Ainda não sei a resposta à sua pergunta, Sr. Brenton. Claro que cedo ou tarde, John me falará sobre seus sentimentos para com ela, se é que existem...

– Acho a Srta. Wagner uma mulher fascinante! Conheço muitas inglesas, professor. Já estive na Inglaterra várias vezes. Ela é diferente! É efusiva. Tem um sorriso sincero e uma presença agradável.

– É verdade – disse Krüger, sorrindo. *Mas é à prima dela que quero chegar, mais uma vez. Por mais que isso me enoje*, ele pensou.

– Gostaria de uma oportunidade de conversar com ela, sem outras companhias, só nós dois.

– Isso não é fácil; mas também não será impossível – comentou Krüger. – De minha parte, posso tentar ajudá-lo. Se ela cruzar nosso caminho de novo, se estivermos juntos, inventarei uma desculpa qualquer e os deixarei a sós. Quanto aos demais "satélites" que nos cercam... John, o marido de Hermínia, a Sra. Bromski... bem, veremos.

Os dois riram. A irritação inicial que o falador Brenton despertara no velho alemão passara. A insistência no mistério da arma desaparecida... a intrusão nas conversas dos outros... Tudo isso agora parecia ceder lugar a uma simpatia que ele despertava por ser franco, alegre e, sobretudo, disposto a ouvir. Mas se Krüger o ajudasse com a questão afetiva, aproximando-o de Harriet Wagner, estaria traindo o amigo, pois era óbvio que John McKeefe estava interessado pela mulher que, a princípio, chamara de "gordinha". Karl Krüger o conhecia melhor que a um irmão, e notara em seus olhos o brilho inicial de interesse.

Tempo ao tempo, pensou consigo. Não trairia o velho amigo nem o jovem americano que começava a lhe parecer simpático. Os próximos dias da viagem cuidariam de separar ou aproximar as pessoas.

O Titanic seguia plácido em sua jornada...

Capítulo 7

Um rodamoinho de sensações

Rita Bromski olhou ao redor. Um peculiar grupo se sentava à mesa para o jantar – um grupo ao qual ela não escolheria pertencer, embora agora todos parecessem se comportar civilizadamente. Não tinha escolha, ela pensou. Se não se juntasse a eles, faria sua refeição sozinha, pois Harriet não se separava mais daquele "homem de Deus" e seus asseclas.

O indiano (que ela tinha certeza, era irlandês) dava ares de liderar o grupo. À sua direita, sentava-se a Sra. Katherine Mansfield, que a convite dele fazia todas as refeições na primeira classe, embora viajasse na segunda. Como isso era permitido, só Deus sabia. Ao lado da Sra. Mansfield sentava-se aquele insuportável, usurpador, sovina alemão, o professor Karl Krüger. Que susto ela teve ao constatar que o velho embolorado viajava no mesmo navio. Que peça do destino; Deus devia ser um comediante. E com um repertório de piadas de mau gosto, para permitir que ela, Rita Bromski, passasse por experiências tão desagradáveis. Mas ela já havia notado uma familiaridade no homem que vira de longe, na primeira noite... Melhor seria não pensar naquilo agora. À esquerda de Krüger se sentava seu amigo, o reverendo McKeefe, por quem Harriet se mostrava interessada. Ele, sim, era um bom membro do tal grupo de comensais. Pelo menos, deixara uma boa impressão inicial. Claro que as impressões iniciais às vezes são erradas. Pobre

Harriet... Não dava sorte com os homens. Quem sabe dessa vez seria diferente. Sua prima estava sentada entre o reverendo e aquele americano bonitão, atlético, mas falador! Ela própria, Rita, se sentara entre o americano (Benson, Bronson... não, Brenton) e a jovem Hermínia, uma brasileira. Que peculiar, conhecer uma brasileira. Mas eles não eram todos mulatinhos, os brasileiros? Aquela moça poderia facilmente se passar por europeia. Talvez por causa de sua ascendência portuguesa. Claro, só podia ser isso. Os portugueses eram muito irritantes! Ela, Rita, esperava que a moça ao menos falasse inglês. E por fim, completando o círculo, entre a moça brasileira e Hassir, sentava-se outro brasileiro, Thiago Matoso, marido da jovem. Falava inglês com quase perfeição, isso ela notara. Também em nada parecido com a ideia que ela tinha dos brasileiros...

Após seu escrutínio dos companheiros à mesa, Rita pousou os olhos novamente, de maneira bastante discreta em três pessoas: primeiro o Professor Krüger, que ela tomava o cuidado de olhar quando ele não estava olhando; depois, a passageira da segunda classe: a Sra. Mansfield, que parecia mal se conter de felicidade, ao lado do indiano fingido; e por último, seu olhar avaliou a jovem brasileira. Era mais difícil olhar para ela de forma discreta, uma vez que estava ao seu lado. Mas o que mais lhe chamou a atenção, de repente, foi a voz da jovem, falando inglês com fluência enquanto dizia ao marido o que queria comer, mas com um sotaque carregado.

– ... e agora eu quero propor um brinde ao Titanic! – dizia Hassir. – Pois se não fosse por este navio, nós aqui presentes não teríamos nos conhecido.

– Faço questão de brindar a isso e à amizade! – exclamou Thiago, erguendo seu copo, e piscando um olho para McKeefe; em seguida sorriu para Katherine e, por fim, para o próprio Hassir.

– À amizade e ao Titanic, então! – exclamou o reverendo, e todos ergueram o copo. A própria Rita fez um gesto simbólico de brindar, embora não sorrisse.

– Este jantar será ainda melhor que o de ontem! – comentou Hassir, enquanto olhava para Kathérine, sem o menor constrangimento. Ela sorriu.

– Quanto a mim – começou o Sr. Brenton – posso assegurar que nunca fui tão bem servido em um navio. E olhem que...

– ... o senhor já fez muitas refeições em navios! – Krüger estava gostando da brincadeira de interromper seu novo amigo.

– Falou melhor que eu, professor! – disse Brenton, animado.

– Ainda não conheci o capitão, o comandante do navio – anunciou Harriet. – Dizem que é extremamente competente, o Sr... Smith, creio eu.

– Sim. Edward Smith – completou Hassir. – Já o vi, mas não tive oportunidade de conversar com ele.

– Não invejo a responsabilidade dele! – comentou Thiago. – Mas por outro lado, deve ser uma honra, e com certeza seu nome será lembrado como o do homem que capitaneou o Titanic na viagem inaugural.

– É verdade – concordou Katherine.

Hermínia, em silêncio enquanto saboreava as primeiras garfadas de seu prato, não estava tranquila. Ainda lhe incomodava o modo como Thiago olhava para a Sra. Mansfield, embora esta e Hassir estivessem em evidente flerte. Como ela podia ser tão indiscreta? Todos ali já sabiam que era casada... e toda sorrisos daquele jeito com um estranho! Vez por outra, Thiago olhava na direção de Katherine. Hermínia sentiu um nó no estômago ao pensar que talvez ele estivesse tendo outra visão. Não sabia o que era pior: o marido ver gente morta ou olhar para outra mulher. Ele não era do tipo mulherengo, mas alguma coisa em Katherine despertava sua atenção. E ela, Hermínia, devia saber o que era: Thiago lhe dissera que precisava ajudar a jovem inglesa. Ajudar. Pois sim. De que tipo de ajuda ela precisaria, agora que o ricaço indiano lhe dava toda a atenção possível?

Mas não podia ignorar a dádiva que Deus lhe dera: estava jantando em companhia de seu adorável avô. Que bom era trocar olhares com ele, partilhar com ele um segredo que nem a seu marido ela tinha revelado; conversar com ele somente através dos olhos e compreender como ele lhe desejava o bem, vendo-a casada e desfrutando o prazer daquela viagem. Viagem que seria muito melhor sem aquela papagaiada de fantasma, almas do outro mundo e coisas afins... Enfim, emoções eram o que não faltavam até agora.

– Pode me pedir mais um pouco de água, querido? – ela pediu ao marido, falando em inglês. – A comida está boa – ela continuou, em português – embora um pouco salgada.

– Claro, meu amor – disse Thiago imediatamente e acenou para o garçom. O gesto chamou a atenção de outras mesas. Talvez não fosse polido acenar; naquele mundo e naquela sociedade, todos preferiam estalar os dedos discretamente. Thiago repreendeu-se a si próprio: ele, que já vivera nos Estados Unidos e morava agora na Inglaterra, devia se lembrar disso.

De repente, Harriet, feliz na companhia do homem que a atraía, bateu os olhos em Rita, e se assustou: com um brilho de fúria nos olhos, a prima encarava a brasileira ao seu lado. Esperava que não fizesse outra cena como no dia anterior, por algum motivo ridículo. Antes que Rita explodisse por qualquer que fosse a razão banal, Harriet a chamou:

– Rita, quer experimentar esse refresco? O toque sutil de menta faz uma diferença deliciosa!

Virando a cabeça como que com imensa dificuldade, a velha senhora se voltou para a frente.

– Não, obrigada! Parece que perdi o apetite e a sede...– ela grunhiu.

Um certo desconforto pairou no ar, mas o jovem Brenton sabia como atenuar situações assim.

– O que cada um pediu corresponde às expectativas? – perguntou, dessa vez com o firme propósito de quebrar o gelo. – Espero que sim. Os temperos que eles usam são uma delícia à parte.

Todos disseram, com menos ou mais palavras, que sim. Menos Rita, claro.

Hermínia, de repente, se animou.

– Sabe, Sr. Brenton, é uma pena que não sirvam pratos portugueses – disse ela. – A comida portuguesa é divina!

– É mesmo? – Brenton perguntou, demonstrando-se interessado. – Nunca tive oportunidade de prová-la.

– Eu já – disse Krüger, revelando-se. – Conheci uma pessoa que fazia um bacalhau que era de outro mundo!

– Verdade, Professor Krüger? – Brenton indagou, com um sorriso malicioso que só o professor reconheceria.

– Pois é. Tive uma namorada portuguesa.

Hermínia se controlou para não engasgar. Será que o avô resolveria se expor completamente agora? E com isso, expor também *a ela*?

– *Acho o bacalhau indigesto* – grasnou Rita Bromski, olhando diretamente para o arqueólogo.

Comentários sobre culinária foram surgindo por toda a mesa.

Krüger pensava: *Eu quebro a cara daquela velha agora ou mais tarde? Ela já ver saber o que é indigesto.*

Harriet Wagner se sentia leve e era uma sensação que não experimentava há muito tempo. Sentada ao lado do Reverendo McKeefe, sentia-se como que amparada. Mas não era só isso. Sua dificuldade de relacionamento no passado a fizera se convencer de que algumas mulheres simplesmente devem viver sozinhas... De que o velho adágio da "cara metade" era uma bobagem, e que nem todas as metades da laranja se encontravam. Claro que o convívio com uma mulher idosa, rabugenta e bisbilhoteira não ajudava muito para que Harriet tivesse uma vida social mais ativa;

mas na verdade, aquilo era uma desculpa: ficar na companhia da prima idosa era cômodo, além de oferecer uma boa justificativa para evitar o contato social... Como seria viver com um homem de Igreja? Será que John McKeefe era insuportável como companheiro? Não, não devia ser. Pela conversa que os dois tiveram na noite anterior, ele parecia um homem muito paciente, tolerante e do tipo que sabe ouvir. Se eram ossos do ofício, ou se sua personalidade era realmente afável, ela não podia saber com certeza; mas desconfiava que a atitude jovial, própria dos escoceses – ou descendentes deles – era um traço pessoal de McKeefe, e não típico dos ministros religiosos. Agora, à mesa, ele conversava com todos diplomaticamente, e sempre polido e simpático – mas sua atenção convergia sempre para ela, Harriet, o que lhe agradava muito.

Apesar do ranço e das birras de Rita – como o comentário que acabara de fazer, enquanto olhava irritada para o Professor Krüger – Harriet percebeu o olhar de aprovação da prima, além de um sorriso contido, encorajador.

Como era costume, os violinistas tocavam alguma coisa suave, enquanto caminhavam pelo salão. Ao se aproximarem da mesa de Hassir e dos outros, James Brenton disse, um tanto efusivo:

– Venham! Aqui vocês são bem-vindos!

Agradecendo com um gesto de cabeça, o líder do trio se achegou e os músicos começaram a tocar logo atrás de Harriet e de Brenton.

– Som maravilhoso... – comentou Harriet.

– De fato. Uma boa música sempre cabe em qualquer lugar, eu digo – concordou Brenton.

– Eles esperam gorjeta, ou... ?

– Não, Hermínia! – sussurrou Thiago, entre um riso e outro. – Faz parte do requinte oferecido pela companhia.

Ela também riu. Mas logo se recompôs. E Thiago diria que se fez séria demais.

– Não sou uma alienada total, querido – disse, em voz baixa, em português – Apenas pergunto, porque no Brasil e acho que em Portugal também, é costume dar gorjetas a músicos...

– Sei disso, meu amor. Se quisermos dar uma gorjeta, tem de ser depois, acrescentando aos serviços quando desembarcarmos.

– Para quem não queria viajar na primeira classe, você até que sabe muito sobre ela!

– Está me caçoando, é? – Thiago perguntou, sorrindo maliciosamente.

– Não, meu amor. Desculpe pela brincadeira... Bem, pelo menos agora você está comigo. Quero dizer, comigo de verdade, entende?

– Não.

Hermínia suspirou.

– Parece que agora não está mais olhando tanto para a Sra. Mansfield; quero dizer, Katherine.

– Seu ciúme me deixa orgulhoso... hahaha...! Como é bobinha, a minha menina...

Hermínia fez uma careta para o marido. Já se sentia mais descontraída agora. Às vezes, tinha medo dos próprios sentimentos. A sensação de ser passada para trás era uma coisa que sempre a incomodara. Sabia que aquilo podia ser mais um sentimento de posse que ciúme, mas ela era o tipo de pessoa que precisava se sentir segura. Admitia isso a si mesma e já comentara com o marido a respeito.

– Olhe como ela está feliz com Hassir – Thiago comentou, baixinho. – Não acha isso muito bom?

– Acho – respondeu Hermínia. – Mas seria melhor se ela não fosse casada.

– Não julguemos, minha querida.

– Eu sei, eu sei... Mas ela atrai atenções negativas para si própria. Todos nesta mesa sabem o estado civil dela. O que acha que essa mulher, por exemplo, ao meu lado, está pensando?

Thiago riu.

– Tenho certeza de que Katherine pouco se importa com isso. Ela é uma pessoa especial. Tem uma espiritualidade desenvolvida.

– Lá vem você de novo com essa conversa.

Thiago olhou para a esposa, com todo o ar de compreensão que lhe era possível.

– Um dia você entenderá, Hermínia – afirmou; meigo, porém, firme.

Hermínia se calou.

James Brenton, então, ousou fazer o que ninguém fazia: puxar conversa com a velha Rita:

– Está gostando das acomodações, madame? Um navio deste porte tem conforto para todas as idades, não é mesmo?

Harriet suprimiu o riso. Mas continuou a conversa com John McKeefe, fingindo não ter ouvido.

– Elas são adequadas, Sr. Brenton – respondeu Rita, altiva, sem, no entanto, se virar para o jovem americano.

– Adequadas?! – ele repetiu. – Acho o conforto da cabine perfeito. Só aquela varanda permite um desfrute magnífico da vista para o mar.

Rita sorriu, malévola.

– E que outra vista haveria, Sr. Brenton? – perguntou, finalmente olhando para ele.

Brenton riu.

– É verdade – disse. – Falo demais, não é? Bem, gosto de conversar com as pessoas. Gosto muito de gente, sabe, Sra. Bromski? Faz parte de meu ofício. Para vender apólices, é preciso conversar muito, ter um bom relacionamento com as pessoas.

– Ah, então o senhor vende apólices, é? – disse Rita, servindo-se de uma garfada. – De seguro de vida?

– Também, entre outras.

– Acho que viajando neste navio, seria necessário ter seguro de vida... – Rita se virou lentamente para a esquerda enquanto dizia isso. Brenton notou que o olhar dela se demorou uns dois ou três segundos na jovem brasileira.

– Bem, podemos conversar, claro – ele sugeriu. – Embora esta viagem me faça sentir verdadeiramente de férias.

– Estou exagerando, Sr. Brenton – emendou Rita. – Não se preocupe.

– Claro que todos temos o seguro da companhia marítima...

– Não era de seguro contra acidentes marítimos que eu falava! – ela retrucou, num tom de voz um pouco mais alto. Harriet e Hermínia pararam de conversar com seus parceiros à mesa, e olharam para ela. McKeefe disse algo a Katherine e Thiago se limitou a sorrir, sem virar o rosto. Hassir olhou para seu jovem amigo brasileiro e sorriu também, discreto.

O Professor Krüger, porém, fixou o olhar em sua neta. Estava preocupado com ela. Não devia ter-lhe contado, algum tempo atrás, quando se conheceram pessoalmente, sobre o fracasso da expedição ao Egito – muito menos ter-lhe dito, num raro momento em que conversaram na noite anterior, após o jantar, quando ela foi procurá-lo sem que o marido soubesse e o encontrou em um dos corredores da primeira classe, que a pessoa responsável pelo malogro da expedição estava a bordo do navio, viajando acompanhada por uma mulher mais jovem. Indignada, Hermínia quis saber quem era. Comovido, Krüger mais uma vez percebia como a neta lhe queria bem...

"Não vale a pena conhecê-la, minha filha. Já passou", ele tinha dito, não revelando que pensava em procurá-la novamente e, talvez por meio de sua prima, convencê-la a abrir a mão para outro projeto dele... por mais que detestasse a velha. E por mais que soubesse que isso seria praticamente impossível. Mas ela tinha o dinheiro...

"Ela atrapalhou sua vida, vovô. Gostaria de dizer umas boas verdades a tal mulher".

"Nem pense nisso. Já me arrependi de ter falado sobre o assunto com você".

"Podemos descobrir em que cabine ela está e, pelo menos, dar um susto na criatura".

"Que impetuosa minha neta é! Não combina com sua compostura..."

"Às vezes, eu me surpreendo comigo mesma, vovô. Detesto ser injustiçada, ou saber que as pessoas que amo foram injustiçadas também".

Ele sorriu e confidenciou, então, que na verdade não fora difícil descobrir em que cabine ela estava. Bastava observar bem certas idas e vindas aqui e ali, e conversar com os funcionários certos, nas condições certas...

"Que raposa o senhor é, hein? Então, me diga: onde ela fica?"

Impensadamente, ele disse...

Agora, em meio àquele jantar desagradável, arrependera-se. Devia ter omitido toda a história. Hermínia não precisava saber de nada daquilo. Aliás, ele próprio, após uma tarde de reflexão, concluíra que era absurdo abordar a velha megera com propostas de projetos arqueológicos estapafúrdios. Onde estava com a cabeça? Ainda bem que nem chegara a tentar. Ela que sufocasse em seu dinheiro, morando em seu palacete; de Karl Krüger, a velha Rita Bromski nunca mais ouviria falar depois daquela viagem. Mas que era divertido ver o aborrecimento dela, ah, isso era...! Jamais pensara em viajar – muito menos sentar-se para jantar – primeiro com um indiano e agora com ele, Krüger, que ela tanto desprezava.

Forçando-se para não encarar a neta e parecer um velho esquisito aos olhos dos outros, Krüger fingiu se interessar pela comida. Pensou na questão do preconceito. Considerava a velha viúva Bromski intolerante, fechada e retrógrada. Mas ele próprio não agira com preconceito em mais de uma ocasião? Não abusara da ingenuidade da jovem portuguesa, tantos anos atrás, engravidando-a para depois abandoná-la? Uma estrangeira pobre, morando na Alemanha, engajada em algum tipo de trabalho que Krüger nem chegou a saber exatamente o que era – alguma coisa na lavoura –, sem conhecimento da vida, confiante no garboso jovem alemão que lhe prometia amor e romance...

A dor do arrependimento só surgira quando soube que tinha uma filha e uma neta. Foi como um choque elétrico, que o despertara da apatia para com os seres humanos, fazendo-o ver que a vida era mais que seu trabalho. O amor da neta era uma dádiva, que quase o fazia acreditar num Deus... E Krüger sentiu que pelo amor ou pela dor, todos um dia acordam.

– Tem medo de passar mal, Sra. Bromski? – Hermínia perguntou, desafiadora. – Ouvi dizer que os médicos a bordo são muito bons.

– Não – a mulher grunhiu. – Não tenho medo de passar mal. *Mas tenho medo de ter meus aposentos invadidos.* Nunca se sabe se o perigo não mora ao lado, ou melhor, *viaja* ao lado, não é verdade, Sra. Matoso?

Hermínia sorriu, sem desviar os olhos.

– Concordo plenamente.

Rita tomou um gole de água, enquanto Harriet tentava decifrar qual seria o problema da prima com aquela jovem, agora. Do que ela estava falando, afinal? Do intruso no meio da noite? Por que trazer o assunto à baila naquele momento?

– Costuma ter ataques de sonambulismo, Sra. Matoso? – Rita perguntou, sem olhar para ninguém.

Todos se silenciaram.

– Como? – perguntou Hermínia.

Agora a velha senhora se virou para a moça.

– Eu disse *sonambulismo*, querida! – repetiu. – Já sofreu de sonambulismo antes?

Nervosa, Hermínia soltou um riso curto, entrecortado.

– Por que me pergunta isso? Nunca fui sonâmbula na vida.

– Pensei que fosse – a velha insistiu. – Então deve ter sido um episódio isolado, não?

– Rita, do que você...

– Deixe-me falar, Harriet! Tenho certeza que foi por sonambulismo, ou talvez simplesmente engano, não é querida? – ela disse, virando-se novamente para Hermínia. – Talvez tenha bebido sem estar acostumada. Mas eu gostaria muito de saber *por que a senhora entrou em minha cabine ontem à noite*; e mais importante: *como* entrou?

Hassir e Katherine pararam de comer no mesmo instante. Mesmo sem querer, ele olhou para Hermínia, boquiaberto. Katherine piscou várias vezes, como que voltando de um transe. Do que a velha louca estava falando afinal? John McKeefe pousou o garfo sobre o prato e se irritou ao sentir que espirrava um pouco de caldo na roupa. O Professor Krüger meneou a cabeça, e olhou para sua neta com pesar. Harriet e Brenton se entreolharam e logo em seguida, voltaram-se para vislumbrar como a situação se desenrolaria.

E Thiago fitou os olhos na esposa, ansioso e bestificado.

– Desculpe-me, mas a senhora está me tomando por outra pessoa. Ou talvez tenha sonhado. Nunca entrei em sua cabine – afirmou Hermínia, com a voz apenas ligeiramente trêmula.

Harriet temeu um escândalo. Secretamente, McKeefe e Hassir torceram para isso. Era divertido ver Rita Bromski alterada. Mas a expectativa de nenhum dos três se concretizou.

Calmamente agora, Rita descontraiu o rosto, pegou o garfo que deixara sobre o prato, e disse:

– É mesmo, minha jovem. Que velha tola eu sou. Desculpe-me.

Hermínia não sabia se devia sorrir e dizer "não foi nada", ou se silenciar. Não precisou tomar nenhuma decisão no momento. James Brenton, à direita de Rita Bromski, interveio mais uma vez.

– Alguém entrou em sua cabine, madame? – perguntou, arregalando os olhos. – Mas que coisas andam acontecendo neste navio! Primeiro uma arma é roubada; e agora, as cabines são invadidas à noite! Precisamos conversar com as autoridades a bordo. E imediatamente.

– Concordo, jovem – disse Rita, com a voz mais calma do mundo, mastigando a comida como se nenhuma polêmica ela tivesse causado.

Harriet não comentou. Girando num rodamoinho de sensações, ela subitamente oscilava entre a ansiedade em torno das atitudes da prima, o *repentino* pressentimento de que aquela viagem ainda reservaria surpresas – talvez nem todas agradáveis – e a impressão fortíssima de que, apesar de tudo, o destino acabara de lhe apresentar, nos dois últimos dias, aquele que seria seu companheiro.

Em silêncio, pega no mesmo rodamoinho, Hermínia era acometida, porém, de uma sensação bem diferente: a de que o caldo que acabara de ingerir não caíra bem e poderia lhe provocar uma terrível indigestão. Que outros aborrecimentos ainda a esperavam naquela viagem infeliz, afinal? Ainda bem que seu marido estava ao seu lado, pelo menos. E ainda bem que havia o consolo da presença amorosa (embora silenciosa) do avô... que do outro lado da mesa, repetia aquele gesto discreto, significativo, de bater duas vezes no peito, à altura do coração, dando-lhe conforto enquanto sorria maliciosamente para a estimada neta.

Capítulo 8

Fragmentos

Eles caminhavam em direção à proa do navio, sob o sol ainda tímido da manhã de 12 de abril. Embora mal começasse o dia, uma brisa já soprava, prenunciando ventos mais fortes no decorrer do dia.

Aquela parte da embarcação estava mais movimentada hoje, apesar da hora. Muitos passageiros tiveram a mesma ideia; e Thiago se lembrou das praias do Rio de Janeiro, que há muito não via; não pelos trajes, claro, mas pela presença maciça de gente querendo, literalmente, um lugar ao sol.

– Aquilo é um iceberg, papai? – perguntou uma garotinha muito próxima do parapeito para o gosto de Thiago.

– Não, filha – o jovem e engravatado pai respondeu, rindo. – Um iceberg daquele tamanho seria perigoso demais para nós. É apenas uma nuvem baixa, vê? Escura na parte inferior, refletindo o sol na parte de cima.

– Quando vou ver um iceberg? – a menina perguntou, fazendo bico.

– Espero que nunca, meu amor! – o pai riu de novo. – Para ver um iceberg – ele a pegou no colo, virando-a na direção do horizonte – você teria que estar muito perto dele, para a sua segurança. – Ele roçou o nariz no rostinho da filha, e a garota riu.

Thiago e Hassir deram mais alguns passos e se postaram, enfim, bem rente à proa do Titanic.

– Sabe – disse Hassir – com todos os trechos de conversa que ouço aqui e ali, eu poderia escrever um livro.

– E por que não escreve? – perguntou Thiago, fixando o olhar no novo amigo. – Seria interessante.

– Pois é – Hassir sorriu. – Não seria nem necessário inventar uma história para alinhavar as conversas. Elas, por si só, já forneceriam uma miríade de situações interessantes.

Thiago sorriu, também, enquanto assentia. Olhando para o mar sem fim, vendo as mesmas nuvens baixas que intrigaram a menina, ele perguntou, sem mais delongas:

– Você acha que não sentirá falta de sua terra natal, Hassir?

– Da Irl-... – Hassir se deteve a tempo, baixando a voz. – Claro que sentirei, e como! Mas entre a liberdade e o berço, neste caso, escolho a liberdade.

Naquela manhã, Hassir usava outra túnica laranja, porém, em tom mais claro, menos brilhante, que mal deixava ver a roupa por baixo dela; enquanto seu companheiro de conversa trajava outra de suas numerosas camisas brancas (bem ao gosto dos ingleses), acompanhada de um terno escuro. Mais uma vez, o ousado brasileiro carregava o paletó sobre o ombro, andando pelo convés só em mangas de camisa. Uma dupla pouco convencional, que atraía a atenção dos passantes. Ambos, porém, despertavam o interesse mudo, jamais exprimido, de algumas das passageiras mais jovens...

– Você tem razão – afirmou Thiago. – Não fossem os malditos preconceitos, o abominável hábito de pré-julgamento, você poderia facilmente se explicar às autoridades; e qualquer uma das pessoas que viram o acidente poderia testemunhar a seu favor.

– Claro – disse Hassir. – Mas você precisava ver o modo como aqueles beberrões contumazes olhavam para mim e minha irmã. Ela, quase a principal vítima se eu não tivesse agido rápido, convertera-se em causa de uma ira local que, se não saíssemos de lá imediatamente, teria provocado nosso linchamento.

– Quando a intolerância não quer ouvir a razão, temos que nos defender de outra forma.

– Sim, e foi exatamente por isso que fugi. Meu amigo, não adianta apelar para o bom senso das pessoas que só querem ouvir o próprio ego, ou nesse caso, os ditames das velhas convenções. Explicar-me diante das autoridades inglesas seria o mesmo que tentar o suicídio.

– Falando em suicídio – interrompeu Thiago – sabe que já me disseram que em uma vida passada, eu me matei?

– É mesmo? – Hassir perguntou, grandemente interessado. Gostava de falar em reencarnação. – E quanto teria sido, lhe falaram também?

– Quem me disse isso foi uma senhora espírita, uma médium, que conheci no Brasil muito tempo atrás.

– Cartomante? – arriscou Hassir.

– Não, não. Nada disso. Nunca fiz essas consultas místicas pelas quais se cobra dinheiro! Foi uma mulher que conheci na casa de um amigo meu. Em meio a uma conversa interessantíssima, ela me disse: "Jovem, vejo em você uma luz intensa. Você está evoluindo muito; e rápido. Aprendeu muito desde que se suicidou naquela cabana..." Intrigado, e ignorando os risos dos outros, pedi que ela me explicasse melhor. A mulher, então, me disse que via, como se alguém lhe soprasse a ideia na cabeça, um homem muito embriagado, brigando consigo mesmo no interior de uma cabana no alto de uma montanha, quebrando tudo e vociferando, gritando palavras que ela não entendia e de repente, ele pegou uma espingarda que estava sobre a mesa e deu um tiro na boca. A médium disse-me que tinha certeza de que era eu, numa vida passada. Mas que desde então, eu evoluíra muito, passando por várias reencarnações, e que minha atual vida era movida pelo instinto de ajudar o próximo e que minha sensibilidade me abriria muitos caminhos.

Thiago deu um riso breve e se calou.

– Isso é notável! – exclamou Hassir. – Realmente, pelo pouco que conheço de você, vejo que é um sujeito extremamente afinado com os sentimentos dos outros. Se isso não for sensibilidade, nada mais é.

Thiago riu de novo.

– É verdade – concordou. – Mas essa sensibilidade nem sempre é compreendida pelos outros. Veja Hermínia, por exemplo. Temos filosofias de vida tão diferentes; ela é de uma cultura tão tradicionalista, enquanto eu defendo um modo mais espiritualista, holístico, de encarar a vida, desprendido de qualquer dogma... Mesmo assim, nos apaixonamos quase que à primeira vista. Ela não só não gosta desse tipo de conversa, mas tem medo! E além do mais, quando senti que tinha que ajudar Katherine Mansfield em seu contato com o falecido pai, Hermínia já começou a enveredar para o ciúme. Ela se recusa a ver... Está um pouco aliviada, agora que percebeu que Katherine só tem olhos para você... – Ele se interrompeu e riu. – Desculpe-me mencionar. E não vá quebrar minha perna por ciúme também, hein?

Hassir riu, pondo a mão no ombro do jovem brasileiro.

– Não há perigo, não – ele disse. – Aliás, sei que deveríamos ser discretos, pois ela é casada. Mas sei também que Katherine pretende pedir o divórcio. Ela me contou sobre os problemas do marido.

– Pois é...

– Thiago, Katherine e eu nos envolvemos em uma onda de sentimentos que eu nunca experimentara antes, a esse ponto. É como se já nos conhecêssemos há muito tempo! Estou completamente apaixonado por ela.

– Acho que sua paixão é mais que paixão. É amor antigo. Deve vir de muitos anos... Vocês devem ter algum vínculo de vidas e vidas... Lá vou eu, falando como aquela médium.

– Não, você está certo! – Os olhos de Hassir começavam a brilhar de entusiasmo, enquanto ele se aproximava mais de Thiago, segurando-o pelo braço, e tentando baixar a voz para não ser ouvido pelos demais passageiros passeando até a proa. – Quando olho fundo nos olhos de Katherine, quando toco em suas mãos (ainda que discretamente), vejo um amor antigo, que transcende o amor de homem e mulher. Talvez tenhamos sido pai e filha, ou mãe e filho, ou irmãos, sei lá, em várias existências anteriores. Talvez sejamos espíritos afins, almas gêmeas. Não sei qual é a explicação, mas sei que ela e eu estivemos juntos antes e estamos destinados a permanecer juntos.

Os olhos do jovem indiano/irlandês não piscavam enquanto ele expressava seus sentimentos.

Thiago se alegrava por ele. A amizade dos dois não tinha mais que umas poucas horas, mas gostava dele como se fossem amigos inseparáveis.

O telegrafista mais jovem a bordo do Titanic não gostou nem um pouco da mensagem que acabara de receber. Chamou o outro e lhe passou os dados.

– É do Columbine – disse.

– Um navio de procedência americana, não é? – perguntou o mais velho.

– Sim. Veja as coordenadas. Está longe, mas não deixa de ser preocupante.

O Columbine passara raspando por icebergs. Variavam entre pequenos e médios. Não houve choque e a maioria dos passageiros do navio americano nem percebeu a aproximação.

O oficial de telégrafo mais velho verificou a mensagem recebida.

– Fizeram bem em nos informar. Avise o capitão agora mesmo!

– Sim – retrucou o outro.

O oficial Murdoch estava em seu horário de descanso, mas não descansava. Em sua cabine, sentia-se ansioso. Alguma coisa não ia bem naquele navio. Não sabia dizer o que era. Ainda pensava na conversa entre o Comandante Smith, o Sr. Andrews e o passageiro milionário sobre os botes salva-vidas. Mas não era só isso. Mesmo que não tivesse ouvido fragmentos daquela conversa, estaria preocupado. Murdoch tinha que admitir a si mesmo: estava temeroso desde antes do embarque.... E havia ainda a questão do misterioso ladrão de armas.

Como se isso não bastasse, seu amigo Cheng, o chefe da cozinha, falara-lhe da insubordinação de um jovem garçom indiano, que se recusava a servir determinadas mesas após um incidente com uma passageira da primeira classe, e ainda não parava de falar em vingança... Sorte de Murdoch que essa questão não lhe dizia respeito oficialmente. Cheng lhe contara a história apenas porque os dois eram amigos e colegas de viagem. Pensando bem, no entanto, acabaria sendo problema dele, sim, pois Murdoch era o Primeiro Oficial, naquela viagem.

A história era provavelmente banal, mas o incomodava. E ele não sabia por quê.

Aflito e irritado, William Murdoch se arrumou e saiu da cabine.

– Sei que era ela, Harriet! Estou lhe dizendo!

Rita se sentara ao lado da prima por alguns minutos, enquanto Harriet lia um romance ao lado da vasta piscina da primeira classe, sentada confortavelmente numa espreguiçadeira. Àquela hora, ainda não tinha visto seus novos amigos que o Titanic lhe trouxera. Talvez estivessem todos dormindo.

– Mas como você insiste! – Harriet suspirou, impaciente. – Como aquela menina poderia ter entrado em nossa cabine, criatura?

– Não sei! – Rita quase gritou. – E isso me incomoda ainda mais que a própria intrusão! Hoje vamos pedir para mudar de cabine, não é?

– Sim, acho que devemos.

– Tenho certeza de que era ela. A pessoa me provocou, falando em uma língua estrangeira. Confesso que quando vi o velho professor gagá, achei que tinha sido ele, embora eu entenda uma coisinha ou outra de alemão; e as palavras não pareciam alemãs. Mas quando a tal Hermínia conversou com o marido em português, ah... não tive dúvida. A mesma entonação, a inflexão, o som... Não entendo português, mas reconheci o jeito de falar da menina. Na hora, a voz pareceu rouca, de alguém embriagado.

– Você disse que não percebeu se era homem ou mulher!

– Não dava para ver; estava muito escuro.

Desistindo de ler, pelo menos por enquanto, Harriet marcou a página do livro, fechou-o e ergueu-se um pouco, na espreguiçadeira.

– Bem, acho que devemos procurar o responsável pelas acomodações agora e solicitar a mudança.

– Sim, mas não vou dar nomes aos bois. Não direi que sei quem entrou, pois não quero confusão.

– Faz muito bem!

As duas se levantaram e foram procurar a sala do responsável. No caminho, Rita debatia consigo mesma se deveria ou não contar a Harriet sobre o tiro que disparara com a arma "emprestada" do Sr. Thompson.

Quando encontraram a porta do escritório que procuravam, Rita já se decidira: ia contar.

James Brenton acabou de fazer seus exercícios físicos matinais, lavou-se, vestiu suas roupas costumeiramente claras e saiu. Esperava encontrar Harriet Wagner antes de muita gente se aglomerar em torno deles. Sorrindo e meneando a cabeça, ele pensou no Reverendo McKeefe. Não se importava de "perder" Harriet para o reverendo, se ela assim quisesse. O bom pastor era divertido, simpático, um sujeito que seria um bom amigo. Além do mais, ele, Brenton, não estava exatamente apaixonado por Harriet; apenas gostaria de uma chance de conhecê-la melhor. Mesmo assim, não deixaria a competição totalmente fácil para McKeefe. Ele sorriu, malicioso. O reverendo que se cuidasse.

Atrás de si, lá fora no convés, Brenton ouviu um trecho de uma conversa entre duas mulheres e um homem – não se virou para ver seus rostos, mas não era ninguém que ele conhecesse.

– Pois o rapaz *desertou*, se é que se pode usar o termo – disse o homem.

– Mas como pode? O rapaz sumir assim, de dentro do navio... – comentou a primeira mulher.

– Ele não *sumiu*, Mildred – disse a outra – É óbvio que pulou para fora quando o navio parou em Queenstown para pegar mais passageiros. Fugiu do trabalho... Devia ter uma namoradinha esperando na cidade, e só fingiu trabalhar aqui para viajar de graça...

– Só sei que era um foguista – disse o homem – e pelo que ouvi os homens comentarem, deram pela ausência dele depois que o barco saiu de Queenstown. Seus pertences também sumiram, o que indica que ele fugiu mesmo. Não caiu no mar coisa alguma...

– Que coragem...! – comentou a mulher chamada Mildred.

Essa eu preciso contar a alguém, pensou Brenton, divertindo-se com a história.

Naquela mesma hora, em algum lugar na cidade de Queenstown, um jovem de 23 anos procurava uma albergaria para se hospedar temporariamente, enquanto o Titanic seguia viagem. Carregava pouca coisa consigo; seu dinheiro daria para uma noite e um dia; mas depois, precisaria arrumar emprego e voltar à casa de sua mãe.

John Coffey, o desertor do Titanic, estava de volta à sua cidade. Mas não era essa sua intenção original. Teria ficado em seu posto até chegar a Nova York, se não fosse... se não fosse aquela sensação... Quantos maus presságios! Um cabo partido logo no começo da viagem; o Primeiro Oficial reclamando de dor do estômago (que ele ouviu logo depois de zarpar); uma arma de fogo que desaparece do bolso de um passageiro... Os astros não estavam favoráveis àquela viagem

– Que Deus me livre e que ajude aquela gente...! – murmurou o jovem, enquanto subia a rua que daria na igreja presbiteriana e na estalagem. Instintivamente, olhou para trás e disse: – Aquele navio não vai longe, não!

Coffey arrumou melhor a mochila sobre o ombro e seguiu em seu caminho.

Enquanto o jovem procurava vaga na estalagem em Queenstown, acontecia na cidade de Southampton uma pequena festa particular na confeitaria Maude & Cissy's. Cissy, a irmã de Maude, completava 36 anos. Amigos e clientes mais próximos festejavam com bolo e champanhe.

Cissy era uma cópia fiel da irmã mais velha, exceto por uma estatura um pouco maior e um peso um pouco menor. As duas poderiam passar por gêmeas. A aniversariante adorava ter amigos e mexericos sempre que celebrava seu aniversário. Já Maude, apesar de naturalmente inquiridora, preferia ouvir histórias e fofocas em outras ocasiões. Todos os anos, em seu aniversário, ela preferia a reclusão de algumas horas passadas em casa, sem muita gente por perto.

Mas aquele era o dia de Cissy, e Maude faria de tudo para alegrar a irmã. Ela própria se sentia alegre, leve e *próspera.* Os negócios na confeitaria iam de vento em popa; e as duas irmãs já falavam em ampliar o espaço e, pela primeira vez, a mais nova cogitara a hipótese de abrir uma segunda loja. Para Maude, aquele seria um passo precipitado. Melhor seria esperar mais alguns meses para ver. Cissy não insistiu, mas guardou no fundo do coração a possibilidade de uma filial da Maude & Cissy's.

Naquele momento, o assunto quente era o "fantasma" que entrara na confeitaria, segundo relatara Maude.

– Mas, querida, você deve ter ficado arrepiada, então! – dizia uma mulher rechonchuda como a própria Maude, porém, mais alta e nem sempre de modos tão delicados.

– Fiquei, de fato – confirmou Maude. – Mas foi como estou dizendo a vocês: não vi nada. Aquela moça entrou aqui, dizendo que vinha seguindo o espírito do pai. Claro que não foi assim que ela explicou... – Maude revirou os olhos quando disse isso. – Mas, enfim, imaginem só a história: um fantasma entra em nossa confeitaria?

– Que excitante, menina! – exclamou outra mulher, mais jovem e bem mais magra que a primeira. – Adoro histórias de fantasmas. Só não gostaria de ver um de perto, claro! Eles ficam melhores nos livros.

– Pois acho que a tal moça delirou, como todos os que contam essas histórias! – comentou um homem de terno e chapéu cinza, acompanhante de uma terceira mulher, que se deliciava com docinhos e chá.

– Ora, Maurice! Você não tem imaginação – comentou a mulher.

– Vocês é que deliram! – retrucou Maurice.

– Seja como for – interveio Maude –, a moça me pareceu bem sincera e com a cabeça no lugar. Não era uma doidivanas! E fiquei toda arrepiada depois que ela saiu e me vi sozinha aqui.

– Eu também ficaria – disse a segunda mulher.

– Ela está viajando no Titanic! – afirmou Maude.

– Quem?

– A moça, oras! De quem estamos falando?

– A moça do pai fantasma?

As outras mulheres e o homem riram.

– A própria. Está indo para Nova York, a bordo do "inafundável" Titanic.

– Inafundável, pois sim! – zombou o homem de terno cinza. – Eu é que não poria minhas mãos no fogo por isso. Nenhum barco é inafundável.

– Tenho uma amiga – disse uma mulher franzina, usando um vestido de cores escuras e um chapéu com laço colorido, sentada a uma mesinha ao lado do balcão – cujo filho está trabalhando no Titanic!

– É mesmo, Josephine? – perguntou a primeira mulher, espalhafatosa.

– E o que ele faz lá? – quis saber a segunda mulher.

– Não sei bem o nome que dão a isso. Trabalha nas fornalhas, ou caldeiras. Algo assim. Essa minha amiga diz que o filho tem um sexto sentido para desastres que ela nunca viu em outra pessoa.

– É mesmo? – perguntou Maude. – Vou contratá-lo para prever as quedas bruscas de temperatura e as borrascas, então. Isso me incomoda tanto...

– É sério – insistiu a mulher franzina. – Se o rapaz sente que alguma coisa grave como incêndio ou inundação vai acontecer em algum lugar, acontece mesmo.

– Que dom!

– Pois é. Penso, então – concluiu a mulher – que se ele está trabalhando no Titanic, é porque não previu nada de ruim com o navio.

– Essa sua amiga é aquela que encontramos no teatro e que você nos apresentou? – perguntou o homem de terno cinza.

– Não. Vocês não a conhecem. Ela mora em Queenstown. Seu nome é Janet Coffey. O filho dela se chama John Coffey.

A bordo do Titanic, um pequeno grupo agora se reunia em volta da milionária americana Margaret Brown. Era uma mulher simpática, exuberante, espalhafatosa, não bem vista pela maioria das mulheres a bordo, porque, apesar de estupidamente rica, não provinha de uma família nobre, bem a gosto dos aristocratas às vezes falidos, porém, convictos de seu nobre sangue azul. E também porque era espontânea e gostava justamente de fazer o que fazia naquele instante: conversar descontraidamente.

À beira da piscina, Margaret Brown conversava com três pessoas: dois jovens e prósperos ingleses, acostumados a se regozijar nos prazeres do jovem século XX, e que não davam muita atenção à nobreza, e uma mulher de aspecto bastante jovem, também inglesa, que segurava naquele momento o chapéu sobre o colo, enquanto o vento suave da manhã desgrenhava seus cabelos. De onde estava, Hermínia não ouvia o que os quatro diziam; o único som que lhe chegava aos ouvidos era o riso de Margaret de suas próprias tiradas, e a risada acompanhante dos outros. Todos pareciam perfeitamente entretidos com ela.

Hermínia poderia aproveitar a oportunidade e fazer novos amigos... aliviar o peso que sentia nos ombros... Mas não tinha coragem de se aproximar de qualquer pessoa exuberante demais agora. Ela pensava no marido. Como o amava... Mas como, ao mesmo tempo, havia coisas nele que não compreendia.

De novo, Thiago se levantara e quisera sair cedo. Iria fazer ginástica primeiro, trocar de roupa e sair novamente para uma caminhada. E de novo, ela preferira ficar um pouco mais na cama. Queria saborear o conforto da cama enorme, em sua nova cabine.

E agora, mais uma vez estava sozinha, pois quando resolveu sair, Thiago ainda não havia retornado. Achando que talvez sua presença ali, desacompanhada, despertasse curiosidades indevidas, Hermínia decidiu que seria melhor voltar à cabine. Nem bem deu meia-volta, esbarrou com um homem que a segurou gentilmente pelos cotovelos: era o Professor Krüger.

A insatisfação por estar sozinha imediatamente cedeu lugar à alegria.

– Vovô....

– Shhh... – ele fez, levando um dedo aos lábios, embora sorrisse discretamente.

– Seguiu-me até aqui?

– Exatamente – disse o professor. – Vi quando seu marido foi para o outro lado.

– Se nos virem conversando, vão desconfiar que já nos conhecíamos antes de ontem à noite, hein?

– Serei discreto, minha neta. Mas preciso falar com você.

– Sobre a bruxa velha, não é?

– Sim.

– Que mulher insuportável! Será que ficarei assim como ela? É verdade que também não gosto de me misturar com a criadagem, como ela disse ontem, pouco antes de acabarmos o jantar; e concordo que não podemos dar muita liberdade a essa gente, mas... como ela é maldosa e...

– Hermínia! – interrompeu Krüger. – Em primeiro lugar, me incomoda um pouco quando você diz "essa gente"... Enfim... Não procure confusão com aquela megera. Eu me arrependi de ter-lhe contado que ela atrapalhou meu caminho. Estou muito bem de vida agora e a paz de espírito... bem, é algo que às vezes a gente consegue; outras vezes, não. Mas não tenha ideias de vingar seu velho avô, assustando a mulher ou... Afinal, como você entrou lá? Eu descobri onde ela estava, e me arrependo de ter mostrado a você, mas *como* conseguiu entrar na cabine da velha?

Estupefata ante a pergunta, Hermínia não conteve o riso; e riu a valer, embora pusesse a mão na frente da boca, para disfarçar.

– O que foi? – Krüger perguntou.

– Vovô... – ela disse, meio engasgada de tanto rir. – O senhor acreditou naquela história? Eu *não invadi* a cabine da velha decrépita.

– Ora, vamos...

– É verdade! – ela exclamou, tentando não elevar a voz. – Aquela criatura senil deve ter tido um pesadelo, de tanta ruindade que carrega na língua. O senhor acha que eu teria me esgueirado até lá no meio da noite (e olhe que nem estava na primeira classe, ainda), forçado a porta e entrado ali?

– Mas então, quem...?

– *Ninguém*, é o que lhe digo, vovô. A mulher sonhou, alucinou, sei lá... Mas acredite em mim quando digo que não saí de minha cabine à noite! Mas que ela conseguiu me deixar nervosa e irritadíssima durante o jantar de ontem, ah... isso sim!

O Professor Krüger apertou as pálpebras enquanto olhava para a neta.

Katherine Mansfield caminhava sozinha pelo convés da segunda classe. Dali a pouco, subiria para se encontrar com Hassir na primeira classe e ter mais uma refeição com ele. A princípio, quando Hassir lhe deu a ideia de fazer isso, ela achou que se sentiria pouco à vontade, ou que pudesse ter problemas com a administração da companhia marítima. Mas nenhuma pergunta lhe foi feita, e a convite de seu amado, estava agora sempre acompanhada na hora das refeições.

Pouco se importava em ficar com ele lá em cima, ou aqui embaixo... O importante era estar ao lado do homem que se mostrara tão verdadeiro, tão honesto e tão profundamente amoroso; o homem que ela amava desde... sempre! Era isso. Instintivamente, Katherine sabia que Hassir e ela eram almas afins, amigos espirituais, amantes na eternidade; talvez os dois fossem originalmente uma única alma tão antiga quanto a própria humanidade, dividida em dois corpos nesta atual encarnação... De onde lhe chegava esse conhecimento, ela não saberia dizer. Até bem pouco tempo atrás, ela acreditava em tais coisas, mas não as compreendia muito bem. Desde que começou a ver o espírito benevolente de seu pai, contudo, seus instintos começavam a lhe dar uma confiança maior na existência da vida para além da morte física... E o pouco contato que tivera com o jovem Thiago, no mínimo uns oito anos mais novo que ela, lhe proporcionou *sabedoria*. Não havia palavra melhor para aquilo. Sabedoria, mais instintiva e verdadeira que qualquer conhecimento...

Vestindo tons totalmente claros hoje, com discretos toques de verde no cachecol de seda em volta do pescoço, ela se sentia bem leve. Ao passar por uma mesinha com duas cadeiras, nas quais se sentavam um homem e uma mulher aparentando uns 40 e poucos anos cada um, Katherine cumprimentou-os em silêncio, ao que o cavalheiro respondeu, levantando discretamente a mão direita. Se a mulher também reconheceu o cumprimento, ela não viu, pois os dois já ficavam para trás. Mas um fiapo da conversa do casal chegou aos seus ouvidos e Katherine ficou curiosa. Caminhando deliberadamente mais devagar, ela tentou ouvi-los.

– A temperatura está caindo – disse o homem. – Se continuar assim, a água chegará perto de congelante!

– Deus nos livre! – exclamou a mulher. – Eu é que não gostaria de cair no mar...

– Que ideia, Esther! Ninguém vai cair no mar.

Katherine sentiu um calafrio. Fingindo que apreciava a vista, ela se apoiou no parapeito. Não sabia por que, mas achava que devia ouvir ao menos uma parte daquela conversa.

– Assim espero – disse a mulher. – Você sabe que tenho medo de navios. Aliás, não dos navios, mas do mar.

– Não havia outro jeito de visitarmos Mark e Ethel – retrucou a voz do homem. – Já prometemos passar uma temporada com eles há muito tempo.

– Sei disso. Bem, está indo tudo bem, espero.

– Claro que está. Só ficou na minha cabeça – disse o acompanhante de Esther – aquela cena bizarra. Cheguei a crer que ela ia pular...

– Pelos céus! – exclamou a voz da mulher. – Ainda bem que não foi nada disso. Homem de Deus, você devia é estar meio "alto" e pensou que viu o que não viu.

Ele fez um "tsc, tsc" e continuou a falar.

– Daqui de baixo dava para ver muito bem. A mulher chegou, parou de frente ao parapeito, no convés da primeira classe. Sozinha e àquela hora, logo na primeira noite. Foi exatamente o que estou dizendo. Ela fez um gesto como que um aceno, mas não deve ter sido isso. Quase gritei para chamar a atenção, mas subitamente ela se virou e voltou apressada para dentro, até eu perdê-la de vista.

– Aceno para o mar? Devia ser louca, ou acenava para uma baleia – a mulher riu do próprio comentário.

Katherine perdeu o interesse pela conversa e continuou andando.

Mas alguma coisa sobre *água*, *temperatura*, *cair no mar*, ressoava ainda em seus tímpanos. O calafrio ficou mais intenso agora. Ela se virou, olhando ao redor. Algumas pessoas iam e vinham, tagarelando, rindo e sumindo nas entranhas e curvas do navio. Cair na água... temperatura congelante... Resgatar, *resgatar*...

O pai de Katherine estava à frente dela, a uns dez passos de distância. Quase podia tocá-lo. Seu rosto estava sereno, mas seu olhar era firme. Um olhar de confirmação e ao mesmo tempo força... Katherine não gostou do que seu instinto lhe dizia agora, apesar da presença reconfortante do pai. Não gostou nem um pouco...

– Não pode ser...! – sussurrou para si mesma. Virando-se para olhar o oceano, ela meneou a cabeça. – Está tudo tão calmo. Nem um sinal sequer de mau tempo.

Quis perguntar ao pai. Mas quando se voltou, ele já tinha desaparecido.

O jovem telegrafista manuseava seu aparelho afoitamente. A mensagem com a pergunta fora enviada a pelo menos três embarcações que deveriam estar naquele setor. Ninguém respondia.

– Insista mais uma vez – instruiu o outro oficial. – Alguém deve responder. Precisamos saber se confirmam icebergs nas proximidades.

O rapaz começou a perspirar, enquanto seus dedos operavam diligentemente o telégrafo.

– *Você deve ter perdido totalmente o juízo!*

Se alguém ouvisse a cena, poderia achar estranha ou no mínimo engraçada: a mulher mais jovem, que poderia ser filha da outra, repreendendo a mais velha, que poderia ser sua mãe.

– Não faça cenas, Harriet... – pediu Rita, falando baixo. As duas voltavam ao ponto em que começara a conversa: à beira da piscina. Rita estava um pouco mais tranquila, após ter conseguido a mudança de cabine.

– Primeiro rouba uma arma! – Harriet continuou. – E como se não bastasse, *atira* contra uma pessoa!

– Fale baixo, sua desmiolada – sussurrou Rita, irritadíssima.

– Eu, desmiolada? Onde você estava com a cabeça? – Harriet perguntou, enquanto se sentava numa cadeira próxima à piscina. Ela balançou a cabeça e a apoiou em uma das mãos.

– Eu tinha que me defender, não tinha? Foi uma invasão, uma intrusão! E se aquela menina louca me atacasse?

– Pare de dizer isso. Você não pode ter certeza de que foi ela. Não é tão fácil um passageiro entrar na cabine de outro...

– Nada que um bom suborno não providencie – contradisse Rita, sentando-se de frente para a prima.

– Pois então, me diga: POR QUE aquela jovem brasileira, que nunca nos viu na vida, atacaria duas mulheres no meio da noite?

– Duas, não. Eu estava sozinha.

– Que seja. Isso não faz sentido. Ela não me pareceu uma psicopata e...

– Não confie nas aparências, querida – cortou Rita, ainda falando baixo. – Sempre lhe digo isso.

– Rita – Harriet disse, tentando soar mais calma. – Ouça uma coisa. Você *tem* que devolver aquela arma. Diga que a encontrou caída em algum lugar. Se quiser, vou com você. Procure algum oficial. Se alguém ouviu o tiro, ou se *todos* os passageiros forem revistados, vão achar a pistola em sua bolsa... *e você pode ser presa!*

Rita não retrucou, dessa vez.

– O que foi? – Harriet perguntou, notando que os olhos da prima divagavam.

– Harriet, eu...

– O que foi, Rita? Para quem está olhando? – Harriet quis saber.

– Para ninguém. Apenas...

– No que pensou, então?

– Não posso devolver a arma, Harriet.

Harriet suspirou, impaciente.

– É claro que pode.

– Não. Não posso. Você não entende...

– Não entendo o quê?

Rita se recostou na cadeira, balançou a cabeça e olhou para cima, agora.

– Não posso devolver a arma – ela disse, por fim – *porque a joguei no mar.* Livrei-me dela na mesma noite, logo depois do incidente...

Capítulo 9

Sempre há tempo...

Harriet tombou a cabeça para trás e riu. Era um riso de alívio e, ao mesmo tempo, de diversão ante a cara de garotinha levada e arrependida da prima.

– Então, o problema está resolvido, Rita. Deixe que nos revistem à vontade.

Rita quase começou a rir também.

– Mas não sei se agi bem – ela disse. – Não me arrependi de pegar a arma do velho atordoado, nem de atirar contra aquela intrusa, mas...

– Ou *intruso*! Ainda não acredito que foi a moça.

Rita apertou as pálpebras, pensativa.

– Seja como for. Quando dei aquele tiro, eu própria me apavorei. A pessoa correu para fora, assustada. Levantei-me da cama, tratei de trancar a porta e só depois me apercebi do que tinha feito. Sabe, Harriet, não sou tão velhaca como as pessoas pensam... Eu tinha uma arma roubada em mãos, usei para atirar contra uma pessoa e... Bem, não sei dizer por que, mas de repente me senti suja. Fui até a varanda. Pensei em jogar aquela pistola na água, dali mesmo... Mas por algum motivo, achei melhor não. Embora ainda estivesse nervosa... mais *irada* que nervosa... troquei de roupa rapidamente, saí e corri até um ponto do convés onde não havia ninguém por perto. Levantei o braço o quanto me foi possível, para arremessar aquela coisa para bem longe... E foi isso... A arma não está mais a bordo deste navio.

– Então o que o Sr. Brenton disse... – Harriet começou, mas deteve-se a tempo.

– O quê?

– Nada, querida. Você fez muito bem. Felizmente ninguém se feriu e ninguém poderá acusá-la de coisa alguma agora. Não sabe como estou aliviada.

– Pois eu, não – resmungou Rita, reassumindo seu tom rabugento. – Continuo me sentindo insegura neste navio. Não sei o que é, mas sinto o peso do perigo no ar.

– Bem, você não está sendo exatamente simpática com as pessoas, Rita.

– Humph! *Bah* para as pessoas! Elas é que devem ser simpáticas comigo. Sou uma mulher de idade.

Harriet riu, balançando a cabeça.

– Rita, Rita, e seus velhos preconceitos...

– Devia ter ficado em casa. Sei disso. Meu irmão podia esperar mais um ano pela nossa visita. Este navio está infestado de abutres e usurpadores...

– Agora você se refere ao prof-...

– Refiro-me a todos! *Todos!* Irlandeses, indianos, falsos indianos, alemães e agora brasileiros... *Todos* viajando conosco, ceando conosco, como se fossem nossos iguais! Para onde o mundo está marchando, Harriet?

– Prefiro voltar ao meu livro a responder à sua pergunta. – Ela procurou a página que estava marcada.

Com um último "bah!", Rita se pôs de pé e se afastou, dando seus costumeiros passos incertos. Harriet não perguntou e não queria saber para onde ela ia.

Não tinha lido ainda nem a segunda página, quando um "bom dia!" masculino lhe chamou a atenção.

Ela se virou, e logo seu rosto se iluminou com um sorriso.

– Bom dia, Sr. Mansur – Harriet respondeu ao cumprimento. – Indo para a sua ginástica?

– Não, senhorita. Já estive no salão bem cedo, em companhia de Thiago. Daqui a pouco, vou tomar meu café da manhã. O ar marinho me abre o apetite...

Harriet sorriu, afetuosamente.

– Permite-me? – Hassir perguntou, tocando a cadeira à frente dela.

– Claro que sim!

– Não vou tomar muito o tempo de sua leitura. – Hassir se sentou e resolveu ir logo ao assunto. – Deixe-me perguntar-lhe, Srta. Harriet, embora talvez não saiba a resposta. Por que será que sua prima acha que a jovem Hermínia invadiu a cabine de vocês no meio da noite?

Harriet se endireitou na cadeira. O que quer que esperasse ouvir de Hassir Mansur, não era aquilo. Achou que talvez ele fosse falar do tempo, ou da Sra. Mansfield ou qualquer outra coisa.

– Sr. Mansur, conversei com ela sobre isso. Realmente não sei o que passa na cabeça de Rita. Não creio que ela sonhou. Penso que alguém realmente entrou lá quando ela estava sozinha. Naquela noite, demorei a voltar. Estava distraída aqui no convés, conversando com o Reverendo McKeefe.

– Entendo.

– O que Rita me disse é que a pessoa, que segundo ela devia estar bêbada, disse-lhe algo incompreensível. Quando ela ouviu a jovem Hermínia conversar em português com o marido, desconfiou na hora, por causa do som da língua. Segundo Rita, a pessoa disse uma ou duas coisas em português; e ela afirma ainda que não foi apenas o som do idioma, mas o próprio tom de voz da moça...

– Não me diga! Então, alguém não só invadiu sua cabine, mas ainda falou com ela.

– É o que Rita afirma. Não sei quanto há de verdade nisso tudo. Não que ela tenha mentido; mas é possível que alguém entrasse na cabine por engano (embora eu não saiba como conseguiu as chaves), se desse conta do erro e saísse apressado. E é possível que Rita apenas tenha imaginado que o intruso lhe disse alguma coisa.

– Sim, pode ser – concordou Hassir, pensativo. – Mas de qualquer forma, a porta teria que estar aberta, então.

– O senhor conversou com a jovem depois do jantar de ontem, Sr. Mansur?

– Superficialmente apenas. Mas Thiago diz que ela está intranquila. Parece que é um sentimento comum em muitas pessoas, nesta viagem.

– Sim, é verdade. Mas para minha surpresa, Sr. Mansur, Rita se desculpou depois da cena.

– Sim, eu me lembro. Mas é pena que sua prima carregue tanto rancor, ou tanta raiva dentro de si. Desculpe-me se sou atrevido, Srta. Wagner, mas sendo estrangeiro numa terra que não aprecia muito aqueles que vêm das colônias, sei como é ser alvo do preconceito. Sofrer discriminação porque a cor da pele não é exatamente branca como leite; não ser bem-visto porque sua família não vem da nobreza (mesmo que você tenha muito dinheiro); ou ser escorraçado por não ter dinheiro nem título ou coisa assim...

– Sou inglesa, Sr. Mansur – disse Harriet, convicta. – Mas concordo plenamente com o senhor. Rita é fruto dos tempos, da cultura, das convenções. É triste admitir, mas sei que ela não é a única. Ela foi criada com as ideias incutidas de que sua família, suas ligações sociais, sua classe e até seu país são superiores. Alguns de nós, porém, Sr. Mansur, têm olhos para ver. Esses, eu lhe asseguro, não escorraçam um garçom com uma torrente de desaforos só por causa de um acidente que nem foi culpa dele...

Hassir mostrou um sorriso, que logo se desmanchou.

– Penso que preconceito, a intolerância, senhorita, indica que você não vê realmente o outro, entende? Você olha para mim, que sou negro, ou judeu, ou católico, mas não me vê como um *indivíduo*. Você vê em mim um grupo estereotipado, um rótulo imposto por fora, não por você mesmo. Muitas pessoas que discriminam (aliás, penso que a maioria delas) sequer conhecem indivíduos do tal grupo que tanto desprezam. Veja: quantas pessoas na Inglaterra conhecem pessoalmente um indiano? Quantos americanos brancos e protestantes conhecem alguma pessoa negra intimamente para saber se é boa ou má? E quantos cristãos que discriminam judeus já sequer conversaram com um judeu, ou ao menos sabem *o que é* ser judeu? E por aí afora...

– Isso sem falar nas mulheres – complementou Harriet. – Sim, Sr. Mansur, nas mulheres solteiras. Não é fácil ter 40 anos e não ser casada; não é fácil ser olhada de soslaio por outras mulheres, que a julgam como se você fosse uma pessoa desajustada. Se você é viúva, não há problema. Mas se nunca se casou, ah, então deve ser uma pessoa desequilibrada... Pois é, meu caro Sr. Mansur, o século mudou, mas a mentalidade permanece a do século XIX.

– A senhorita tem razão. Não tinha pensado nisso, mas a senhorita está certa. As mulheres são rotuladas facilmente. E não é só na Inglaterra. Veja por exemplo, na Irlanda, onde eu nasc-...

Harriet inclinou a cabeça.

– O senhor ia dizer...?

Hassir engoliu em seco.

– Na Irlanda, onde vivo grande parte do tempo... Lá também há esse tipo de discriminação contra mulheres, e até contra homens solteiros.

– Sim, sei disso.

– Mas sempre há tempo para aprender, senhorita. A boa notícia é que algumas pessoas realmente se abrem. Já conheci indivíduos fechados, xenófobos, chauvinistas que, no entanto, se dispuseram a escutar, ler; *aprender*, enfim. E hoje nem mais se lembram de como era sua vida preconceituosa, movida por rótulos e pelo hábito de pôr estigmas nos outros... Bem, foi muito agradável conversar com a senhorita mais uma vez. Devo me encontrar com a Sra. Mansfield agora. Mas nos veremos mais tarde, não é?

– Claro, Sr. Mansur. É um prazer conversar com o senhor – Harriet afirmou, com sinceridade.

Hassir se levantou, meio desconcertado, e Harriet procurou não segui-lo com o olhar.

Enquanto retomava o livro, abrindo-o pela enésima vez, murmurou:

– Ainda bem que Rita não ouviu esse ato falho...

Realmente, Rita Bromski não ouviu o deslize de Hassir/ Dennis. Mas outra pessoa que passava por ali naquele momento, esforçando-se por permanecer invisível aos olhos de Harriet e Hassir, e obtendo sucesso na tentativa, não perdeu uma única palavra do diálogo dos dois.

E agora, essa mesma pessoa sentiu uma raiva quase tão grande quanto a que sentira não muito tempo atrás... E não sossegaria enquanto não interpelasse aquele irlandês farsante.

Sem ter ideia de que era seguido, Hassir de novo se repreendeu: primeiro o sotaque, depois a violência injusta contra Thiago, e agora a falha da língua! Ele não sabia se devia rir ou se xingar. Não fez nem uma coisa nem outra, pois aquela que vinha subindo a estreita escada entre um convés e outro era Katherine Mansfield. Ele deixou a preocupação para trás, e estacou o passo. Estendeu o braço esquerdo na direção da moça, que já galgava o último degrau.

Katherine sorriu e discretamente lhe beijou a mão. Mas seus olhos escuros, pouco brilhantes agora, traíam sua angústia.

– O que houve, minha querida? – perguntou Hassir.

– Estou bem, meu príncipe da Índia. – embora ela brincasse, forçando um sorriso, sua ansiedade era evidente. – Mas preciso lhe contar uma coisa... que aconteceu após uma conversa casual que ouvi... e envolve, de novo, meu pai...

Hassir olhou-a, pronto para lhe dar atenção.

A pessoa que o seguia retraiu os passos, escondeu-se atrás da amurada, e ficou observando. Se alguém reparasse naquilo, poderia achar suspeito; então, resolveu ir embora.

O confronto com o irlandês ficaria para depois.

Dali a uns quinze minutos, Hassir e Katherine estavam sentados em um dos sofás do suntuoso *Café Parisien*.

Katherine contou a Hassir sobre seu pressentimento após o novo encontro com o espírito de seu pai.

– *Acidente*, Katherine? Você não está apenas nervosa, tomada de preocupação com o futuro contato com seu marido, e ao mesmo tempo...? – ele se interrompeu, com um sorriso.

– Extasiada por ter conhecido você? – ela sorriu também. – Isso sim, concordo. Parece que desde o momento em que embarquei neste navio até agora, renasci. Não estou exagerando. Você... Hassir, você me trouxe de volta à verdadeira vida. – E baixando a voz para quase um sussurro. – Amo você...

Hassir ficou sério.

– E eu amo você como nunca amei ninguém – disse.

– Mas meu temor tem outra origem, Hassir – ela afirmou, retornando ao problema. – Dessa vez, meu pai não disse nada. Apenas me olhou, com seu costumeiro ar de benevolência e, ao mesmo tempo, sabedoria profunda. Senti perfeitamente o que ele quis dizer. E percebi que não foi por acaso, nem por mera curiosidade, que ouvi aquela conversa do casal. Meus passos foram guiados. Haverá um acidente com este navio, Hassir. Não sei dizer que tipo, nem quando. Mas sei que terei de tomar alguma atitude. De mim é esperado que eu... salve vidas, talvez. Terei certeza no momento certo.

– *Resgatar*, você disse? – encorajou Hassir. – Então, se entendi certo, você crê que em alguma vida passada foi salva de um incêndio terrível; e agora, será sua vez de salvar pessoas... Talvez as mesmas que viveram com você o acidente medonho, em uma encarnação passada?

– Isso eu não sei. Mas tenho certeza quanto à questão de salvar vidas e de ter sido salva em uma existência passada. Meu pai sabe. Ele sabia quando me alertou pela primeira vez, depois que tive aquele sonho. Hassir, quando ouvi o comentário sobre cair na água gelada e logo em seguida ele me apareceu, transmitindo-me essa convicção instintiva, fiquei toda arrepiada. Mas percebo agora que não estou com medo; apenas sinto que poderíamos fazer algo para prevenir... Talvez alertar o Comandante.

Hassir riu.

– Isso é ingênuo, minha querida. Desculpe a franqueza. Se falarmos com o capitão do navio sobre acidentes ou coisa assim, ele poderá nos trancafiar, por medo de criarmos pânico. Mas uma coisa eu quero entender: como seu pai poderia *saber* sobre um acidente com o Titanic? Como ele prevê o futuro?

– Tenho amigos que se dedicam a estudar as doutrinas espiritualistas, reencarnacionistas e são mais bem informados do assunto que eu. Dizem que o tempo, na verdade, não existe. Quando você é um espírito desencarnado, pode olhar como que de cima para o que acontece lá embaixo. Isso é só uma figura de linguagem, claro. Mas enfim, o espírito desencarnado, desde que devidamente esclarecido, poderia de certa forma "ver" o que nós, limitados pela matéria física, rotulamos de passado, presente e futuro. Se assim for, eles estariam fora do tempo e enxergariam algo que para nós só acontecerá amanhã, ou daqui a dez anos, sei lá.

– Isso é muito parecido com certas noções no hinduísmo, segundo minha mãe me falava. Não pratico nenhuma religião, mas tenho conhecimento básico das doutrinas hindus. Bem, continue.

– Se isso for verdade, Hassir, talvez seja possível evitar certas tragédias antes que elas aconteçam.

– Mas se os espíritos desencarnados veem a tragédia no que para nós é o futuro, como podemos evitá-la? E o que acontece, se conseguirmos?

– Acho que o que eles veem é uma dentre várias possibilidades. Não sei explicar isso, mas de qualquer forma, sinto que não recebi tal aviso à toa.

– Com certeza, não.

Hassir juntou as palmas das mãos e levou-as ao queixo, mexendo os olhos rapidamente de um lado para outro.

– Em que está pensando, meu querido?

– Humm... – ele fez. – Acho que devemos contar isso ao jovem Thiago. Aquele rapaz é um sábio e uma alma iluminada.

– Concordo. Também sinto isso. Só que a mulher dele não quer nem ouvir falar desses assuntos. Além do mais, parece que ficou com ciúme de mim, pois achou que estávamos flertando... Veja só a mentalidade das pessoas... É como se gostassem de usar vendas, com dois furinhos pequenos. Só veem o que querem ver.

– Sim – concordou Hassir. – Apesar de virem de culturas diferentes, e apesar da diferença enorme de idade, aquela moça, Hermínia, e a Sra. Bromski são muito parecidas. Se ela não tomar cuidado, será igualzinha à velha, no futuro.

– Mas como é muito nova ainda e casada com um homem à frente de seu tempo, talvez ela aprenda e mude.

– É possível. Enfim – Hassir segurou as duas mãos de Katherine – acho que, mesmo assim, devemos conversar com Thiago. Afinal, parece que seu pai o escolheu para facilitar um primeiro contato com você.

Ela sorriu.

– Você tem razão. Vamos falar com Thiago.

Vendo que delicadamente Katherine puxava as mãos por debaixo das dele, Hassir perguntou:

– Sente-se incomodada, não é?

– Hassir, sei que o mundo como idealizo não é este, à nossa volta. Mas às vezes os olhares bisbilhoteiros me perturbam. Dói-me pensar que não posso abraçar você agora, como gostaria; que não posso beijá-lo em público. E tudo porque... porque estou casada com um homem perturbado, que nem sequer está aqui, e que provavelmente nunca mais verei...

Hassir riu, discreto.

– Ah, sim, você o verá. Tem que conversar com ele e explicar que quer o divórcio!

– Claro que sim. Mas quero fazer isso em lugar público, não na casa dele em Nova York.

– Teme por sua segurança? Teme a reação de seu marido, não é?

– Não acho que ele vá se tornar violento. Irascível, sim. Mas não fisicamente agressivo. Mesmo assim, prefiro conversar em algum local onde ele não se atreveria a me atacar. Claro que isso nunca aconteceu antes...

– E não vai acontecer agora também. Estamos todos aqui pelo amor ou pela dor, Katherine! Eu, você, seu marido. Thiago e sua esposa, que não vê a vida como vemos. Aquela mulher, Bromski. Todos. – Ele a segurou pelos dois braços, com força e ao mesmo tempo ternura. De suas mãos emanava um calor não só extasiante, mas amigo, quase fraterno. – Mesmo que nos separássemos agora, tenho certeza de que voltaríamos a nos encontrar, e logo! Mas não quero isso, Katherine. E sei que você também não quer. Pense no que estamos vivendo: é a mais concreta e pura realidade. Quero passar o resto da vida com você. Parece banal isso que vou dizer, mas é verdade: nunca me senti assim com nenhuma outra mulher... E *sei* que você sente o mesmo.

O que ela podia dizer? Tinha forças para mentir, para dizer àquele homem que não desejava mais se encontrar com ele à vista dos outros naquele navio, nem passar momentos com ele? Ela teria coragem de *adiar* sua *verdadeira* felicidade, apenas recém-encontrada, para só rever Hassir depois de conversar com um homem que a amara um dia, mas que hoje se embrenhara por uma vida de criminalidade, e que a queria ao seu lado só porque ela o fazia se sentir seguro, ou servia de capa para uma aparente vida regrada? Não! Ela não tinha o direito de se autoflagelar daquela forma. Naquele exato momento, Katherine sabia que estava jogando fora, sim, as malditas convenções, e que ficaria com Hassir, o amor de sua vida que só aquela viagem marítima lhe trouxera, para sempre...

Mas ele ainda falava...

– ... Nosso amor vem de longe, minha querida Katherine. Nosso amor atravessa os séculos. Sei que você entende quando digo isso. Tenho certeza; tenho a certeza inabalável de que vivemos juntos antes e, por algum motivo que só a Espiritualidade maior pode saber, estamos destinados a permanecer juntos, num relacionamento que jamais se tornará enfadonho, que nunca se esmaecerá; juntos, teremos ainda muitas missões a cumprir. Quantas e quais, ainda não sei. Mas descobriremos quando cada uma dessas missões aparecer.

Desta vez, você é que terá que resgatar... Fora a mensagem de seu pai, Katherine se lembrou mais uma vez.

Nunca ela conhecera alguém que falasse tão exatamente o que ela sentia; nunca estivera na companhia de pessoa alguma que expressasse seus sentimentos com tanta franqueza e com quem ela compartilhasse o mesmíssimo sentimento.

– Você está certo, Hassir. Você está certo... meu amor! – Como era bom chamá-lo assim. – De Nova York, podemos ir para outro lugar, assim que desembarcarmos. Em tempo, entrarei em contato com Edmund, e pedirei o divórcio. Não quero nunca, nunca me afastar de você!

Os olhos de Hassir reluziam de júbilo.

Ele não precisava dizer mais nada. Ainda segurando-a, aproximou Katherine de si, curvou-se e beijou-a, pela segunda vez naquela viagem. Ela o abraçou e, naquele beijo, era como se todo o universo de repente pulsasse em harmonia. A vida fazia sentido.

Capítulo 10

O peso do preconceito

Thiago e Hermínia estavam saindo do restaurante após terminarem o café da manhã, quando depararam com Hassir e Katherine.

– Gostaríamos de conversar com vocês um minuto – informou Hassir. – Poderia ser agora?

– Mas é claro que sim! – respondeu Thiago, sem hesitar.

Katherine respirou aliviada. Hermínia engoliu ar, sem nada dizer.

Thiago olhou para trás de Katherine e Hassir, e sorriu.

– Lá vem o Reverendo McKeefe – disse.

Os olhos de Hassir e Katherine se encontraram. Pensavam a mesma coisa.

– Ele é um homem muito perspicaz – comentou Hassir.

Katherine assentiu.

– Falaremos com ele também. Agora!– concluiu Hassir.

Thiago mal podia se conter de curiosidade, o que se revelava no brilho de seus olhos. Hermínia desconfiou que sua dor de cabeça logo voltaria...

O chefe de cozinha Cheng sentia que estava em três, quatro lugares ao mesmo tempo. Enquanto preparava a carne, tirava panelas do armário grande, guardava taças no armário pequeno, berrava ordens para os cozinheiros e ainda tinha que ouvir as lamentações de seu jovem amigo, que o seguia a cada passo na cozinha.

– Cheng, só posso confiar em você, neste navio! Sabe disso – repetiu o jovem Amit, pela enésima vez.

– Cheng sabe... *Cuidado com o patê!* – o velho chinês gritou para um dos assistentes de cozinha. – Mas Cheng vai ser atirado no mar se não colocar pessoal para trabalhar. É o meu pescoço que eles cortam, se os passageiros não gostam da comida...

– Mas, Cheng... – insistiu o rapaz indiano. – Por que você foi contar ao Primeiro Oficial Murdoch sobre nossa conversa?

– Murdoch amigo de Cheng, jovem Amit. Cheng não falou com ele como oficial do navio, mas como amigo. Não se preocupe, meu filho. Nada vai lhe acontecer. William Murdoch é homem de entendimento.

O jovem de 18 anos, indiano, morador de Southampton, estava amargurado, assustado e, acima de tudo, enfurecido. Primeiro, a velha louca faz o escândalo por causa de uma gota de caldo derramado. Depois, um casal de velhos o insulta sutilmente, comentando que achavam "peculiar" um garçom indiano servir as mesas da primeira classe. O velho não acharia nada "peculiar" o murro que levaria no nariz logo, logo. E agora, Amit tinha a confirmação de que o ricaço indiano que viajava na primeira classe não era indiano coisa alguma. Era um irlandês travestido de indiano, fazendo uma pantomima da raça de Amit. Como se não bastasse toda a humilhação a que os ingleses submetiam os conterrâneos de Amit, tanto na Índia quanto na própria Inglaterra, agora vinha um irlandês viajando incógnito, contribuindo para atrair mais atenções negativas ao seu povo. Eram todos iguais, ingleses e irlandeses. Todos prepotentes e senhores de si.

– Conheço os modos dos irlandeses, Cheng – disse Amit. – Reconheço o sotaque da Irlanda, por mais que uma pessoa disfarce. Não se esqueça de que vivi lá um bom tempo.

– Que pode ser um "bom tempo" para menino de 18 anos? – ralhou Cheng.

– Aquela pele de cor falsa não engana ninguém que seja um autêntico indiano – continuou Amit, ignorando a pergunta do amigo chinês. – Aquele homem pode ser até meio indiano, não sei; talvez seja. Mas é irlandês. E faz pouco caso de mim e de toda a minha etnia, viajando com aqueles trajes ridículos.

– Cor de pele de ricaço indiano ou irlandês mesma que a sua... Pensei que túnicas como as dele fossem típicas de seu país... – resmungou Cheng, empurrando Amit para o lado enquanto carregava uma panela fumegante.

– E são – Amit disse. – Mas não naquele homem. Quase o interpelei hoje. Cheguei bem perto. Estou fulo da vida. Mais um pouco e acerto o nariz do primeiro que reclamar de meu atendimento. O tal Hassir Mansur cometeu um belo deslize. Ia dizer à fulana, "meu país, a Irlanda...", mas se corrigiu em tempo.

– Jovem Amit não tem nada com isso. Aliás, pense numa coisa. Se passageiro irlandês rico viaja como indiano, impressão que dá aos outros é que indiano também pode crescer na vida, ter muito dinheiro e viajar no Titanic... Agora, jovem amigo, por favor, *SAIA DE MINHA COZINHA PORQUE PRECISO TRABALHAR. OU VOCÊ QUER VER CAPITÃO JOGANDO CHINÊS NO MAR PARA TUBARÃO COMER?*

Amit não conseguiu segurar o riso. Fingiu defender-se, cobrindo o rosto com as mãos ante a voz irritada do amigo e lhe assegurou que já estava de saída. Deu um tapa no ombro de Cheng e saiu rapidamente, quase dando um encontrão com um homem que entrava carregando uma caixa enorme.

No corredor, Amit acertou a gravata e se preparou para reassumir seu turno como garçom. Pela primeira vez, pensou na possibilidade do que Cheng acabara de dizer: um indiano que prosperou e mostrou aos aristocratas europeus que tinha perfeitas condições de viajar em primeira classe, ao lado deles. Só que não era um indiano de verdade... Isso, no entanto, os europeus brancos-de-neve não poderiam saber. Ainda assim, não deixava de ser revoltante: o único passageiro indiano na primeira classe não era indiano... Como Amit gostaria de saber por que o homem queria dar essa impressão... Por que um irlandês viajava disfarçado de indiano? Um pouco mais calmo após o desabafo com Cheng, ele foi procurar o chefe dos garçons com a intenção de pedir desculpas pelo descaso com que vinha encarando o trabalho nos últimos dois dias. Mas seu cérebro adolescente/quase adulto ainda ardia de indignação.

Que aquela velha não aparecesse mais em seu caminho até o fim da viagem...

E quanto ao Sr. Mansur, Amit ainda daria um jeito de descobrir o que motivava aquela farsa.

– Certa vez, li um romance americano – comentou o Reverendo John McKeefe –, cujo nome do autor não me lembro, baseado no Velho Oeste, lá pelos idos de 1860, que me fez pensar muito na questão da intolerância e até que ponto ela pode chegar.

O grupo se reunira na confortável sala de diversões, para conversar. McKeefe pegara uma poltrona de encosto alto e, enquanto falava, parecia mais um explorador, pronto para começar o relato de suas expedições, que um homem da Igreja. Na poltrona de frente para ele, sentara-se Thiago, animado e pronto para ouvir o que o reverendo estava prestes a contar. No sofá entre as duas poltronas, acomodaram-se Hassir, Katherine e Hermínia, que de vez em quando estendia a mão até o braço da cadeira de Thiago, que respondia segurando-lhe a mão carinhosamente.

– Era sobre uma caravana que foi atacada pelos índios paiutes – continuou McKeefe. – Todos morreram menos um casal. O homem ficou desacordado após o confronto com os índios, e a mulher foi raptada. Parece que isso era comum no velho oeste americano.

– Que horror... – gemeu Hermínia.

– Quando o marido acordou – prosseguiu McKeefe – deu pela ausência da esposa, notificou o xerife, que por sua vez entrou em contato com os soldados... Enfim, procuraram por toda parte, mas a mulher sumira, bem como os índios que haviam atacado a caravana. Quatro anos se passaram sem que ele tivesse notícias da esposa. Julgava-a morta. Esse senhor resolveu tocar a vida e, apesar da tristeza, prosperou nos negócios naqueles quatro anos. Um belo dia, um grupo de rancheiros encontrou uma mulher branca, aparentemente abandonada, perto de uma reserva indígena. Ela falava inglês perfeitamente e contou que os índios a haviam largado ali por causa de um desentendimento entre ela e outras mulheres da aldeia. A mulher disse que queria ir embora, e os índios nada fizeram para impedir...

– E ela finalmente voltou para o marido?! – adiantou Hermínia.

– Sim e não – respondeu McKeefe. – Entendam que é uma história fictícia, meus amigos, mas retratava situações reais, comuns naquela região, como já disse.

– O que aconteceu, então? – a jovem brasileira insistiu.

– A mulher branca carregava consigo um bebê. Era um mestiço, como podem imaginar. Um guerreiro paiute a desposara à força e eles tiveram um filho. A mulher contou aos rancheiros que ou ela concordava com isso ou teria sido morta. O guerreiro que a desposou morreu em combate, mais tarde; e foi quando ela começou a se desentender e ser hostilizada pelos outros índios.

– Que horror! – repetiu Hermínia, com uma expressão de nojo. – Eu teria preferido a morte a... – ela se calou e baixou os olhos.

– Bem, enfim, resumindo a história. O marido se alegrou muito ao saber que a esposa estava viva e de volta; mas quando descobriu que ela era mãe de uma criança de outro homem, e ainda por cima *um índio*, escorraçou-a e disse que a atitude dela não fora de uma pessoa diante da escolha entre morrer e viver, mas sim de uma *mulher de má conduta*, se me entendem.

McKeefe notou que tinha toda a atenção de seus interlocutores. Todos o olhavam quase sem piscar, perguntando-se como a história ia terminar, e aonde ele queria chegar, contando-a.

Após uns instantes de silêncio, Thiago arriscou provocar o reverendo.

– B-bem... ? – ele instigou. – E o que aconteceu?

– No fim da história, o marido acabou aceitando a mulher e criou o filho como se fosse seu.

– Um final feliz – concluiu Thiago.

– Sim, mas...

– Que absurdo! Eu, se fosse homem, jamais aceitaria! – exclamou Hermínia, interrompendo o reverendo.

Thiago e Katherine olharam para ela com uma expressão que era um misto de indignação e pena. Hassir não desviou o olhar do contador de histórias.

– Sua posição é compreensível, Sra. Matoso – disse McKeefe. – Mas conto essa história para que possamos pensar num único ponto importante aqui: o preconceito.

– Mas ela...

– Sra. Matoso, quantas mulheres não devem ter passado por isso – prosseguiu McKeefe. – E provavelmente não só nos Estados Unidos, no século XIX. No decorrer da história, a jovem branca e mãe do garoto índio sofre desaforos, é expulsa dos estabelecimentos comerciais; mal consegue comprar mantimentos para si e para a criança quando tenta se estabelecer na cidade. Tudo por causa de quê? Do infeliz hábito de julgar, que infelizmente é comum na grande maioria das pessoas. A mulher é julgada e psicologicamente condenada porque não quis ser morta e preferiu copular com um guerreiro indígena. Claro que a atitude dela foi motivada pelo medo e pelo instinto de sobrevivência! Alguém poderia dizer que agiu errado? A senhora diz que se fosse homem, Sra. Matoso, jamais aceitaria a esposa perdida de volta. Pois digo-lhe que se eu fosse mulher, e me visse numa situação como essa da personagem do livro, creio que faria o que ela fez. Meu instinto de sobrevivência é muito forte.

Thiago olhava com admiração cada vez maior para o mais recente amigo. Aquele era um homem de verdadeira sabedoria.

Hassir também o observava com respeito e entendimento.

Katherine gostou tanto do último comentário de McKeefe que quase se levantou e correu até ele para beijá-lo. E Hermínia baixou os olhos novamente.

– Há duas questões aí, que têm relevância com um dos temas sobre os quais conversávamos, não o pressentimento da Sra. Mansfield, mas a lamentável situação do preconceito – prosseguiu McKeefe. – Entendam a mensagem do autor do livro: uma mulher branca é mal vista e mal comentada logo que entra na cidade, não porque carrega um bebê índio, pois isso ela não faz, a princípio, deixando o bebê por algum tempo na fazenda dos homens que a resgataram. Não; ela é hostilizada porque utiliza ainda trajes de índia. Foi forçada a viver entre os índios, seus raptores, e agora de volta à cidade, sente na pele o preconceito; sofre injúrias como se ela própria tivesse cometido um crime. Esse é o primeiro detalhe. Agora, atentem para a segunda questão. No decorrer da história, ela expressa sua preocupação com o futuro da criança. O menino será visto como mestiço; será maltratado pelos professores na escola e pelas outras crianças, que aprendem com os pais que "índio é mau". Como adulto, não será respeitado pelos homens, beberrões e violentos vaqueiros que veem os índios como inferiores, nem olhado com admiração pelas mulheres, criadas com a convicção de que o homem branco é superior e o índio inferior... Será que essas visões de pretensa superioridade estão muito longe de nosso atual e ainda novo século XX? Vejam como a vida seria mais fácil se não existissem essas considerações preconceituosas.

– Muito apropriado, reverendo! – desabafou Hassir. – É reconfortante ouvir de um homem de fé tais palavras.

– De nada serve a religião, meu caro Sr. Mansur, se não abrir os olhos dos homens e mulheres para a *verdadeira* condição de irmandade entre os seres humanos.

– Mas se uma *mulher* afirmar isso com todas as letras – interveio Katherine – não será ouvida.

– O conceito de igualdade, bem como o da *injustiça* entre as classes, Sra. Mansfield, ainda é ignorado mesmo quando sai dos lábios de um homem – afirmou o reverendo.

Katherine assentiu.

Pensativos, os amigos agora se entretinham em um breve silêncio. McKeefe conseguira um efeito positivo: mas era fácil pregar aos que queriam ouvir. Ele sabia disso muito bem. Já um coração duro e uma mente com visões retrógradas cristalizadas não se deixavam permear facilmente pelo bom senso.

– Se todos estiverem a fim de ouvir – aventurou-se Thiago – eu gostaria de contar uma história, também... Sei que nosso outro assunto é mais importante, mas... Quando falamos dos crimes do preconceito e da intolerância (pois a meu ver, são crimes), parece que o material que nossas sociedades oferecem para o assunto é infinito.

– Concordo plenamente – disse Hassir. – Sei na pele, *literalmente* na pele, o que você quer dizer.

– O ser humano é uma criatura assustada – disse Katherine. – Somos movidos por medo, todos nós; alguns mais, alguns menos. Mas o medo pode justificar o desrespeito e a discriminação somente até certo ponto. A insistência no *crime de intolerância*, como você diz, Thiago, é injustificável.

– Estou ansioso para ouvir sua história, Thiago, desde que voltemos depois ao problema que nos trouxe a Sra. Mansfield, e que diz respeito, creio eu, à nossa segurança.

– Posso contar a história em outra ocasião... – sugeriu Thiago.

– Ora, temos tempo. Não é, Sra. Mansfield? – McKeefe perguntou à jovem inglesa. – Afinal, não vamos sair deste navio para nenhum outro compromisso, vamos?

– C-claro... Claro que temos tempo! – ela respondeu, por fim.

– Farei um bom resumo da história, então! – declarou Thiago, visivelmente animado, como um garoto prestes a relatar uma aventura. – Dizem que é verídica, e aconteceu no Brasil. Lá pelo interior do Estado de São Paulo. Hermínia conhece, não é, querida?

– A história do padre? – Hermínia perguntou, em tom de leve impaciência.

– A própria – Thiago confirmou. – Sei que você não gosta muito da história...

– Não é isso! – assegurou Hermínia ao grupo de amigos. – É que já a ouvi tantas vezes, inclusive de meus pais.

McKeefe sorriu.

– Nós, no entanto – ele disse –, não tivemos o privilégio.

– É um caso que nos faz pensar, por mais conservadores que sejamos – informou Thiago. – Bem, aconteceu na década de 1870. Portanto, no Brasil-Império... Vocês vão achá-la bem interessante...

– Tenho certeza! – comentou Katherine, sincera.

– Estou curiosíssimo – acrescentou Hassir. – Conheço muito pouco do Brasil. Não quero perder esta oportunidade. Vamos lá!

– Certo... Começa com uma velha rixa entra duas famílias muito ricas, donas de grandes propriedades...

Capítulo 11

O pecado de um padre

"Antes, é preciso que vocês entendam que a escravidão só foi abolida no Brasil em 1888, por decreto e não por luta. Mas antes daquele ano, já tinha sido promulgada a Lei do Ventre Livre, em setembro de 1871. Por essa lei, todas as crianças nascidas de mulheres escravas no Brasil a partir daquela data seriam livres. E assim foi. Anos mais tarde, foi aprovada também a lei dos Sexagenários, em setembro de 1885, concedendo liberdade a todos os escravos com mais de 60 anos.

Essa história que lhes contarei se deu, se não me engano, em 1872, quando a Lei do Ventre Livre era ainda nova.

Duas famílias muito prósperas, que sempre dependeram de mão de obra escrava para enriquecer, eram praticamente vizinhas, tendo estabelecido suas grandes fazendas no interior do Estado de São Paulo. O patriarca de uma delas era um tal de José Antonio de Alencar, homem riquíssimo, influente na região e que fora um contumaz comprador de escravos em décadas anteriores. A outra família era encabeçada por uma viúva, a Sra. Adelina Noronha. Como Dona Adelina era já idosa, e sempre dependera do marido para tudo em termos de administração financeira, deixava que o filho mais velho do casal, um homem de 35, 36 anos, tomasse conta de tudo. Na prática, esse filho, que se chamava Rogério Noronha, mandava e desmandava na casa grande, na senzala e na vida dos outros irmãos. A família Noronha também enriquecera à custa de manter escravos na fazenda. A escravatura era muito útil para a elite branca no Brasil.

Havia, porém, uma enorme diferença no modo como José Antonio de Alencar e Rogério Noronha tratavam seus escravos: Alencar era relativamente gentil com eles, nunca os castigava com violência extrema, mandava que todos os seus escravos se alfabetizassem, obrigava-os a frequentar a missa, ser batizados e comungar como bons católicos e até lhes permitia uma espécie de rodízio para descanso mais longo que os demais fazendeiros da época. Já o jovem Sr. Noronha era um verdadeiro tirano, surrava os negros de sua propriedade por qualquer deslize, perseguia-os cruelmente quando tentavam fugir e não pensava duas vezes antes de matar escravos que se tornavam inconvenientes...

As famílias Alencar e Noronha se odiavam mutuamente. O único lugar em que fingiam certa cordialidade era a igreja, quando as famílias se encontravam para a missa aos domingos.

Certo dia, no fim da tarde, caía uma chuva torrencial na região, e a Sra. Maria de Lourdes Alencar, esposa de José Antonio, tinha pavor de raios e trovões...

– Alzira, Alzira... – chamou a Dona Maria, com a voz trêmula, quase aos prantos.

– Pois não, senhora – chegou a negra que trabalhava na casa, quase uma escrava particular de Dona Maria.

– Traga-me uma vela maior. Não saio daqui enquanto essa tormenta não parar...

Dona Maria tinha um altarzinho construído em uma saleta no interior da casa, onde rezava todas as noites para Nossa Senhora e Santa Clara – a primeira, a interventora; a segunda, aquela que protegia contra chuvas e tempestades. Naquela noite específica, Santa Clara teria muito trabalho pela frente, pois a chuva não parecia querer dar trégua.

A escrava trouxe duas velas grandes, acendeu-as sobre o altar, ajoelhou-se ao lado de sua dona, fez o sinal da cruz e se juntou a Dona Maria nas rezas.

Bem mais tarde, por volta das 9 da noite, a chuva diminuiu e as duas mulheres, que estavam rezando o terço, ouviram o tropel de cavalos. Alzira olhou pela vidraça da saleta e, apesar do escuro, reconheceu a visita.

– É o padre Bento, senhora! – disse a mucama, sabendo que aquilo alegraria sua senhora.

– Ah, graças a Deus! Que bom sinal – Dona Maria suspirou. – Mas por que será que ele vem aqui a esta hora?

Nove horas da noite era muito tarde naquela época, nas fazendas.

Dona Maria foi cumprimentar o padre, a pedido do marido, e pediu-lhe a bênção.

O padre Bento era um homem de quase 60 anos, muito querido na cidade, e respeitado pelas duas famílias rivais.

Ele se sentou no sofá grande na sala de estar, Dona Maria pediu licença, e o marido, José Antonio, se sentou em sua confortável cadeira de balanço, de frente para o padre.

– Preciso de sua ajuda, Sr. José Antonio – disse o padre Bento.

– Se eu puder lhe ser útil – respondeu José Antonio, alisando os bigodes.

– Hoje de manhã, logo que abri a porta dos fundos da igreja – começou a contar o padre Bento – tive um belo susto. Uma mulher com um bebezinho no colo estava agachada entre as árvores, como que se escondendo. Na verdade, acho que era isso que fazia.

– Uma mulher? Quem seria, afinal? – inquiriu José Antonio.

– Era uma negra, senhor. Vi que tinha chorado muito e pedi a ela que entrasse na casa. A mulher estava assustadíssima ainda e o bebezinho dormia que dava até gosto.

– Uma escrava foragida... – comentou José Antonio.

– Ouça a história, por favor.

O padre Bento contou, então, ao Sr. José Antonio de Alencar que deu um prato de comida à mulher, servindo-lhe também água e um bom copo de vinho. Dali a pouco ela amamentou o bebê; e só então, devidamente cuidada, a mulher começou a falar.

Seu nome era Dalila e ela era escrava de Rogério Noronha. O jovem Sr. Noronha só respeitava uma lei: a dele própria. Em sua fazenda, ele era rei, primeiro-ministro e juiz. Não ligava para a Lei do Ventre Livre; e nem sequer um único bebê que tivesse nascido em suas terras desde setembro de 1871 era considerado livre. A escrava foragida, embora fosse analfabeta, sabia da existência da lei. Apesar do espírito alquebrado, ela tinha ainda forças de lutar – não por si mesma, mas pela liberdade de seu filho. O companheiro dela, segundo contou ao padre Bento, fora morto pelo capataz da fazenda. Dalila implorou ao padre que escondesse a criança, mesmo que a devolvesse ao seu dono. Ela não queria que seu menino crescesse escravo.

– Conheço os métodos do Sr. Rogério Noronha! – disse o padre Bento. – Aquele homem nunca concordará em libertar escravo algum. E se aquela mulher voltar à fazenda dos Noronhas, vai apanhar até morrer. Não posso compactuar com tal crime.

– Quer dizer que ela ainda está com o senhor? – perguntou José Antonio, alarmado.

– Sim. E é por isso que quero sua ajuda.

Dona Maria, que em vez de voltar à sua salinha de orações, escutara toda a conversa por trás da porta, compadeceu-se imediatamente da escrava fugitiva. Assim que tivesse a oportunidade, entraria na sala e tentaria participar da conversa.

– Os Noronhas nunca foram respeitadores de lei alguma – resmungou José Antonio. – Mas espero que o senhor não queira sugerir que eu abrigue uma escrava fugitiva de Rogério Noronha em minha casa!

– Não. Não é isso – o padre se apressou em explicar. – Abrigarei aquela mulher em minha igreja enquanto for possível. Mas as pessoas veem, comentam. Logo, alguma maroca vai perceber a presença de uma mulher negra e seu bebê comigo e...

será um Deus-nos-acuda! Não só poderei ser acusado de... o senhor sabe o quê... mas ainda poderei ser colocado na prisão pelo Sr. Noronha, por ter ajudado uma escrava a fugir!

O Sr. José Antonio riu diante do embaraço do padre Bento.

– Não creio que Rogério Noronha se indisponha contra o senhor! Ele gosta de ouvi-lo e sabe que o senhor é imparcial em nossas... rixas, digamos assim.

– Sr. José Antonio, desculpe se lhe digo que o senhor está sendo ingênuo, ou irônico. *Claro* que Rogério Noronha mandará me prender se descobrir que estou abrigando a jovem Dalila. Quero ajudar a moça. Não a enviarei de volta aos Noronhas, mas é aí que preciso de sua ajuda...

O padre Bento, então, explicou seu plano ao fazendeiro José Antonio de Alencar. Queria enviar a moça para qualquer outro ponto do Brasil, pagando alguém de confiança para que transportasse a ela e seu filho em segurança, sem paradas, sem fazer nem responder a perguntas. Sabia quem contratar para esse serviço. Mas para isso, precisaria de dinheiro. E esse era o auxílio que ele foi pedir a José Antonio àquela hora da noite, viajando da cidade até a fazenda em sua carroça, correndo o risco de ficar pelo caminho e ter de esperar até o amanhecer para pedir ajuda a algum passante, caso a carroça quebrasse na estrada escorregadia.

Se por compaixão, ou pela oportunidade de deixar Rogério Noronha irritado, o padre não tinha certeza, mas o fato era que José Antonio concordou prontamente em ajudá-lo. Perguntou ao padre Bento se ele queria o dinheiro naquela hora mesmo, ao que o padre respondeu que não.

– Hoje é sexta-feira – disse o padre Bento. – Posso esconder a pobre moça na casa paroquial até domingo, sem despertar suspeitas. Eu pediria ao senhor que levasse essa quantia em dinheiro a mim, no domingo. Após a missa, conversamos; até o fim do domingo, já terei providenciado o transporte para ela e seu bebê.

E assim foi combinado.

– Maria, o padre Bento já está indo embora... – José Antonio chamou.

O padre Bento viu nos olhos de Dona Maria que ela tinha ouvido toda a história. Era difícil esconder dele um hábito tão alcoviteiro. E o padre conhecia as alcoviteiras e mexeriqueiras da região. Mas Dona Maria era uma boa pessoa e o fato de seus olhos brilharem de alegria lhe mostrava que estava feliz porque ele e seu marido queriam ajudar uma pobre jovem foragida.

O padre Bento não gostava da prática da escravidão. Vez por outra, em seus sermões dominicais, ele cutucava a onça com vara curta, por assim dizer, querendo mexer com as consciências dos brancos que mantinham escravos. Mas naquele domingo específico, que combinara de se encontrar com José Antonio de Alencar depois da missa, sua homilia foi inflamada. Falou abertamente contra aqueles que desrespeitavam a Lei do Ventre Livre e foi mais longe: disse, com todas as letras, que brancos e negros eram *iguais* perante Deus, que todos seriam *igualmente* recebidos no reino dos céus, ou atirados no fogo do inferno de acordo com seus atos...

Notaram? Ele disse que brancos e negros eram *iguais*. E que as almas de negros e brancos iam para os mesmos lugares. Imaginem os nobres, os burgueses e sobretudo escravocratas ouvirem isso dos lábios de um padre! E durante toda a sua homilia daquele domingo, o padre Bento não falou de outra coisa, senão da igualdade dos seres humanos. Ele devia ser mesmo um homem além de seu tempo.

Se por instinto, ou mera curiosidade, não se sabe, mas o fato é o Sr. Rogério Noronha, que fora à missa com sua mãe e seus dois irmãos mais novos, resolveu espreitar o padre após a missa. Mas como não queria fazer isso pessoalmente, ordenou ao seu capataz, que também fora à igreja, que observasse cada gesto do padre Bento nas próximas horas. Rogério já desconfiava de alguma coisa.

Homem matreiro, o capataz dos Noronhas viu quando José Antonio de Alencar e Dona Maria entraram na casa do padre pela porta aos fundos da igreja. Esgueirou-se até lá e se posicionou embaixo de uma janela entreaberta. Ouviu parte da conversa entre o padre e Alencar. Mas as palavras que pegou no ar foram suficientes para despertar seu interesse: "dinheiro", "a moça e o bebê", "viagem", e coisas assim. O capataz somou dois mais dois, e desconfiou que o padre estava realmente dando abrigo à jovem escrava Dalila, sumida já fazia uns cinco dias. Mas ele não podia invadir a casa do religioso. Então, resolveu escutar mais uma parte da conversa para ter o que informar ao seu patrão.

-... hoje mesmo, então? – perguntava Dona Maria.

– Sim, assim que anoitecer – respondera o padre. – Pelo bom Deus, ainda bem que hoje não há lua.

– Que Deus o abençoe pelo que está fazendo, padre Bento! – continuou Dona Maria.

– Amém. E que Ele abençoe seu marido, senhora, por esta ajuda.

O capataz ainda não tinha plena certeza do que os três estavam falando. Se ao menos ele visse alguma coisa. Arriscaria espiar ao redor da casa. Talvez descobrisse algo interessante.

Não custou até o sorrateiro capataz dos Noronhas ouvir um choro de criança. Era ela! Só podia ser. Como não havia casas ao redor da igreja e da casa paroquial, o padre estaria em segurança, pelo menos por algum tempo, pois ninguém ouviria um bebê chorar. Ele compreendeu então qual seria o plano: o padre Bento não poderia abrigar indefinidamente uma mulher negra e seu bebê na casa paroquial; por isso, arrumara alguém para tirá-la da cidade. Por sim ou por não, contaria tudo ao Sr. Rogério.

De volta à fazenda dos Noronhas, o capataz informou Rogério do que tinha ouvido, inclusive o choro de criança. Rogério tinha certeza de que a escrava foragida estava com aquele padre dos infernos. Então, não só o velho padre Bento resolvera acusar os honestos proprietários de escravos de descumprir uma lei injusta do país, além de afirmar categoricamente que os pretos também iam para o céu, mas também – e mais grave – resolvera acobertar a fuga de uma escrava. Escrava que era *propriedade* dele!

Ele faria com que o padre Bento fosse expulso da Igreja; mais ainda: jogaria aquele padre revolucionário na cadeia e o deixaria apodrecer lá.

Naquele mesmo domingo, Rogério Noronha e um de seus irmãos resolveram fazer uma visita ao padre Bento. Ele estava decidido a pegar o padre no ato do crime.

Chegaram à casa paroquial por volta das 6 da tarde. O padre ouviu os cavalos e tratou logo de esconder Dalila e o bebê. Com o coração batendo rápido, mas esforçando-se para manter a compostura, abriu a porta ao ilustre visitante.

– Sr. Rogério Noronha! A que devo a honra, a esta hora?

– Será que podemos entrar? – perguntou o peçonhento Rogério, com seu sorriso de cobra.

– Claro que sim – respondeu o padre Bento. Seu instinto lhe dizia que o homem *sabia*; o escravocrata infrator da recente lei imperial sabia o que estava acontecendo.

– Gostaria de conversar com o senhor sobre uma ideia de minha mãe... – disse Rogério, sentando-se tranquilamente numa cadeira na cozinha do padre.

– De sua mãe? – repetiu o padre.

– Sim. Sabe, padre Bento, minha mãe tem a intenção de catequizar os negrinhos da fazenda. Ela tem medo de ter à volta dela um bando de pretinhos pagãos, que não conhecem Nosso Senhor Jesus Cristo. Já faz tempo que vem falando disso.

Aquilo era verdade. A velha Sra. Noronha queria mesmo que seus escravos se tornassem cristãos. E mencionara o assunto apenas superficialmente ao padre, um dia.

– Sei disso – comentou o padre Bento. – Mas parece que o seu pai e o senhor mesmo sempre foram contra.

– Apenas porque acho desnecessário. Mas hoje, depois de ouvir o senhor dizer que os pretos também vão para o céu – Rogério fez uma pausa e sorriu maldosamente, olhando para o padre –, minha mãe resolveu que é nosso dever cristão providenciar o catecismo deles.

– Muito louvável da parte dela. Com licença só um instante...

Discreto como lhe era possível, o padre Bento foi até o quintal da casa paroquial, abriu o portão e chamou o primeiro guri que viu na rua; sempre havia uns três ou quatro meninos brancos pobres, brincando fora de casa antes de anoitecer.

– Menino, faça o que vou lhe pedir...

Dali a pouco, enquanto o padre Bento e seus convidados tomavam café na cozinha, bateram ruidosamente na porta da frente.

– Estamos agitados por aqui hoje – comentou o padre. – Com licença.

Rogério estava ficando irritado. Seu irmão só acompanhava a cena, sem nada dizer.

Da cozinha, os dois ouviram uma voz de criança dizer, em altos brados:

– Ela está passando mal, padre! Caiu e não consegue se levantar...!

– Só um minuto, garoto! – Em voz baixa, o padre disse ao menino: – Obrigado. E lembre-se, você não mentiu. O Senhor apagará um bom número de seus pecados por esse gesto.

O garoto foi embora, feliz com Deus e com o padre.

Apressadamente, dentro de suas possibilidades físicas, pois o padre Bento era gordo, ele voltou à cozinha e disse aos irmãos Noronha:

– Senhores, senhores. Precisam voltar imediatamente à fazenda.

– O que aconteceu, padre? – perguntou o irmão de Rogério, arregalando os olhos, assustado.

– Como vocês devem ter ouvido, Dona Adelina parece que sofreu um acidente. Caiu e está machucada. É melhor procurarem o médico. Ele deve estar em casa agora.

O único médico da localidade morava no lado oposto da cidade. Para chegar à casa dele, os Noronhas teriam que se distanciar demais da igreja.

– Padre Bento, que história é essa? – rosnou Rogério.

– O garoto veio de lá num carro de boi. Alguém lhe disse que vocês estavam aqui e pediu que ele viesse buscar ajuda.

– Vamos logo, Rogério! – o rapaz mais novo já estava de pé. – Mamãe deve estar sozinha lá, com aqueles escravos inúteis.

Rogério também se levantou, mas virou-se para o padre Bento e disse:

– Acho que o senhor também deve vir!

– Eu?! De nada ajudaria. Movo-me tão devagar que até meu cavalo tem dificuldade para puxar a carroça. E além do mais ela não precisa de Extrema Unção. Precisa de um médico. Por favor, não percam tempo.

Do lado de fora da casa paroquial, Rogério ordenou ao irmão que fosse chamar o médico.

Enquanto o irmão se afastava, Rogério montou em seu cavalo, deu uma volta em torno da igreja, fingiu se afastar, mas se postou atrás de uma esquina, de onde poderia avistar qualquer movimento suspeito no local.

Às 7 horas e 10 minutos da noite parou em frente à porta dos fundos da casa paroquial uma charrete coberta, puxada por dois cavalos. Dela desceu um homem alto, com chapéu e capa, e logo foi entrando na casa. Menos de cinco minutos depois, ele voltou com uma mulher também envolta em uma capa, segurando algo nos braços. Rogério percebeu que era uma mulher negra. Era ela, sem dúvida: Dalila e seu bebê. Logo em seguida, a silhueta do padre Bento surgiu, vários passos atrás dos dois. Enquanto o cocheiro acomodava a mulher dentro da carroça, o padre Bento os abençoava com o sinal da cruz.

Ao primeiro estalo do chicote, Rogério gritou:

– Parem! Parem agora mesmo!

O padre Bento gritou mais alto ao cocheiro:

– Vá! Vá agora! Não pare.

Resoluto, o cocheiro estalou o chicote mais uma vez, e a carroça saiu em disparada.

Nesse exato instante, o padre Bento correu até o meio da rua, parou em determinado ponto, virou-se para a direção de onde vinha Rogério Noronha em seu cavalo e elevou os braços ao alto, como que invocando uma força dos céus.

– Terá que passar por cima de mim, Sr. Rogério!

Assustado, Rogério mal teve tempo de puxar os arreios. Os cavalos empinaram, mas o padre Bento já estava estirado no chão, gritando com toda a força dos pulmões.

– Ora, levante-se daí, seu farsante! – urrou Rogério, enquanto descia da sela. – Nem relei no senhor!

Mas o padre continuava em seu espetáculo de gemidos de dor. Talvez a pretensa queda o tivesse machucado de verdade, mas os gritos surtiram o efeito que ele desejava: começaram a vir pessoas e, preocupadas, todas viam o aparente estado deplorável de seu querido pároco, estirado na rua e gritando de dor. Não tardou até que um círculo se formasse em torno da cena do suposto acidente. Todos conheciam e temiam o Sr. Rogério Noronha. Mas a cena falava por si mesma: o cavalo do fazendeiro derrubara o pároco. Se Rogério fosse embora naquele momento, sua imagem ficaria extremamente negativa. E ainda por cima, o padre gritava:

– Não se culpe, meu filho! Aaaiiiii... Sei que foi um acidente.

Rogério sabia que, por ora, fora vencido. Graças às maquinações do padre Bento, sua escrava fugitiva escaparia, pois toda a cidade esperava que ele prestasse auxílio ao padre; ele não poderia simplesmente trotar de volta à fazenda naquele momento para montar uma equipe de busca a Dalila.

Os dias se passaram e Dalila nunca reapareceu. Mas Rogério Noronha nutria o sentimento de vingança contra aqueles que o fizeram de bobo. Nada poderia fazer contra José Antonio, pois não tinha provas de que fora ele que ajudara o padre a esconder e escamotear os escravos. Entretanto, assim que viu uma oportunidade, foi ter com o bispo e conseguiu convencê-lo do pecado do padre Bento. O padre não foi preso, como era o desejo de Rogério, mas acabou sendo transferido para uma comunidade pobre, em algum lugar remoto da região nordeste, e lá faleceu... Constam registros que, apesar de velho e doente – parece que ele viveu até os 80 e poucos anos – o padre Bento pregou até o fim de sua vida contra o preconceito e, certamente, deve ter ajudado outras vítimas do regime escravocrata, mesmo depois da Abolição.

José Antonio de Alencar e Rogério Noronha nunca se entenderam. José Antonio morreu antes do advento da Lei dos Sexagenários e Rogério acabou se infiltrando no governo republicano, após a Declaração da República em 1889. Para ele, os negros continuariam sempre seus escravos, com a obrigação de servi-lo, independentemente da Abolição. Mas como não há mal que dure para sempre, o próprio Rogério morreu em uma discussão entre homens de ânimo alterado, levando um tiro no estômago... Sua mãe já era falecida e os irmãos nunca tiveram competência para administrar as propriedades da família. Tudo se perdeu. Tudo voltou ao pó".

Capítulo 12

Presságio

– Que homem maravilhoso deve ter sido o padre Bento, Thiago! – comentou Katherine.

– Sem dúvida.

– Se mais pessoas tivessem a coragem e o valor dele – acrescentou o Reverendo McKeefe – as terríveis desigualdades humanas não deixariam tantas cicatrizes.

– O que vemos hoje no Brasil, meus amigos – disse Thiago – é que embora oficialmente a escravidão já não exista há vários anos, o sentimento de racismo perdura. Não é sancionado por nenhuma lei, claro, mas existe e determina o comportamento social. Ainda hoje, pleno 1912, em certos estabelecimentos frequentados por brancos endinheirados, por exemplo, pessoas negras não podem sequer pisar. Se entram em um restaurante suntuoso, mesmo que tenham dinheiro para pagar, não são aceitas. Mas raramente eles têm dinheiro. As elites dificultam tudo para os ex-escravos e seus descendentes.

Hassir olhou para Thiago e assentiu. Sabia do que ele falava. Sua condição de irlandês na Inglaterra não era muito diferente. E seu personagem indiano certamente viveria os mesmos problemas.

Um silêncio apropriado se formou.

– Bem... – arriscou Katherine, após alguns instantes – ... agora quanto ao nosso outro *assunto*? Eu gostaria muito do ouvir a opinião do Reverendo. Como o senhor, um religioso e ministro de Deus, vê aquela questão? Acredita em mim, quando digo que vi, neste navio, como já tinha visto antes, o espírito de meu falecido pai? E o que pensa sobre os pressentimentos, ou os presságios, que uma pessoa pode ter?

McKeefe sorriu, paternal. Respirou fundo antes de dizer:

– Sra. Mansfield, acredito que somos todos dotados de intuição. Às vezes, o medo e o desconhecimento entram no caminho e nos fazem ver coisas que não existem de fato. No entanto, sua franqueza me convence de que talvez... Bem, talvez Deus esteja lhe enviando uma mensagem que não deve ser ignorada.

– Então – adiantou-se Hassir – o senhor também acha que deveríamos conversar com as autoridades do navio? Não seríamos escorraçados?

– Com certeza, seríamos – concordou McKeefe. – Entretanto, podemos sondar o ambiente. Um de nós, ou todos nós podemos solicitar uma conversa rápida com o Comandante e expressar preocupação com o tempo, os fortes ventos, as instalações do navio e a rapidez com que seria feito um resgate, caso necessário. Coisas assim e...

– Sem dizer que tive claramente a sensação de que vai acontecer alguma coisa muito grave aqui – completou Katherine.

– Exato. Mas concordo com o Sr. Mansur que seríamos considerados loucos se disséssemos qualquer coisa sobre mau presságio, pressentimentos e... bem, *espíritos*!

– Mas e o *senhor*, reverendo? – perguntou Thiago. – Acredita quando afirmamos que Katherine vê realmente o espírito de seu falecido pai?

– Quer me encurralar, não é, jovem? – Todos riram, menos Hermínia.

– Não, reverendo. É que...

– Eu entendo sua curiosidade quanto às minhas convicções, Thiago. Respeito as suas e da Sra. Mansfield. Mas sinceramente, nunca ouvi uma história de espíritos e assombrações que não pudesse ser explicada racionalmente.

– É exatamente o que penso, reverendo! – Hermínia exclamou, emergindo do silêncio. – Sei que Thiago vê essas coisas, mas...

– Seja como for – cortou McKeefe, não querendo despertar um conflito entre o casal – o importante é o teor da mensagem, e não a fonte. E não acredito que seja só paranoia ou medo seu, Sra. Mansfield. Penso que as circunstâncias parecem indicar um fenômeno que não deve ser ignorado.

– Agora o senhor falou mais como um cientista que um pastor! – brincou Katherine.

McKeefe sorriu.

– Deve ser influência de meus amigos professores, principalmente Karl – ele explicou.

De repente, com um gesto brusco e imprevisto, Hermínia se levantou do sofá. Thiago a olhou, intrigado, porém compassivo. Ela estava com os olhos úmidos.

– Será que precisamos falar disso?! – A voz da jovem brasileira tremia. – Não basta tantos aborrecimentos, agora temos que passar o resto da viagem temendo um desastre? Querem arruinar minha paz de espírito de uma vez por todas?

– Sra. Matoso – A voz do reverendo soou plácida e firme. – Penso que o assunto é sério e envolve bem mais que sua paz de espírito, ou a minha, ou de qualquer um.

– E tudo por quê? – Hermínia continuou, como se não o tivesse ouvido. – Por que alguém pensa que vê fantasmas assombrando o navio, trazendo um mau augúrio e falando que vamos naufragar? Katherine, gostaria que você tivesse guardado seu "mambo-jambo" para si própria, e não arrastado meu marido para essa conversa infernal!

– *Hermínia!* – Thiago chamou, com a voz um pouco mais alta do que pretendia.

Katherine levantou a mão discretamente, dando a entender que estava tudo bem. Ela olhava para Hermínia com pesar. Hassir pôs o braço em volta dos ombros de Katherine.

– Queiram me desculpar, mas esse assunto já me cansou – continuou Hermínia. – Além do mais, me causou indigestão. Preciso me recolher um instante... – Vendo que Thiago fazia menção de se levantar, ela fez um gesto de "não" com as duas mãos e complementou: – Pode deixar, querido. Fique com eles. Acho que minha presença aqui mais atrapalha que ajuda. Encontrar-nos-emos mais tarde.

Enquanto McKeefe também fazia o gesto gentil de se levantar da poltrona, Hermínia se afastou, saindo da sala sem olhar para trás.

– Acho que ela fez bem, se me permite o comentário – McKeefe disse. – A moça obviamente não se sentia à vontade com nossa conversa.

Thiago ficou quieto e seus olhos vagavam pelo salão.

– Bem, eu... – balbuciou Katherine, mas não sabia o que dizer no momento.

– Preciso conversar muito seriamente com Hermínia – Thiago disse, enfim.

– Não a pressione demais, Thiago. Se ela tem medo, não insista mais no assunto – aconselhou Katherine.

– Não é essa a questão! Ela tem que aprender a respeitar as opiniões que diferem das dela! Tem que abrir a mente, deixar de lado um pouco suas crenças recrudescidas.

– Provavelmente é só o que ela tem, Thiago. Não é fácil sair da mesmice, ainda mais para uma pessoa criada sob tanta rigidez, como vocês mesmos nos contaram antes.

– Sei disso, Katherine. E respeito essa condição nela. Mas não é só a educação, a criação ou sei lá o que mais. Hermínia me ama, e eu a amo *muito*. Mas ela é mimada. É inteligente e sensível, mas às vezes se porta como se fosse o centro do mundo. Em parte, isso também é culpa de meus sogros. Ela tem noção disso e se esforça para melhorar. Mas acho que o egocentrismo é mais forte que ela.

– Se me permitem – interveio McKeefe – gostaria de concluir nosso assunto, pois precisamos tomar uma decisão. Não quero parecer insensível, mas poderemos conversar com a Sra. Matoso depois. Ofereço-me para um papo amigo com ela. Agora, porém, é urgente resolvermos o que fazer quanto à... *visão* da Sra. Mansfield.

– O senhor está preocupado com isso, não está, reverendo? – perguntou Hassir.

– Sim.

– Claro que existe a possibilidade – disse Katherine – de que seja apenas um erro de interpretação de minha parte. Um estado nervoso alterado que me faz temer o que não existe, como Hassir sugeriu.

O reverendo olhou para os dois, pensativo.

– Seu rosto me diz: "o seguro morreu de velho" – arriscou Hassir.

McKeefe sorriu educadamente. Mas no fundo estava sério.

– Thiago – ele disse, voltando-se para o jovem brasileiro –, desculpe-me mais uma vez se pareço não me importar com os sentimentos de...

– Ora, não se preocupe, reverendo. Não há do que se desculpar. E o senhor tem razão: nosso assunto é mais importante, agora.

– Meu pai sempre foi um homem muito ponderado – disse Katherine. – Era muito intuitivo quanto às intenções das pessoas, seus interesses ocultos; enfim, coisas assim. E quando digo que era um homem ponderado, refiro-me às suas posições acerca da sociedade, dos costumes formais... e até da questão da espiritualidade. Era um homem religioso, mas do tipo que não queria frequentar igreja.

– Permita-me uma pergunta, Sra. Mansfield – interveio McKeefe. – Por que a senhora tem a impressão, ou melhor, por que acha que vê o espírito de seu pai? Como ele é?

– Não é impressão, reverendo. É ele mesmo. Sempre acreditei que os espíritos dos desencarnados (não gosto da palavra "morto") podem se comunicar conosco...

– Reverendo – chamou Thiago –, não se esqueça de que eu também vi o espírito do pai de Katherine. Era exatamente como ela descreve. E nem sabia quem era, a princípio. Aliás, como Hermínia poderia confirmar, pensei que fosse uma pessoa de carne e osso, logo que o avistei neste navio.

– Isso é interessante... – assentiu McKeefe.

– Só uma vez na vida – tornou Katherine a falar – de que me lembro, ele brincou comigo, dizendo que se fosse possível, me ajudaria em situações de conflito mesmo que já tivesse partido desta terra.

– Lembrei-me, de repente, de mais uma situação que envolve os índios paiutes – comentou McKeefe –; aliás, talvez todas as tribos indígenas norte-americanas. Li muito sobre eles, gosto de suas histórias. Os índios acreditam muito em espíritos, entes do outro mundo, e até usam alguns amuletos para se protegerem de maus espíritos. Em todos os ensaios e estudos que li sobre eles, porém, nunca vi nenhum depoimento de homem, mulher ou criança indígena que descrevesse literalmente a visão de um espírito de um parente ou conhecido já morto. Interessante... Cheguei a me perguntar o que, então, eles chamariam de espírito...

– Talvez entes da natureza, *elementais* – arriscou Hassir. – Os povos por nós chamados de primitivos têm um conhecimento instintivo disso.

– Talvez vejam os espíritos desencarnados com tanta naturalidade que não os chamam de *espíritos*... – acrescentou Thiago.

– É possível. Sei que pareço o advogado do diabo – sorriu McKeefe. – Mas na verdade, estou tão curioso pelo assunto como todos vocês. E não estou contradizendo suas palavras, apenas quero ouvir os detalhes.

– Claro, reverendo – disse Katherine. – Quando vi meu pai em minha cabine, ele me disse claramente, que eu *agora* deveria salvar vidas.

– Como assim, "agora"?

Katherine não queria ainda comentar com McKeefe sobre sua crença na reencarnação e que sonhara que era resgatada de um incêndio em uma vida passada. Seria exigir demais da boa vontade do pastor anglicano; e além do mais, ele não acreditaria que os sonhos podem mostrar uma realidade literal.

– Meu pai me deu a entender que era uma espécie de missão – ela explicou, diplomaticamente.

– Entendo. Então, neste caso, se houver um acidente com este navio, como a senhora pressentiu, ao ver seu pai pela segunda vez aqui, a senhora teria uma participação ativa no resgate das pessoas. Seria isso?

– Na hora, nem me ocorreu isso. Mas agora, penso e temo que sim. Espero ter a aptidão necessária para uma tarefa desse tipo. Nunca precisei salvar ninguém até hoje, pelo menos nesta v-...

Ela ia dizer "nesta vida", mas de novo, se deteve.

– Katherine – Hassir chamou. – Se você realmente tiver de ajudar no resgate de pessoas em extremo perigo, tenho certeza de que dará conta da tarefa.

– Também penso assim, Katherine – concordou Thiago. – A ninguém é confiada uma missão maior que sua capacidade de cumpri-la.

Em silêncio, McKeefe olhou com admiração para o jovem brasileiro. Era um rapaz de verdadeira sabedoria. Uma sabedoria que vinha da alma.

– O que o senhor pensa sobre reencarnação, reverendo?

A pergunta de Hassir reacendeu a atenção de McKeefe à conversa.

Katherine engoliu em seco. *Tanto trabalho para não falar disso... Ah, Hassir, agora vamos ver o rumo de nossa conversa.*

– Reencarnação? Você quer dizer viver mais de uma vez na terra, com um corpo diferente, mas a mesma pessoa, em essência?

– Sim. Falo de morrer, desencarnar e, depois de algum tempo, ser gerado no ventre de outra mulher e renascer; em outras palavras: reencarnar.

– Não me parece uma doutrina cristã – disse o reverendo. – Mas conheço homens de profunda inteligência que acreditam na reencarnação. Conheço o princípio da teoria, Sr. Mansur. Só perguntei para ter certeza de que falaríamos da mesma coisa.

– Reverendo, sinto contradizer-lhe, mas a reencarnação é mais que uma teoria – argumentou Hassir. – É um fato.

– De qualquer forma – Katherine apressou-se em dizer, ansiosa por evitar uma discussão – a verdade é que meu pai se comunicou comigo e me alertou sobre algum perigo iminente. Como já disse, não ouvi aquela conversa à toa, pouco antes de ele aparecer.

– Sim, claro. – McKeefe respirou fundo. – Bem, em um ponto parece que todos nós concordamos: sua intuição não deve ser ignorada. Se nossa segurança, e a de todos os passageiros e tripulantes deste navio está em jogo, não devemos simplesmente cruzar os braços e...

– Mas o que podemos fazer? – perguntou Hassir, ansioso.

– Se há o risco de um acidente – disse McKeefe – não o saberemos até que ele aconteça ou que esteja muito perto de acontecer. A tripulação não pode se dar ao luxo de despertar pânico nos passageiros. Sem deixar que isso vire paranoia, devemos, no entanto, estar alerta.

– Em outras palavras: se acontecer algo, não seremos pegos de surpresa – disse Katherine. – Mas isso nos ajudará em alguma coisa?

– Só saberemos na hora – McKeefe respondeu.

– Concordo quando o senhor diz que poderíamos, ao menos, sondar com os oficiais e tripulantes como estão as condições do navio! – disse Thiago. – Somos clientes pagantes, não somos? Temos o direito de conversar com o capitão ou outra autoridade, se quisermos.

Hassir assentiu. McKeefe também demonstrou concordância.

O reverendo respirou fundo e expirou.

– Muito bem. – Ele bateu as palmas das mãos nos joelhos. – Que faremos, então?

James Brenton não queria tomar o café da manhã sozinho. Não vendo nenhum de seus novos amigos por perto, ele resolveu esperar. Queria mesmo era encontrar a Srta. Wagner; mas estava ávido também para bater um papo e contar a alguém a história que ouvira sobre o desertor do navio.

O Professor Krüger! O velho arqueólogo se tornara um bom companheiro de viagem e gostava de conversar com ele.

Brenton sabia onde o professor se acomodava. Resoluto, voltou para o interior do navio, em direção às cabines.

Logo achou a cabine do Professor Karl Krüger. Bateu à porta e chamou.

– Professor Krüger, sou eu, James Brenton.

– *Pode entrar, Sr. Brenton* – respondeu a voz, um tanto baixa, vinda do interior dos aposentos.

Brenton se preocupou com o que viu. Krüger estava sentado na beira da cama: vestido, aparentemente pronto para sair, mas com uma palidez um tanto preocupante. Imediatamente, o empresário se aproximou do professor.

– Está... tudo bem? – ele perguntou. – O senhor me parece abatido...

Krüger sorriu como um avô ao ser interpelado por um netinho.

– É o meu coração velho, Sr. Brenton – disse, com a voz carregada. – Não me sinto muito bem hoje. Acabei de me arrumar, como está vendo, mas...

– Fique aí, e vou chamar um médico imediatamente.

– Espere, amigo. Não será necessário. É só uma arritmia temporária. Vai passar. Já tomei o remédio.

Mas a expressão lívida no rosto do velho senhor preocupou Brenton. Ele se sentou na beira da cama.

– O senhor... tem certeza?

Krüger deu um sorriso mais aberto agora.

– Um bom homem você é, Brenton. Tomara que se dê bem com a Srta. Wagner.

Brenton sorriu também, incerto, mas totalmente descontraído.

– Se tiver de ser, assim será, professor. Mas por ora, estou mais preocupado com o senhor....

– Queria me dizer algo, Sr. Brenton? Veio me chamar...

– Queria me encontrar com o senhor, para tomarmos café. Incerto se deveria ou não contar a história que ouvira – e que agora lhe parecia tão sem importância – Brenton contou ao professor o caso do foguista desaparecido.

Krüger riu, embora o peito lhe doesse um pouco.

– Mas que coisa! – comentou. – Então temos um desertor!

– Não temos porque ele sumiu – Brenton riu das próprias palavras. – Vá saber onde está? Mas não deixa de ser engraçado.

– Sem dúvida.

Brenton se levantou.

– Bem, se o senhor preferir, talvez seja melhor pedir a refeição aqui, ou esperar um pouco...

O som de um baque o interrompeu.

Brenton se virou. O Professor Krüger estava caído no chão.

Capítulo 13

Acertos

Foi meramente por acaso que Thiago comentou com Hermínia sobre o desfalecimento do velho arqueólogo alemão, amigo do Reverendo McKeefe. O homem fora atendido prontamente graças ao dinâmico Sr. James Brenton, que logo chamou um médico. Estava agora em repouso e sob observação. E McKeefe, embora não perdesse a compostura, não escondeu a tristeza ao ouvir a notícia.

Hermínia, que ainda estava deitada quando o marido retornou à cabine após a notícia dada ao reverendo, se sentou na cama, com uma expressão de horror no rosto.

– O que há com você, afinal? – perguntou Thiago.

– O professor de que você falou – ela disse, com os lábios trêmulos – é Karl Krüger, que jantou conosco, não é?

– Sim, claro. – Thiago ainda estava irritado com ela, e ela sabia disso.

– Thiago, eu gostaria de ir vê-lo. Importa-se?

Thiago apertou as pálpebras, confuso, e balançou a cabeça.

– Você quer visitar o Professor Krüger? É claro que não me importo. Apenas me surpreende o seu interesse.

Hermínia se levantou, caminhou até a penteadeira e começou a escovar os cabelos.

– Não sou insensível como pareço.

– Nunca disse que era.

Ela se virou, e subitamente seu rosto não era mais o de uma garota mimada. Era o rosto de uma mulher que lutava contra alguma dor invisível.

– Thiago – ela chamou, com uma firmeza na voz que o marido estranhou. – O Professor Krüger é meu avô.

Thiago riu, intrigado, mas não parou de olhar para ela.

– Você... está bem? – perguntou, incerto.

– Vou lhe contar uma coisa, querido. Depois, por favor, venha comigo até onde está meu... o professor!

Com pressa, porém, não omitindo nenhum detalhe importante, Hermínia contou ao marido a história da gravidez de sua avó, da revolta de sua mãe contra o homem desconhecido que a gerara, e finalmente da aproximação dela, Hermínia, com o avô, que morava na Inglaterra.

Thiago estendeu o braço na direção da esposa, que o acolheu imediatamente.

Ele a abraçou fortemente, beijou-lhe os cabelos como já fizera tantas vezes, e por fim disse:

– Venha. Vamos logo ver seu avô.

Quando chegaram à enfermaria, encontraram o Reverendo McKeefe, em pé ao lado do leito. Krüger recostava-se sobre dois travesseiros e, para a alegria do reverendo e de Hermínia, estava animado e conversando com o amigo.

– Bom dia, meus jovens – cumprimentou o professor.

– Vovô, Thiago já sabe de tudo – Hermínia disse. – Mas que susto o senhor me deu!

Krüger segurou as mãos da neta e olhou com carinho para o marido dela.

– Minha menina vale ouro! – ele afirmou.

– Sei disso – concordou Thiago, sorrindo.

– O bom pastor também já sabe. Achei que ia morrer e fiz dele meu confessor, embora não seja padre. – O velho arqueólogo riu, mas pareceu um pouco desconfortável. McKeefe pôs a mão sobre o ombro do amigo.

– Não se emocione, bode velho – disse. – Quer me dar outro susto, é? Daqui a pouco Deus me leva antes de você... Vocês não fazem ideia de como me alegrou a notícia de que esse arqueólogo empoeirado tem uma neta... E que ainda por cima, eu já conhecia!

Thiago e Hermínia sorriram. Hermínia se sentou em uma cadeira ao lado da cama, beijou a mão do avô e se segurou para não chorar.

– *Queiram me desculpar.*

Todos se viraram para o médico. Era um homem alto, magro, de cabelos brancos, porém, com aspecto de quem não teria mais que uns 50 anos.

– Pois não, doutor? – disse Thiago.

– O paciente precisa descansar. Deixei que uma pessoa o visitasse, mas três em volta dele, falando sem parar...

– Entendemos, doutor.

– *Eu estou bem* – resmungou Krüger. – Deixe-os ficar, doutor. Não quero ficar aqui sozinho.

– Sinto, mas não posso. Como podem ver, a enfermaria é pequena e...

– Em um navio grande como este – interrompeu McKeefe – seria de esperar que as acomodações hospitalares fossem mais amplas.

Thiago e Hermínia se entreolharam e seguraram o riso. A enfermaria não era pequena. Por que o médico e o reverendo achavam o contrário, o casal não se daria ao trabalho de perguntar.

Naquele exato momento, a porta, que não estava totalmente fechada, se abriu e duas pessoas entraram.

– Olhem quem encontrei e que também veio visitar o professor! – anunciou James Brenton. Gentilmente, ele conduziu a Srta. Wagner para o interior da sala.

– Bom dia a todos! – Harriet cumprimentou. Usava uma blusa de um tom creme que combinava com o terno de Brenton e uma saia azul escura, que por sua vez parecia querer combinar com a gravata borboleta do americano. – Como está o senhor, Professor Krüger?

– Melhor do que pensei – o velho arqueólogo respondeu. – Bom dia, minha cara Srta. Wagner.

– Por favor, preciso insistir para que saiam – ralhou o médico. – Daqui a pouco não haverá lugar para mais pacientes.

– Vocês esperam mais pacientes?! – perguntou Brenton, em tom jocoso. Todos riram, menos o médico.

– Fiquem todos tranquilos – assegurou Krüger. – Não tive um infarto.

– Mas terá se seus amigos não o deixarem descansar – resmungou o médico.

– Acho que ele tem razão – comentou Thiago. – Vamos deixar o professor em paz agora. E podemos voltar mais tarde, de preferência não todos ao mesmo tempo.

Brenton riu e Hermínia beijou o avô na testa, despedindo-se.

– Tenho certeza de que não precisarão voltar – disse Krüger. – Sairei daqui antes do almoço.

– Não tenha certeza disso, senhor – corrigiu o médico. – Precisa ficar mais um tempo em observação.

Krüger reclamou em alemão; todos riram embora não entendessem, mas concordaram em sair, deixando o professor a sós com o médico.

– Vamos checar esse coração mais uma vez, Professor Krüger – disse o médico, ajeitando o estetoscópio.

Após alguns segundos, ele recolheu o estetoscópio e se apressou a anotar alguma coisa no prontuário.

– E então, doutor? – perguntou o paciente.

O médico não respondeu imediatamente.

– Só por precaução – disse, enfim –, vou lhe dar mais uma dose mínima do remédio.

E assim o fez.

No silêncio da enfermaria, sozinho enquanto o médico se ausentava por uns instantes, Krüger adormeceu.

McKeefe já tinha visto aquilo acontecer antes. Karl Krüger passou mal uma vez, em casa, enquanto jogava xadrez com o amigo religioso. Na hora, nada de mais grave foi diagnosticado, mas dali a dois dias, ele teve um infarto. A recuperação não foi difícil, mas Krüger nunca mais voltou a ter seu costumeiro dinamismo.

Ele estava preocupado. Seu ofício de religioso lhe permitia trazer consolo aos outros, encontrar palavras de sabedoria para compartilhar com seus paroquianos e lembrar a todos que o reino dos céus acolhia os que partiam da terra. E McKeefe conseguia transmitir tudo isso sem recorrer a chavões, mas com a certeza de que as pessoas sempre estavam amparadas por uma força superior. Mas para si próprio, nada daquela parafernália religiosa servia. Já perdera outras pessoas queridas e não se conformava com a ideia de um dia ficar sem seu melhor amigo, o velho alemão que se dizia ateu.

Dúvidas, às vezes, lhe ocorriam. E se Krüger tivesse razão, e não existisse nada, nada além do que os olhos humanos viam nesta terra? Nada de Deus acolhedor, nada de reino dos céus e nada de desígnios... E se tudo fosse apenas criação do acaso e a vida acabasse na morte física? O que seus novos amigos espiritualistas e reencarnacionistas pensariam disso? Será que também tinham dúvidas?

Sozinho em sua cabine, a intenção do reverendo era rezar pela saúde e pela alma do amigo. E rezar pela segurança de todos a bordo do Titanic. Não se esquecera do pressentimento amargo de Katherine Mansfield nem da decisão que o grupo estava prestes a tomar quando Brenton trouxe a notícia do mal-estar de Krüger.

Ele se recolheu em sua cabine para rezar por uns instantes.

Mas não conseguiu.

Serviu-se, então, de uma pequena dose de *brandy*, e esperou até se sentir mais energizado, para decidir que passo daria em seguida.

Além disso, pensava também em Harriet Wagner. Fazia muito tempo que não se interessava mais por mulher alguma. Com Harriet, porém, sentiu que a velha chama esmorecida em seu coração, voltava a crepitar. Algo nela despertava seu desejo por companhia novamente. Era quase como se Krüger tivesse previsto. Ele sorriu ao se lembrar da conversa no restaurante. A Srta. Wagner, porém, era vinte anos mais nova que ele. Mas isso parecia não importar a ela. Sentira alguns sinais, ainda que discretos, vindos da simpática mulher. Claro que seu concorrente, o jovem Brenton, era muito mais novo e talvez mais capaz de despertar os interesses de qualquer mulher. Ele sabia que Brenton se sentia atraído pela Srta. Wagner também. Isso era inegável. Mas não tinha ciúme muito menos raiva do rapaz. Pelo jeito, o americano gostava de mulheres mais velhas. Além do mais, seria para sempre grato ao rapaz por ter providenciado a imediata assistência ao seu amigo...

Uma batida à porta o desviou de seus pensamentos.

– Está aberta! – ele disse em voz alta, sem perguntar quem era.

Um jovem garçom devidamente uniformizado entrou com o carrinho do restaurante. A seu pedido, enviaram ao reverendo apenas um prato rápido com um pouco de chá. Não queria fazer um almoço pesado. Além do mais, ele sabia que os outros o esperavam para mais uma vez tentarem decidir, juntos, se deveriam ou não conversar com o capitão do navio. McKeefe precisava, no momento, de algum tempo sozinho. Logo mais, procuraria os amigos.

– Obrigado, meu jovem – ele agradeceu ao rapaz.

– Por nada, senhor – replicou Amit, o garçom indiano. – Precisa de mais alguma coisa?

– No momento, não, obrigado. – McKeefe reparou no jovem. Sabia que fora ele quem servira a Sra. Bromski naquela *memorável* primeira noite. – Você é muito eficaz, jovem. Não deve se preocupar com os rompantes de uma senhora idosa, que na verdade está infeliz com a própria vida.

Amit olhou-o, espantado. Um passageiro estava puxando conversa com um garçom? Aquele homem devia ser, no mínimo, iluminado.

– S-senhor? – ele balbuciou, incerto.

McKeefe desviou o olhar por um instante, arrumando a bandeja à sua frente.

– Quero dizer que nem todos nós, ingleses, somos cegos por não querer ver. Você não é inglês, é, meu rapaz?

– Não, senhor. Venho da Índia. Goa, especificamente.

– Goa! – repetiu McKeefe. – Conheço missionários que já estiveram lá. – De repente, McKeefe teve um lampejo, nada mais que um vislumbre... Olhando mais uma vez para o jovem Amit, perguntou-lhe: – Como se chama, jovem?

– Pode me chamar de Amit, reverendo. É como todos me conhecem.

– Amit... Sabe, Amit, como lhe disse, deixe para trás as injúrias sofridas por pessoas que não amam a si próprias e querem descontar em você suas frustrações.

Amit engoliu em seco.

– É que... – ele arriscou –, às vezes é difícil, senhor...

– Sei que é. Como eu sei!

– Obrigado, senhor. Acho melhor eu ir agora porque...

– Seu chefe não deve gostar que você converse com os passageiros, não é?

Amit tinha os olhos tristes. E embora fosse totalmente contra os regulamentos e as etiquetas, ele não quis perder aquela oportunidade de se abrir, pelo menos discretamente, com um homem que aparentava bondade, com idade para ser seu avô.

– É verdade, senhor. Não podemos nos misturar. Reverendo, às vezes é tão difícil conviver com a humilhação que a única coisa que a gente acaba sentindo é... raiva. Uma raiva tão forte que nos leva a cometer loucuras. Mas é uma raiva, um ódio que alimenta. Sem ele, acho que não sobreviveríamos.

Talvez ele tivesse falado demais. Como o reverendo reagiria agora? Para o alívio de Amit, no entanto, McKeefe disse:

– Entendo perfeitamente. Não é porque sou ministro religioso, que também já não senti ódio. E olhe que já parti para a violência física. Já deixei muitos homens com hematomas, na minha juventude.

O rapaz riu, ainda incerto se deveria estar lá, conversando com um passageiro.

– O senhor não parece ser do tipo violento.

– E não sou. Mas quando tinha sua idade (imagino que você tenha 18, 19 anos?), e mesmo mais velho, me meti em muita briga só para me vingar de insultos a mim ou a pessoas de quem eu gostava.

– É exatamente isso! – exclamou Amit, agora animado. – Às vezes a gente chega a um ponto que se não extravasar de alguma forma, morre. Faço tudo direito no meu trabalho; tratos as pessoas com respeito. Sei meu lugar... mas quando uma pessoa como aquela... *aquela mulher* à qual o senhor se refere... me trata como lixo... Reverendo, eu...

– A questão de "saber seu lugar", meu jovem, também é relativa. Conhecer nossos limites, respeitar o espaço dos outros, isto, sim, é necessário. Mas o "seu lugar" não pode ser delimitado por uma convenção social; não deveria nunca ser definido de acordo com status, posição social ou econômica. Infelizmente, nossa sociedade está longe, muito longe de ser perfeita.

– Eu... passei dos limites, senhor. Desculpe-me se me abro...

– Ora, meu caro Amit. Fui eu que comecei a bisbilhotar – McKeefe disse, sorrindo, desconfiando cada vez mais de que sua intuição estava certa. – Mas você diz que passou dos limites. O que quer dizer, meu jovem? O que fez?

– Eu... senhor, se alguém souber do que vou lhe dizer, não só serei demitido, mas também acabarei meus dias numa prisão.

– Meu jovem, nossa conversa não sairá daqui.

– Bebi um pouco após o trabalho, naquela noite. Estava triste, furioso, ansioso. O chefe dos maîtres me pediu, quase implorou, para não me meter em confusão e para não ficar falando de vingança... Ele é um homem muito compreensivo.

– Entendo.

– Mas não lhe dei atenção. Não estava bêbado o suficiente para não saber o que estava fazendo. Mas a bebida me deu coragem e consegui acesso à cabine... de uma passageira. Não é muito difícil, quando você trabalha num navio.

– Ou num hotel – acrescentou McKeefe.

– Pois é. Enfim, antes de me recolher, eu...

– Você entrou na cabine da passageira!

– Sim.

– E a passageira era a Sra. Bromski?

– Era, sim. Eu...

– Você disse algumas palavras a ela em português, língua falada em Goa, não disse?

– Chamei-a de criatura desgraçada, ou velha maldita, não me lembro exatamente. O senhor, então...?

– A velha Bromski contou o episódio a mim e a outras pessoas. Mas não se preocupe, pois ela não tem ideia de quem entrou lá.

– A mulher ficou tão assustada – continuou Amit – que puxou uma arma e atirou contra mim! Por sorte, tem uma pontaria péssima, e saí correndo sem ser atingido.

McKeefe arregalou os olhos. Disso ele não sabia. Rita Bromski tinha uma arma? E atirou contra o intruso? Arma... arma... seria dela, ou a velha teria...?

De qualquer forma, sua súbita desconfiança se confirmara: a voz do jovem, meio embargada pelo álcool, falando em português, dizendo palavras que Rita não compreendia, fez com ela identificasse erroneamente o intruso como sendo Hermínia, por causa da língua, embora o timbre feminino fosse diferente. No choque, a mulher não percebeu se era um homem ou mulher que a observava, e confundiu as vozes depois. Ele suspirou. Sorriu fraternalmente para o jovem garçom e disse:

– Entendo tudo, agora.

– Como, senhor?

McKeefe fez um sinal de negativo com a cabeça.

– Não se preocupe – disse. – Você não será acusado de nada, meu filho.

– Senhor, eu... – o rapaz estava visivelmente nervoso.

– Pode confiar em mim. Não direi uma palavra disso a quem quer que seja. – McKeefe riu. – E acredite-me: aquela mulher mereceu o susto.

Amit sorriu, tentando se tranquilizar.

– Desculpe-me atrapalhar sua refeição, senhor. Acho que devo ir agora.

– Você não tem do que se desculpar. Vá tranquilo, com a cabeça erguida. E lembre-se do que lhe disse: quem humilha os outros são aqueles indivíduos mal resolvidos, que não conseguem lidar com o próprio medo de ser feliz.

Foi um Amit bem mais sereno e sábio que saiu da cabine do Reverendo McKeefe. A conversa com o religioso lhe fizera bem e o ajudou a colocar as coisas nas perspectivas corretas.

McKeefe não podia deixar que Rita Bromski continuasse acreditando que Hermínia Matoso invadira sua cabine, ainda por cima bêbada, como a velha a acusara. Por outro lado, não trairia a confiança do jovem Amit. No momento certo, saberia o que fazer.

Ele começou a se servir das torradas com o chá. Assim que terminasse, descansaria um pouco e voltaria à enfermaria para checar o estado do amigo e depois procuraria Hassir Mansur e Katherine Mansfield. Provavelmente os encontraria juntos, ele pensou sorrindo.

Quando chegou à enfermaria dali a mais ou menos uma hora, McKeefe entrou silenciosamente, não querendo perturbar o paciente.

James Brenton e Harriet Wagner tinham voltado lá.

Krüger estava acordado e, pegando o fim da conversa, McKeefe entendeu do que os três estavam falando.

– Mas que mundo de coincidências!! – exclamou Brenton, com um tom de espanto na voz.

– Na verdade, Professor Krüger – disse Harriet –, eu já sabia que minha prima o conhecia. Ela comentou comigo, ontem.

– Então, já sabia de nosso... *entrevero*, por assim dizer – replicou Krüger, na cama.

– Sim e não. Só conhecia a versão de Rita, claro. Agradeço-lhe por me contar seu lado da história, professor.

– Sabe, Srta. Wagner, estou surpreso comigo mesmo. A raiva inicial que senti ao revê-la passou, quase que por encanto. Afinal de contas, para que vou remexer naquelas ruínas emboloradas – *literalmente* emboloradas – de minha mente?! – O Professor Krüger riu das próprias palavras.

– Vejo que vaso ruim não quebra, mesmo! – disse McKeefe, entrando na sala.

– Como sempre lhe digo... – disse Krüger, sorrindo.

– Como está, Karl?

– Bem. Melhor que antes. Estive conversando com a Srta. Wagner, meu bom pastor. Estou acertando as contas comigo mesmo. Resolver-se com os próprios ressentimentos é o passo mais difícil de todos. Mas quando a gente leva um susto e acha que vai partir, começa a sentir medo e ao mesmo tempo uma leveza tão grande que pensa: continuar ressentido contra quem e o quê, e principalmente, para quê?

– Meu amigo ateu está quase falando como um homem de fé?

– Não cheguei a tanto, John. Mas quem sabe, alguém lá em cima existe, afinal de contas, e me pergunta: agora você acredita?

– E o que você vai dizer?

– Vou dizer: "ainda não, preciso fazer umas medições".

Todos riram.

Perto da cabine de comando do Titanic, naquele mesmo instante, Katherine aguardava Hassir e McKeefe. Os dois haviam combinado de se reencontrar naquele ponto do navio, não muito longe da proa. Continuariam a conversa e resolveriam o que fazer.

O Comandante Edward J. Smith estava saindo da cabine de comando, na companhia de dois homens. Um estava uniformizado, o outro não. Smith era um homem alto, esbelto, aparentando uns 50 e poucos, quase 60 anos. Tinha cabelos e um cavanhaque grisalhos e usava, naquele momento, uma farda e quepe de cor clara. Katherine não saberia dizer se era de praxe para o capitão usar farda mais clara que os demais oficiais, ou se havia alguma ocasião especial a bordo. O Comandante era um homem de aspecto altivo e parecia falar com os outros com ar de superioridade.

Hassir e McKeefe ainda não tinham chegado, mas... Katherine não podia perder aquela oportunidade.

Capítulo 14

A despedida

– Onde estão todos?! Onde está Harriet? Meu remédio... Não acho meu remédio.

A camareira que cuidava especialmente da nova cabine da Sra. Bromski e da Srta. Wagner se aproximou da prima octogenária e tomou-a gentilmente pelo braço.

– A senhora já tomou o remédio, Sra. Bromski – disse a moça. – Não se preocupe com isso agora. Não quer se deitar mais um pouco?

– Onde está Jonathan? Quero saber dele... – Rita não parava de andar, enquanto metralhava o ar de perguntas que não precisavam de respostas.

– Não sei quem é, senhora! Se me disser, posso chamá-lo – assegurou a camareira.

– Meu irmão, ora essa! Não sabe quem é... Estava aqui agora há pouco... Preciso saber se ele vai almoçar comigo e Ivan hoje, ou se posso tirar o prato dele...

A jovem camareira percebeu que não adiantava argumentar. A pobre Sra. Bromski não sabia o que estava dizendo. Seria bom que sua prima voltasse logo. Aquele era, sem dúvida, um clássico indício de senilidade. A moça não tinha ideia se era o primeiro ataque de Rita Bromski, ou se os familiares já estavam acostumados com isso; e por um instante, ela não sabia o que fazer. De repente, teve um lampejo...

– Sra. Bromski, vamos fazer o seguinte – disse ela. – Vi seu irmão lá fora, agorinha há pouco. Ele e seu marido, o Sr. Ivan, estavam conversando. Se a senhora prometer que vai me esperar, deitada e descansando, vou chamá-los.

– Vou me deitar, então...

Com o auxílio da camareira, Rita se ajeitou na cama e começou a puxar a coberta.

De súbito, ela olhou para a moça e sua fisionomia mudou: parecia a boa e velha Rita Bromski de novo, reconhecendo tudo e todos à sua volta.

– Que ideia é essa de puxar meu braço, sua enxerida? – ela rosnou. – Tire as mãos de mim, abusada! Posso muito bem me cobrir sozinha!

– Sim, senhora... – gemeu a moça.

– Se quer ser útil, mucama, saia agora mesmo e encontre aquela minha prima desmiolada. Diga-lhe que vou tomar um chá aqui.

– A Srta. Wagner foi...

– *Eu sei muito bem o que Harriet foi fazer. Ela me disse! Foi ver aquele velho mofado na enfermaria, pela segunda vez. Saiu com aquele americano falador cuja voz me dá dor de cabeça! Pensa que sou esclerosada?*

Ela estava impossível desde que voltara aos aposentos, dizendo que não sairia mais naquele dia.

– Se a senhora quiser, então, vou procurar a Srta-...

– *CLARO QUE QUERO! O QUE ESTÁ FAZENDO AQUI AINDA? JÁ PODIA TER IDO E VOLTADO!!!*

A camareira nem disse "sim, senhora" quando saiu.

Rita se deitou, não antes de afofar o travesseiro, e ficou olhando para o teto.

– Por que fiz a besteira de jogar a arma fora? – repreendeu-se a si mesma. – Agora tenho sempre a impressão de que alguém me espreita e não sei como me defender.

Não havia ninguém na cabine das duas primas, exceto Rita Bromski, naquele momento. Mas após o ligeiro surto de senilidade, ela era acometida de outra espécie de ataque: um surto psicótico, uma onda de paranoia que vinha se agravando desde as primeiras horas do dia. No nevoeiro de sua mente, ela via o intruso retornando – gemendo palavras ininteligíveis; apontando-lhe o dedo como se a acusasse de algo, prometendo que voltaria... E no momento seguinte, ela apertava as pálpebras e percebia que imaginara tudo. O alívio era temporário. Rita sabia que seu cérebro estava sofrendo algum tipo de psicose; mas ao mesmo tempo, as sensações eram tão confusas que ela se esquecia do problema e por instantes acreditava que as ameaças eram reais. E ela sabia que uma dose extra do remédio podia aliviar tais sintomas. Mas tinha medo de tomar tais doses extras sem antes consultar seu médico. E isso não era possível em alto-mar... Já fazia um ano que começara a sofrer de um misto de esquecimento e fobia, para o qual os médicos prescreveram medicação. Um dos médicos lhe dissera que se ela aprendesse a viver com menos raiva, poderia se sentir melhor. E ela se conteve para não mandar o médico às favas.

– Não há ninguém aqui.... Não há ninguém aqui... – ela repetiu a si mesma. – Ninguém me ameaça, e nada vai me fazer mal.

O *U.S.S. Concorde* e a fragata francesa *Demoiselle* confirmaram ter passado por icebergs. Contudo, a distância parecia segura.

– Por que diabos não nos responderam antes? – perguntou o rádio-operador chefe.

– Não sabemos, senhor – respondeu o segundo encarregado. – Tentamos a comunicação por quase oito horas.

– O Comandante Smith já foi informado?

– Sim, senhor.

– Ótimo. Ele saberá o que fazer...

Às 5 horas da tarde, o vento estava tão frio que poucas pessoas se aventuravam no convés.

Katherine se sentou ao lado de Hassir, num banco afastado da proa. Precisava lhe falar sobre a conversa improvisada que tivera com Edward J. Smith.

– Não pude perder a chance. Desculpe-me não ter esperado vocês – ela disse.

– Ora, você fez muito bem. Mas o que disse ao Comandante? – De Hassir emanava pura e franca curiosidade.

– Falei com ele sobre como sentia medo de água (menti!) e perguntei sobre a forma de resgate que a companhia estava preparada para aplicar, caso fosse necessário.

– E...?

– Ele me deu respostas-padrão, claro. Mas então comecei a falar em tom mais confidencial. Disse-lhe que tinha um pressentimento, uma sensação ruim (não falei nada sobre meu pai, nem usei as palavras "mau presságio"); um medo de que algum acidente estava para acontecer. Ele riu. Disse que o tempo estava bom, não havia previsão de furacões, tempestades... – ela parou para tomar fôlego.

– Mas você não ficou satisfeita.

– Nem um pouco. Então, me veio não sei de onde a ideia de perguntar sobre os icebergs! Não tinha pensado nisso até há pouco, mas achei que como já estava parecendo medrosa, seria bom expor todos os meus medos a ele.

Hassir sorriu.

– Mas o que ele disse sobre os icebergs? – perguntou, preocupado.

– A princípio, o Comandante me olhou como se me censurasse. Olhe, Hassir, posso estar enganada, mas achei que com essa questão, a dos icebergs, ele também se preocupa. Parou de sorrir, ficou em silêncio por alguns segundos (longos demais para o meu gosto) e por fim disse, "Madame, eu lhe asseguro que saberemos lidar com um iceberg, caso encontremos um. Por que não tenta se acalmar agora? Há excelentes entretenimentos para senhoras, a bordo do nosso navio!" Ah, homens! Às vezes, me deixam exasperada.

Hassir sorriu. Mas no fundo, também não gostou da resposta evasiva do comandante do Titanic.

– Ou seja – disse ele –, de nada adiantou conversar com o homem.

– Serviu para sabermos que *existe*, sim, o risco de colisão com um iceberg. Você devia ver o rosto contraído do homem! Não era raiva por ser interpelado. Era uma preocupação mal disfarçada.

– Saber disso não nos ajuda em nada.

– Mas prepara nossos espíritos, meu amor – Katherine pôs as mãos sobre as dele. – Prepara nossos espíritos para a *ação*, caso seja necessário.

– Nossa missão? – sugeriu Hassir.

– Talvez. Como você havia dito.

Os dois se entreolharam com carinho, em silêncio.

Hermínia Matoso estava feliz com a aparente recuperação da saúde de seu avô, mas a insistência de Thiago e dos outros num possível acidente com o navio a deixavam angustiada. Nem conseguiu saborear o requintado jantar e resolveu se recolher cedo. Estava deitada, mas não conseguia dormir. Seu marido, para variar, ainda não tinha voltado para a cabine. Mas pudera! Como ela devia estar insuportável! Sempre se lamuriando, demonstrando medo e ainda não muito convencida de que Thiago e Katherine Mansfield... Por mais que tentasse se convencer de que a ideia era absurda, o sentimento incômodo não a deixava. E o pior era que Thiago devia ter notado essa infantilidade por parte dela, mas nem por isso ele deixava de conversar com Katherine e o... *amante* dela, aquele Sr. Mansur. Justamente o homem que agredira Thiago fisicamente parecia agora ser seu melhor amigo. Thiago não era um frouxo; ela sabia disso. Mas inconformado por ser agredido sem motivo, ele não sossegou enquanto não teve uma conversa com o agressor. E agora os dois eram amigos. E por causa disso, Katherine estava cada vez mais próxima deles.

Deixando a cabine iluminada, Hermínia pegou um livro e tentou ler na cama. Era um livro de astronomia; ela entendia um pouco do assunto, mas não tinha muita paciência para ler aquilo... Foi tentando, tentando, até que... adormeceu.

Ela não saberia dizer quanto tempo cochilou quando o livro deslizou de suas mãos para fora da cama, fazendo barulho ao cair chão; e foi com esse ruído que Hermínia acordou.

– Puxa vida...! – resmungou. – Nem percebi que tinha dormido.

Enquanto removia as cobertas para sair da cama, percebeu pelo canto do olho um movimento. Virou-se para a esquerda da cama e lá estava o Professor Krüger, sorrindo. Ela nem saberia dizer que roupas ele estava usando, mas em um relance, lhe pareceu que não era um avental de paciente.

– Vovô! – ela exclamou, sorrindo também. – O senhor está melhor? Teve alta?

– *Meine Liebe! Du wirst immer mein Schatz sein!** É tão bom ver você feliz... – Disse o velho professor.

Incerta do que ouvira, Hermínia esboçou um sorriso.

– Meu alemão não é tão bom assim, vovô. Aprendi muito pouco...

Mas Hermínia estava falando com o ar.

Ela se levantou bruscamente, e olhou em volta.

Não havia ninguém ali exceto ela.

– Foi... um sonho?! – Hermínia disse a si própria. – C-claro que foi. – Ela deu um riso nervoso. – Que mais poderia ter sido?

O relógio sobre a penteadeira marcava 9h05. Ainda era cedo. Não era à toa que Thiago não voltara; devia estar conversando ou jogando cartas com os outros homens. Mas da varanda, ela via

---

**Minha querida! Você será para sempre meu tesouro! (N. do A.)*

que a noite estava um bocado escura. Foi até o parapeito para olhar melhor o céu, mas o vento a incomodava.

Na enfermaria, o médico-chefe deu uma última instrução ao enfermeiro, que acabara de pegar o prontuário.

– Anote aí. Hora do óbito: 21 horas e 2 minutos.

– Pois não, doutor. Não tenho aqui o primeiro nome do paciente. Pode me passar, por favor?

– É Karl. Nome completo: *Karl Krüger*. Causa da morte: parada cardíaca.

John McKeefe tinha saído da enfermaria fazia poucos minutos. Não gostou do que viu. Karl, que vinha aparentando uma pronta recuperação, estava mais cansado que de costume. A pedido do médico, despediu-se do amigo para deixá-lo dormir em paz. Agora, nem bem chegara ao convés, ouviu passos atrás de si e virou.

– Reverendo McKeefe? – chamou uma jovem enfermeira.

– Pois não? – ele disse, ansioso.

– Por favor, venha comigo. O doutor gostaria de falar-lhe. O senhor pediu que fosse comunicado...

McKeefe não respondeu e imediatamente apressou os passos de volta até a enfermaria.

No fundo, sabia que não era preciso correr. Antes mesmo de falar com o médico, ele já sabia que tinha perdido seu melhor amigo neste mundo.

– Hermínia, tome esta água com açúcar, por favor – insistiu Thiago.

Ela chorava e parecia não ouvir coisa alguma que lhe diziam. Por fim, olhou para as mãos de Thiago, pegou o copo e bebeu toda a água.

– Não posso acreditar... – balbuciou, enquanto Katherine pegava o copo vazio das mãos dela.

– O coração dele já não estava bom, disse-nos o reverendo – Katherine explicou.

– Mas... mas não pode ser.

– Não quer ir vê-lo, meu amor? O... corpo ainda está na enfermaria – Thiago se abaixou ao lado da cadeira onde Hermínia se sentara e começou a afagar-lhe os ombros enquanto falava.

– S-sim. Quero, sim – ela respondeu incerta.

– Vou procurar o reverendo, Thiago – disse Katherine.

Ele mostrou um sorriso triste e de gratidão.

Com o braço em volta dos ombros da esposa, Thiago a conduziu até a enfermaria do navio.

No caminho, Hermínia começou a falar nervosamente.

– Sonhei com ele, Thiago. Acabei de sonhar com ele, não faz nem vinte minutos...

– *Sonhou* com seu avô? – perguntou Thiago, interessando-se pela conversa.

– Sim. Ele me disse alguma coisa em alemão. Só entendi "Du" e "Schatz". Sei que isso significa "você" e "tesouro". Falou com tanta ternura que quase chorei.

– Você sonhou tudo isso? *Sonhou* com uma pessoa falando em alemão com você?! – seu tom era cada vez mais incrédulo.

– Não há nada de estranho nisso. Aprendi algumas coisas do alemão. Não é essa a questão. É que... tinha acabado de sonhar... quero dizer, de ver... bem, oh, Thiago, não sei mais nada! Meu Deus, não sei mais nada!

– O que você quer dizer – Thiago parou de andar, virou Hermínia delicadamente para encará-lo, e segurou-a pelos dois ombros – é que você viu seu avô no momento em que ele falecia, ou pouco antes ou depois, não é isso? Está com medo de reconhecer o que testemunhou, meu amor, mas seus olhos não se enganaram – e você sabe disso!

– Thiago, não quero ouvir essa história. Eu só posso ter sonhado, embora já tivesse me levantado da cama.

– Hermínia, este é um bom momento para você enxergar a verdade, querida. Seu avô a amava muito e veio se despedir de você, antes de... seguir viagem.

– Que viagem? Não entendo e não gosto desse tipo de conv-

– Seu avô foi em paz para outro plano de existência, Hermínia, mas antes quis se despedir de você.

Ela recomeçou a chorar e balançou a cabeça, recusando-se a entender.

Dali a pouco, os dois entraram na enfermaria. McKeefe, que dera a notícia a Thiago, retornara lá para ver o amigo uma última vez.

Krüger parecia sereno, como se estivesse apenas dormindo. Quase se poderia dizer que seus lábios formavam um discreto sorriso.

– Meu querido amigo que se dizia ateu morreu em paz... – balbuciou o reverendo.

– Oh não! Não posso aceitar isso! – Hermínia cobriu o rosto com as mãos. – Conheci-o há tão pouco tempo, mas nos demos tão bem. Meu amor por ele era tão grande...!

McKeefe olhou com carinho para a jovem brasileira. Aproximou-se dela e segurou-lhe a mão.

– E o dele por você também, tenho certeza, minha jovem.

Hermínia olhou para o corpo do avô, ainda na cama.

– Daqui a pouco vão tirá-lo daqui – explicou McKeefe. – É melhor não estarmos presentes.

De repente, a porta se abriu.

– Ah, vocês já estão aqui – disse Katherine. – Estava procurando o senhor, reverendo.

– Algum problema, Sra. Mansfield?

– Não, senhor. Só não queria deixá-lo sozinho.

O pastor sexagenário olhou para a jovem inglesa com ternura e gratidão. Ela compreendeu o olhar.

No caminho para um dos suntuosos cafés da primeira classe, Thiago disse a McKeefe, enquanto as duas moças iam mais à frente:

– Ela está muito perturbada com a morte do avô, reverendo. Mas não é só isso. Há outra coisa.

– O que aconteceu? – perguntou McKeefe, com a voz cansada, mas não desprovida de interesse.

– Hermínia viu o Professor Krüger pouco depois de ele falecer.

Com expressão de incerteza no rosto, McKeefe olhou para seu jovem amigo.

– Como assim, Thiago, *depois* de ele falecer?

O rapaz brasileiro contou a McKeefe o que Hermínia lhe dissera sobre o "sonho".

– Ora, vamos, por favor. Não acha que está exagerando com essas... visões de espíritos? – perguntou McKeefe.

– Não fui eu quem o vi, reverendo. Estou lhe dizendo o que ela me contou. Claro que Hermínia não quer admitir que...

– Claro que não – cortou McKeefe. – Meu jovem, ela está nervosa com essa conversa de visões e presságios. Deve ter tido um pesadelo e...

– Pesadelo? – agora foi a vez de Thiago interromper. – Uma mensagem de carinho e conforto do avô? Reverendo, eu respeito sua religião, mas o senhor não é apenas um homem religioso e inteligente: é sábio e aberto para conversas francas. É um homem livre de preconceitos.

– Ninguém é totalmente livre deles, Thiago, por mais que afirme o contrário.

– Sei disso, reverendo. Mas o senhor sabe do que estou falando. O senhor sabe ouvir e considerar as possibilidades... de uma realidade até então impensada.

– Isso é verdade. Acredito, por exemplo, que a Sra. Mansfield de fato teve uma intuição...

– Mais que isso: ela recebeu uma mensagem clara. Pena que as autoridades deste navio não... Mas, enfim, voltando à questão de Hermínia. Seu amigo faleceu e, embora se dissesse ateu, deve ter se sentido livre do peso físico; e o amor que sentia pela neta, seu único laço consanguíneo, o levou automaticamente até ela, para se despedir.

McKeefe ficou em silêncio.

– Atrevo-me a dizer que... é possível – disse por fim, com interesse na voz.

– E quanto ao pressentimento de Katherine Mansfield... – retomou Thiago – bem, parece que o Professor Krüger escapou de uma tragédia: o desastre que vai desabar sobre este navio.

John McKeefe se calou. Respirou fundo, enquanto ele e Thiago entravam no café, juntando-se a Hermínia e Katherine, que já se sentavam a uma mesa. Aquela seria uma noite longa, e ele tinha certeza de que não dormiria nem um pouquinho.

Hassir Mansur conversara pouco com o Professor Krüger. Mas o tom de carinho e respeito na voz do Reverendo McKeefe, quando proferiu algumas palavras durante o curto e improvisado velório na pequena capela do Titanic sobre o amigo, o comoveu. O reverendo estava triste, mas mantendo-se firme; e Hassir sabia que o religioso acreditava que um perigo de ordem desconhecida pairava sobre os passageiros e a tripulação do navio. Nas palavras de Katherine, o Comandante Smith não escondeu a preocupação quando ela lhe perguntou sobre icebergs; e McKeefe, homem viajado, sabia que o risco de colisões com icebergs não era pequeno, naquela parte do oceano.

Hassir foi o primeiro a se levantar para expressar seus sentimentos ao amigo do Professor Krüger. Foi seguido de Katherine, Thiago, James Brenton e por último a Srta. Wagner. Hermínia Matoso preferiu não ir à capela.

Era evidente, agora, que Harriet Wagner e James Brenton estavam "se entendendo", como diria Hassir a Katherine, mais tarde. McKeefe via isso, mas já não se importava mais. Tristeza e preocupação ocupavam seu estado de espírito, agora.

– *Katherine* – sussurrou Hassir, enquanto McKeefe conversava com os outros.

– O que foi? – ela perguntou, também num sussurro.

– Estive pensando. Já lhe ocorreu como este grupo de pessoas, nós, o jovem casal brasileiro, a Srta. Harriet, o reverendo e o empresário americano, nos unimos quase como velhos amigos? Não é impressionante a maneira como se dão as relações humanas?

Katherine olhou para o grupo que conversava em torno do púlpito.

– Sim, andei pensando nisso também – ela afirmou. – Origens e culturas diferentes, dramas pessoais próprios de cada um... Mas, talvez com exceção de Hermínia, todos nós nos sentimos tão à vontade uns com os outros como se fôssemos coleguinhas de classe, crianças que logo se enturmam nas brincadeiras em algum parque infantil.

– Muito bem definido, minha querida! – Hassir abriu bastante os olhos quando disse isso. – Somos crianças, isso sim. Embora nossos espíritos sejam antigos, somos crianças aprendendo.

– É um paradoxo, não é? Trazemos conosco o conhecimento acumulado de tantas vidas passadas (pelo menos eu acredito nisso); somos, portanto, tão *velhos* e, no entanto, estamos engatinhando... aprendendo a nos expressar.

– Sim, e quanto mais aprendemos, mais constatamos que não sabemos nada. Ou melhor, *quase* nada. Cada um de nós, presente nesta capela neste instante, tem uma empatia com os outros, mesmo Hermínia Matoso, isolada agora em seu mundo particular... Todos temos o que oferecer aos outros...

– E todos temos que fazer algo juntos, Hassir. Tenho certeza disso – mais uma vez ela olhou para os outros: McKeefe, cercado por Thiago, Harriet e Brenton. Todos solidários, insistindo em não deixar o recente amigo sozinho naquela hora de dor.

– Estou ansioso, Katherine. E ao mesmo tempo, estou feliz. Mesmo que eu... desencarne nesta viagem, sairei desta vida como um homem realizado. *Finalmente* realizado.

– Nossa função aqui, meu querido, não é sair desta vida por enquanto. É *ficar* nela e ajudar outros a ficarem também, enquanto for o tempo deles.

– Minha sábia e gentil Katherine. *Eu a salvei uma vez*, e agora, você me salva da solidão para que, juntos, resgatemos outros.

Katherine arregalou os olhos.

– O que você disse, Hassir?

– O quê? – ele perguntou, incerto.

– Você disse "eu a salvei uma vez...". Do que estava falando?

– É mesmo! Eu disse isso... Por quê? Confesso que não sei a que me referi...

Corina.

Esse era o nome no sonho, Katherine se lembrou. Aquela era ela. Corina, arrastando o irmãozinho pesado através do fogo e dos escombros, com medo de não conseguir salvá-lo. O garoto que apareceu, junto aos homens... um menino que não devia ter mais de 13 anos, e que a tirou do meio das chamas, salvando as duas crianças.

– *Hassir... Hassir... ah, como poderei agradecer-lhe, meu amor?* – ela perguntou, quase em lágrimas.

– O quê?! – Agora era Hassir que não entendia as palavras dela. – Agradecer-me pelo que, Katherine?

Em vez de responder, Katherine abraçou Hassir fortemente e amparou a cabeça no peito de seu amado. Ele correspondeu, envolvendo-a entre os braços e apoiando o queixo sobre sua cabeça.

– Está tudo bem, minha querida...

– Sim. Eu sei... – ela retrucou, com a voz abafada. – Agora, mais do que nunca, sei que está tudo bem.

Capítulo 15

O começo do fim

No dia 13 de abril, começaram a chegar pelo rádio mais avisos de icebergs nas redondezas. O mar estava calmo e não havia o menor sinal de tempestade, mas os oficiais ficaram preocupados. O capitão Edward J. Smith considerou seriamente a possibilidade de traçar novo curso para o Titanic, mais para o sul.

Às 8h30 da manhã, não havia vento, mas o ar estava gelado.

Na sala de ginásticas da primeira classe, porém, o frio não entrava.

Em seus trajes para exercício, James Brenton e Hassir Mansur fizeram uma pausa entre um exercício e outro e começaram a enxugar-se do suor com suas toalhas. Hassir tirou a camisa e enxugou todo o peito. Levantara-se mais tarde, e quando chegou ao salão de ginásticas, o jovem americano já estava lá.

– Ela é formidável. Uma mulher tão sensível e tão meiga. E não é só isso – dizia Brenton, não dando tempo para o outro perguntar coisa alguma. – É uma pessoa muito inteligente também, sensível a causas humanas e tudo mais. Eu lhe digo, Hassir, se Harriet fosse homem, provavelmente entraria para a política. Disse-me que não aceita a diferença no modo como as pessoas são tratadas... "Veja aqui, neste navio, por exemplo", ela me disse. Nunca fui muito politizado, Hassir, mas não há como discordar dela. No meu próprio país, o preconceito contra negros, por exemplo, é tão abominável que...

– Pois é, James – os dois já estavam se tratando pelo primeiro nome –, escravidão ainda existe, sim. Discriminar por cor de pele é um hábito escravocrata. Enquanto negros não puderem caminhar pela mesma calçada que brancos, não se pode dizer que a escravidão acabou e...

– Pois é isso que acontece em meu país! – interrompeu Brenton.

– Era de lá mesmo que eu estava falando. Não esqueça que tenho parentes na América, que me contam coisas.

– É verdade! Lembrei-me agora. Mas olhe que não são só os negros que os *red necks** discriminam. Orgulho-me em dizer que não sou assim. Mas em meu país sofrem também os chineses que lá residem, bem como os italianos, alemães e, claro, as populações indígenas e os descendentes dos índios. É... a coisa não é fácil para eles.

– Em conversa com Thiago, o jovem me disse que no Brasil as coisas não são muito melhores. O racismo lá, pelo que ele me contou, é velado, mas existe! A escravidão acabou em 1888 no Brasil, mas o modo como são tratados ex-escravos e descendentes de escravos é execrável! A elite branca não os deixa sair da pobreza. Estamos em 1912, mas como disse a Srta. Wagner, a mentalidade continua a do século XIX!

– Harriet disse isso? – perguntou Brenton. – Consigo imaginá-la dizendo, mesmo. E concordo com ela.

Só Katherine e Thiago Matoso sabiam da verdadeira identidade de Hassir/Dennis O'Brien. E Hassir achava por bem que a situação continuasse assim. Quanto menos pessoas descobrissem que ele viajava incógnito, melhor. Se bem que aquela velha rabugenta parecia desconfiar de alguma coisa...

Hassir tentava se policiar para não cometer mais deslizes. Teria que tomar cuidado para não falar coisas que expusessem sua

---

**Redneck (ou red neck): termo usado para designar o americano branco típico, conservador, geralmente intolerante a outras etnias ou nacionalidades. (N. do A.)*

procedência irlandesa. Era uma pena, pois ele tinha orgulho de sua origem. Mas fora numa conversa justamente sobre o mesmo assunto – preconceito e discriminação – que ele cometeu um ato falho, quase dizendo que nascera na Irlanda! Se tivesse de viver na América para sempre, passando-se por indiano até o fim da vida, não teria problema com isso. Seria "indiano" e ninguém, além de seus irmãos e de Katherine saberiam disso. Pois tinha certeza de que ele e Katherine viveriam juntos na América até que... até que a *morte* os separasse.

– Em sua opinião, James – disse Hassir, querendo sair do tema caloroso, que podia provocar autorrevelações indesejadas – qual é o melhor lugar dos Estados Unidos para a gente viver?

– Humm... é difícil dizer. – O americano se empolgou com a pergunta. – Gosto de Nova York e dos arredores. Gosto muito de São Francisco, também. Está aí: São Francisco é um lugar adiantado e não tão louco como Nova York.

– Quero dizer, para um homem como eu, indiano – acrescentou Hassir, jogando a toalha sobre um ombro.

– São Francisco é o lugar, meu caro! – repetiu Brenton.

– É mesmo?

– Sim. Aliás, a Califórnia em geral é um ótimo estado. Mas não deixe de considerar Nova York, também. Lá se faz dinheiro, meu caro. Lá você vive e enriquece...

Hassir sorriu, perguntando-se quanto havia de verdade naquela afirmação.

– Pretende ficar por lá, Hassir? – perguntou Brenton, genuinamente curioso. – Não vai se arrepender.

– Pretendo, sim. Mas tudo dependerá de muitas coisas.

– De que, por exemplo? – insistiu o americano, também tirando a camisa agora.

– De meus negócios, claro. – Chega, Hassir. *Não fale demais de você*, ele se repreendeu.

– E do que mais? – James Brenton não sossegava facilmente.

Hassir riu.

– Várias coisas. Você deve ter percebido, claro, que a Sra. Mansfield e eu... bem, estamos muito bem um com o outro. Ela precisa, no entanto, se divorciar do marido. Esse é um fator. O outro é, o padrão de vida na América. A recepção e a disponibilidade para o meu tipo de negócio.

– Ah, é verdade! Mas que tipo de negócio é o seu, Hassir?

Hassir engoliu em seco. Como poderia explicar a James Brenton que ainda não tinha um trabalho definido para tentar nos Estados Unidos, e que todo o seu dinheiro vinha do que ganhara e economizara como guia turístico na Inglaterra? Evitara até agora falar de seus "negócios", mas daquele americano entusiasmado e bisbilhoteiro era difícil esconder qualquer coisa.

– Idiomas, James – ele mentiu. – Trabalho com ensino de línguas.

– Uau!! – exclamou Brenton. – Nunca conheci ninguém nessa área! Talvez eu possa ajudá-lo, quando chegarmos a Nova York. Fazer uma pesquisa de mercado...

E não é que talvez James tivesse razão? Hassir sorriu para o amigo e consigo próprio ao sentir que sua resposta improvisada poderia, quem sabe, abrir-lhe um caminho real.

– É... – disse. – Talvez você possa realmente me ajudar.

– Sob hipótese alguma, essas informações devem chegar aos ouvidos dos passageiros! – o Capitão Smith alertava ao Primeiro Oficial. – Sei que há gente perguntando demais por aí.

– Sim, senhor – acatou William Murdoch. – Mas nenhum oficial deixou escapar a menor informação...

– Aquela mulher que me veio com a história de estar com medo, sensação esquisita e sei lá o que mais não me enganou! Ela deve ter ouvido alguma coisa. E não foi a primeira: mais pessoas perguntaram se não há risco de uma colisão com icebergs. Não vou tolerar esse tipo de conversa entre a minha tripulação e os passageiros, o senhor compreendeu?

– Perfeitamente, capitão – respondeu Murdoch. – Mas lhe asseguro que...

– Obrigado, Sr. Murdoch. É só isso, por enquanto. Seja discreto...

Smith saiu e Murdoch se calou.

Murdoch não estava tão preocupado com um estado de pânico entre os passageiros. Tal situação era improvável. Afinal de contas, as perguntas esporádicas não passavam de mera curiosidade, ele tinha certeza disso.

Mas ele se preocupava, sim, com a situação do navio. E seus pensamentos voltavam sempre para o mesmo ponto: *com que rapidez afunda um navio desse tamanho?* Essa era a pergunta premente em seu cérebro. Por que não parava de pensar nisso? Instinto de navegador? Não podia ser: seria irônico demais, por parte do destino, reservar tal futuro ao Titanic, justamente o navio cujo codinome era "aquele que não pode afundar". Além disso, Murdoch não conseguia esquecer a questão do número reduzido de botes salva-vidas. Quase perguntou a Smith sobre eles, mas o comandante estava irritado e nervoso e Murdoch achou melhor se poupar. De que adiantaria qualquer resposta que Smith lhe desse? A situação não podia ser mudada.

De seu posto, ele via o horizonte cinzento, quase sem sol. A vista tranquilizava qualquer pessoa. Céu escuro no horizonte, sim, mas nenhuma nuvem de chuva; e o mar, plácido como se podia esperar. Os equipamentos tais como rádio e telégrafo, no entanto, traziam más notícias: havia icebergs nas redondezas, embora ainda não visíveis do ponto em que o Titanic cruzava o oceano.

E há pouco tempo, mais precisamente às 10h40 da manhã, novo comunicado chegara, reportando as mesmas circunstâncias: um grupo de icebergs a tal e tal distância... Foi a gota d'água para deixar o Comandante Smith ainda mais preocupado, a ponto de procurar o Primeiro Oficial e lhe passar um rápido – e imerecido – sermão!

– Kenan! – ele chamou o suboficial.

– Sim, senhor? – respondeu imediatamente o rapaz.

– Pressione os telegrafistas para que não demorem a nos passar um único comunicado que seja. Toda e qualquer mensagem que chegue de qualquer embarcação na área deve nos ser comunicada imediatamente. Ordens do Capitão Smith!

– Sim, senhor – disse Kenan.

– E previna-os, Kenan, quanto à preocupação do Comandante: nenhuma informação deve ser exposta aos passageiros!

– Pode deixar, Sr. Murdoch. Falarei com eles agora mesmo.

O rapaz saiu e Murdoch ficou momentaneamente sozinho com sua angústia.

A grande montanha de gelo se deslocou das companheiras. Solitária, ela deslizou por algum tempo e, após um vai-vem demorado, roçou contra outras duas montanhas menores. Quis o mar que ela não se afastasse muito naquele dia. Incapaz de lutar contra o balanço natural da água, o iceberg até então isolado praticamente retornou ao ponto de partida, encontrando-se com os companheiros originais. Por ora, não se distanciaria novamente...

– Hermínia estava com febre, mas já baixou, graças a Deus...! – disse Thiago, com alívio.

– Não é melhor você ficar com ela? – Hassir perguntou, preocupado com o amigo.

– Vou voltar para a cabine logo – respondeu o brasileiro. – Mas ela já está bem melhor. Não foi só a perda do avô... Tem a outra questão. – A notícia do parentesco se espalhara, por iniciativa da própria Hermínia.

– Ela não quer acreditar, não é? – arriscou Hassir. – Não pode acreditar nos próprios olhos.

– Pois é. De que mais precisa uma pessoa para abrir a cabeça turrona e enxergar a realidade?

Thiago e Hassir conversavam no salão de diversões, agora. Haviam pedido um chá, pois ainda era cedo para *brandy* ou outra coisa.

– Não sei. Mas se você quer que sua esposa se abra para a questão da Espiritualidade, deixe-me lhe dar um conselho: precisará de muita paciência. Dê tempo a ela; não deixe o assunto morrer, mas vá com calma. Talvez ela ainda acabe aceitando que há mais entre o céu e a terra do que as religiões institucionalizadas pregam.

– A formação clássica portuguesa de Hermínia, tradicionalista, católica ferrenha, patriarcal, praticamente moldou sua personalidade. Não sei como ela conseguiu ao menos desenvolver interesse por leituras mais pesadas, menos procuradas pelas mulheres em geral. Ela gosta de ler sobre história antiga, astronomia, as grandes invenções, e até arqueologia... Acho que puxou o avô mais do que ela própria pensava...

Hassir bebeu um pouco de chá e sorriu, discretamente.

– Mas, por outro lado, deve ter sido criada para casar, não para estudar em uma faculdade.

– Isso é verdade. Quanto a mim, digo que isso teve ao menos uma vantagem: conhecemo-nos e me apaixonei verdadeiramente por ela. E ela logo aceitou quando lhe propus casamento. Sei, no entanto, que se tivermos uma filha algum dia, Hermínia não a incentivará a se formar e ter uma profissão. Estudar, instruir-se, sim. Mas nunca trabalhar. Minha posição, porém, será diferente.

– Quer ter filhos, Thiago?

– Sim! Se quero. Mas há uma coisa...

O rapaz balançou a cabeça, sorrindo mais consigo mesmo que para o amigo. Não olhava para Hassir agora, mas para algum ponto dentro de si.

– O que é? – pressionou Hassir, encorajando-o a falar.

– Por mais que eu queira ter filhos – disse Thiago, agitado agora –, parece que isso é algo inalcançável. O que quero dizer é que... *não me vejo* como pai, entende? Na verdade, não me vejo fazendo muita coisa para além do presente.

– Por ser tão jovem, você já teve muitas conquistas, Thiago. Todas acadêmicas, pelo que me disse, mas que lhe dão uma excelente base...

– Sim, claro. Mas me refiro a *ter uma imagem* do que me espera. Todo mundo faz planos e visualiza mais ou menos seu futuro; o que pretende fazer, onde morar, como ganhar a vida. Eu, porém, não me vejo sequer chegando à América, agora. Já estive lá, vivi e aprendi nos Estados Unidos. Mas ultimamente, não consigo ver muito além de meus dias imediatos. É quase como se eu soubesse que...

Ele se deteve. Olhou para o amigo, mostrou um breve sorriso e coçou a barba rala.

– Se soubesse o quê? – insistiu Hassir.

Thiago riu e bebeu um gole do chá.

– Na verdade, apesar de só ter vivido 21 anos, acho que completei uma missão, Hassir. É isso: sinto que completei uma tarefa, ou a terei completado em pouco tempo. E isso não me assusta; pelo contrário, me faz sentir uma alegria que vem lá do fundo... – Ele pôs a mão no peito. – É algo que me dá uma sensação de completude.

Hassir olhou para o amigo com ternura. Aquele rapaz de 21 anos era outra alma antiga, assim como ele próprio e Katherine. A jovem Hermínia casara-se com um verdadeiro tesouro humano e Hassir esperava que ela compreendesse isso, um dia.

– Ninguém brinda com chá – ele disse. – Mas eu brindo a você, agora.

– A nós, meu amigo – complementou Thiago. – A você, Katherine e minha querida Hermínia.

Discretamente, os dois ergueram suas xícaras de chá.

– Reverendo, o senhor tem um minuto?

McKeefe se surpreendeu ao ver Rita Bromski diante de sua porta.

– Claro. Queira entrar, por favor.

Andando devagar, mas com firmeza em seus modos, Rita entrou na cabine do reverendo.

– Sente-se, Sra. Bromski.

– Não, obrigada. Não vou me demorar.

Ele notou que os cabelos brancos da mulher não estavam tão impecavelmente arrumados com era o costume dela. Estava sem chapéu e também sem os brincos. Devia ter saído apressadamente.

– Em que posso ajudá-la? – ele perguntou, sentindo que não ia gostar da conversa.

– Afinal, o que aconteceu entre o senhor e Harriet? Parecia que estava tudo indo muito bem...

McKeefe não esperava aquilo. Arqueou uma sobrancelha, e disse:

– Perdão, senhora. Acho que não entendi.

– Entendeu, sim. Harriet estava interessada no senhor, e o senhor nela. Agora, porém, ela fica de namoricos com aquele empresário que parece que engoliu um gramofone...

– Com todo o respeito, Sra. Bromski, isso não é da sua conta – afirmou McKeefe, irritado.

– O bem-estar de minha prima mais nova, que tem idade para ser minha filha, é de minha conta, sim. Vivemos nos censurando uma a outra, mas gosto de Harriet como alguém deveria gostar de uma filha. E... – ela hesitou um segundo – ... achei que ela finalmente seria feliz com um homem de respeito ao lado dela.

– A senhora parece que põe o carro na frente dos bois. Bem, obrigado por me considerar um homem de respeito. É verdade que me afeiçoei à sua prima; mas não nos comprometemos em nenhum momento. E o jovem Brenton é um rapaz de boa índole, muito digno e perfeitamente resolvido na vida.

– É americano, sem berço, ganha dinheiro como vendedor, além de ser talvez uns dez ou doze anos mais novo que ela. Não quero que minha prima seja mal falada; não quero que digam que ela pegou um jovem para criar...

– A senhora está exagerando. Dez anos de diferença não é nada.

– Quando o homem é mais velho, concordo. Mas não o contrário. – Rita girou sobre os próprios calcanhares, deu uns dois ou três passos pela cabine do reverendo, e então, continuou: – Reverendo, Harriet e eu só temos uma à outra. Meu irmão na América tem a vida feita, e não posso esperar que acolha nossa prima quando eu... o senhor entende.

– Sim, entendo perfeitamente. Sua preocupação com a Srta. Wagner é louvável e, confesso, me surpreende. Mas se ela e o Sr. Brenton estão enamorados, não vou interferir. E confesso que até me alegro por ela, pois desde a primeira vez que conversamos, sinto que a Srta. Wagner é uma mulher entristecida, mas que merece, assim como qualquer um de nós, ser feliz.

– *O senhor é um tonto!* – a velha Bromski rosnou.

– O quê?!

– Devia se preocupar com sua própria felicidade. Perder uma moça tão prendada como Harriet para um playboy...

– Ele *não é* um playboy! – McKeefe estava ficando furioso e lutava para não estourar com a velha.

– Pois muito bem. Estou velha demais para lutar por quem quer que seja. Se Harriet prefere a companhia de uma apólice de seguros ambulante a um homem da Igreja, o problema é dela. E *seu*! Este mundo está cada vez mais transtornado e não o compreendo mais. É o fim. É o fim de tudo. Desculpe fazer o senhor perder tempo. Até mais ver, reverendo!

Decidida a encerrar a conversa, Rita caminhou resoluta em direção à porta.

– Sra. Bromski – McKeefe chamou, quando ela já estava de saída. Ela se virou. – Obrigado, senhora!

Agitando as mãos no ar como quem diz "ah, que vá tudo às favas!", Rita Bromski saiu da cabine e, pouco adiante, começou a resmungar consigo mesma.

McKeefe sorriu e meneou a cabeça.

– O provérbio está sempre certo: o diabo não é mesmo tão feio como o pintam! – ele murmurou.

A noite caiu sobre o Titanic, sua tripulação e passageiros.

Pouco antes da meia-noite, uma briga entre passageiros embriagados na terceira classe chamou a atenção dos guardas do navio. A visita deles terminou com um guarda levando um murro no queixo, dois homens encarcerados até segunda ordem e uma criança chorando de medo, pois um dos bêbados levados para a prisão era seu pai. Os guardas, entretanto, reconfortaram a menina, assegurando-lhe que logo tudo estaria bem, e que "papai" voltaria a ela na manhã seguinte. Nesse meio tempo, a criança assustada ficou sob os cuidados de uma mulher que viajava sem filhos, só na companhia de um irmão mais novo.

Em sua confortável cabine da segunda classe, Katherine Mansfield escrevia o esboço de uma carta que pretendia enviar ao marido assim que chegasse a Nova York. Após várias tentativas, ela amassou as folhas, jogou-as num cesto de lixo e desistiu de escrever. Seria mais honesto e mais justo *falar* com ele, em vez de escrever. Edmund se enfureceria, imploraria para que ela mudasse de ideia, talvez fizesse ameaças. Mas de nada adiantaria. Amigável ou não amigável, o divórcio era o destino deles agora. No fim, ela tinha certeza de que Edmund concordaria, pois não podia se dar ao luxo de atrair a atenção das autoridades. Um divórcio litigioso poderia dar realce ao nome dele perante a polícia... e isso era tudo o que Edmund *não* queria.

Passos no corredor chamavam a atenção de Katherine. Pessoas passavam por ali reclamando do frio; ou rindo diante das notícias de "quebra-pau" nas acomodações da terceira classe; ou cantarolando alguma melodia que ouviram dos músicos. Era tarde, mas muita gente ainda estava acordada naquele setor do navio.

No compartimento-prisão do Titanic, o Oficial Williams observou mais uma vez se os dois passageiros briguentos continuavam calmos. Ambos dormiam como se não tivessem noção do que acontecera ou de onde estavam. Williams sabia que o Primeiro Oficial Murdoch e o Capitão Edward J. Smith quereriam saber notícias dos presos. Nenhum dos dois tolerava bebida ou bêbados, mas passageiros eram passageiros, e mesmo contumazes beberrões eram responsabilidade deles, e precisavam ser tratados com atenção. Embora, claro, fossem homens que viajavam na terceira classe...

Williams balançou a cabeça, olhando para os dois prisioneiros adormecidos.

– Malditos irlandeses... – ele grunhiu.

Os trabalhadores das caldeiras tinham um conhecimento certo: quando um navio está afundando, ou prestes a afundar, os ratos são os primeiros que o abandonam.

Jim Kingston, 53 anos, 30 dos quais passados como trabalhador em embarcações nesta ou naquela tarefa, comentou com o jovem foguista Mike Peterson:

– Não vejo mais nenhum rato em lugar algum. Você vê?

– Sei lá – respondeu Peterson. – E você acha que há ratos num navio como este?

– Claro que sim! Não existe navio que saia ao mar sem ratos.

– Bem, e daí? Aonde você quer chegar, Jim?

– Será que preciso dizer? Se os ratos somem, é porque alguma coisa não vai bem!

– E por acaso, esta joça está afundando? Claro que não.

– Mas eles sabem – respondeu o calejado Kingston. – Os bichos sabem. É quase como se tivessem parte com o diabo.

– Pare de falar do diabo, homem! – advertiu o homem mais novo.

– Pois que Deus nos proteja, Mike.

Jim Kingston, católico, fez o sinal da cruz.

– De que adianta isso, Jim? – perguntou Mike, presbiteriano.

– Você reza do seu jeito, e eu do meu...

Para os outros foguistas em pleno trabalho, a conversa dos dois não era nada agradável. O calor da fornalha já não incomodava mais, pois estavam acostumados. Mas a conversa sobre os ratos desertores não era de bom tom... Enquanto você está num navio, não usa termos como "afundar", "abandonar", "diabo" e outros. Todos eles sabiam disso. Os foguistas se entreolhavam e, em silêncio, um perguntava ao outro qual deles ia pôr um fim naquele papo do agourento Jim Kingston.

– Que Nossa Senhora, mãe de Jesus, rogue por nós, e não permita que...

– Pare com essa palhaçada, seu idólatra! – berrou um homem cuja idade era próxima da de Jim. – Se quer rezar, reze direito, em silêncio, a Nosso Senhor Jesus Cristo!

– Roy, calma, por favor – interveio Mike Peterson. – Estamos cansados e desanimados; e não é hora de brigar por religião.

Em algum lugar nos gigantescos porões do Titanic, o gato siamês da Sra. Konstantin se refugiara após ter escapado de sua casinha, confortavelmente instalada na suntuosa cabine da primeira classe. A Sra. Konstantin, claro, não cabia em si de preocupação. Mas o passageiro felino vivia a aventura de sua vida, correndo livre e solto pelos recantos escuros daquela parte do navio.

Ratos, porém, o animalzinho não encontrou nenhum.

Capítulo 16

Choque

– Reverendo, eu... Nem sei o que lhe dizer! – Harriet Wagner balbuciou, enquanto aguardava a bebida que o garçom ainda não trouxera.

– Srta. Wagner, não é preciso me dizer nada. Não me deve nenhuma explicação. Sua prima é uma mulher idosa, que não mede as palavras e creio que fala sem pensar, às vezes.

– Quando ela me contou que teve uma "conversa franca" com o senhor, achei que estivesse delirando, ou apenas me provocando...

McKeefe sorriu, benevolente.

– Nós realmente conversamos – explicou. – Na verdade, ela falou quase o tempo todo e eu me limitei a contradizê-la.

Harriet baixou os olhos. Como negar àquele homem que ele tinha de fato despertado o interesse dela? E como explicar que se sentia, agora, afetuosamente atraída pelo Sr. Brenton? Que tipo de mulher o reverendo pensaria que ela era?

Como que lesse os pensamentos da Sra. Wagner, McKeefe disse:

– A senhorita é uma pessoa maravilhosa. O jovem James é um rapaz de caráter. Conheço ambos há pouco tempo, mas sei do que falo. Meu instinto não me engana: vocês dois se merecem e serão felizes juntos. Deve haver algo de mágico a bordo deste navio – ele acrescentou, sorrindo – pois vocês não são o primeiro casal que se forma...

Harriet sorriu para o religioso; mas era um sorriso ainda envergonhado, pesaroso. Sozinha há tanto tempo, e de repente, lá estava ela na condição de... dividida entre os dois? Não. Não estava dividida. Gostava do reverendo, mas Brenton, que a princípio a irritava com seus modos exuberantes, agora parecia o amor perfeito, o homem que ela esperava, e que poderia, como McKeefe mesmo disse, fazê-la feliz.

De repente, junto com o garçom que trazia o coquetel de frutas de Harriet, chegou Brenton.

Ele sorriu para o reverendo, mas pela primeira vez, não pareceu muito natural. Preocupava-se, talvez, com... a concorrência? Ou compadecia-se do rival?

McKeefe não queria alimentar nenhum sentimento de perda, pena ou rivalidade contida. Tratou logo de apagar qualquer sinal de mal-estar.

– Meu caro Sr. Brenton – disse. – Ainda não lhe agradeci o suficiente por ter feito o que fez por Karl. Aquele homem era meu melhor amigo, e sentirei a falta dele. Mas o senhor foi zeloso desde o começo, o primeiro a encontrá-lo...

– Não há o que agradecer, Reverendo McKeefe! – interrompeu Brenton, não mais aparentando constrangimento. – Olhe, o Professor Krüger foi uma descoberta, para mim! Um homem verdadeiramente brilhante e tão bom de conversar que eu ficaria falando com ele por horas!

Pobre Krüger, se isso tivesse acontecido, pensou McKeefe, com ternura e simpatia pelo jovem americano.

– Sim, Karl Krüger era uma figura...! – concordou. – Ateu, dizia ele. E um dos melhores seres humanos que já conheci.

– Uma pessoa dizer que crê em Deus não faz dela necessariamente boa, não é mesmo, reverendo?

– Está certíssimo, Sr. Brenton. Bem, meus jovens. Vou deixar vocês à vontade. Preciso de uma caminhada. Preciso respirar o ar marítimo antes de comer qualquer coisa, hoje.

– Venha almoçar conosco, reverendo! – exclamou Brenton. – Vamos almoçar todos juntos... nós, Hassir, o jovem Thiago.

– É uma boa ideia. Devo me encontrar com o Sr. Mansur daqui a pouco.

E assim se despediram por ora.

Era o dia 14 de abril de 1912, e o navio já se encontrava mais perto do continente americano que da velha Europa.

No requintado *Café Verandah*, da primeira classe, uma dupla altamente incongruente conversava, saboreando chá com menta antes da hora do almoço.

– Nunca bati um papo tão gostoso com uma pessoa do Brasil antes, minha querida! – dizia a exuberante americana Margaret Brown. – Aliás, que estou dizendo?! Nunca conversei com nenhum brasileiro até hoje. Hahahahah...! Diga-me, jovem, todos os brasileiros são assim, alegres e simpáticos como você?

Brown era uma mulher de certo peso e pouca altura, em seus 50 e poucos anos; ela tinha os modos de alguém tão bem com a vida que sua jovialidade contagiava a todos – inclusive a pesarosa Hermínia, que se arrependia de sua explosão emocional quando seu marido e os outros falavam dos presságios de Katherine e ainda se achava profundamente triste pela morte do avô.

– Não, Sra. Brown, nem todos. Os brasileiros também são carrancudos e mal-humorados. Eu mesma, por exemplo – Hermínia disse, sorrindo.

– Você, querida? De jeito nenhum! – disse Margaret, em voz alta. – Você é meiga e fácil de fazer amigos. Seu marido deve ser um homem feliz.

– Espero que sim! – exclamou Hermínia, rindo agora. – Sabe, Sra. Brown..

– Margaret, por favor. Pare com essa história de "senhora".

Hermínia riu, de novo.

– Claro. *Margaret.* Thiago é maravilhoso, simplesmente maravilhoso. Eu é que sou uma burra por me esquecer disso. Se eu vivesse mil anos, nunca encontraria outro homem como ele.

– Nesse caso, querida, apegue-se a ele com todo o carinho do mundo. Um homem bom é um bem raro hoje em dia. Mostre-lhe como o aprecia, como ele é importante em sua vida. Não deixe que as crenças pessoais dele ou suas interfiram no relacionamento de vocês, como estava me contando. Querida, já vi tantos relacionamentos acabarem por causa da intolerância. Mas com vocês, não; tenho certeza que não. Apresente-me a ele, Hermínia. Será o segundo brasileiro que conhecerei.

– Claro! Assim que o vir novamente. Está sempre andando pelo navio. Fez amigos aqui com a maior facilidade...

– Assim como você? – arriscou Margaret Brown.

– Não, não como eu – Hermínia balançou a cabeça. – Não sou muito sociável. Às vezes, me porto como uma menina mimada. Acho que sou isso mesmo: uma garota mimada demais.

– Bem, aqui estamos batendo o maior papo, e não nos conhecemos não faz nem uma hora! – contradisse Margaret.

– Mas foi você que começou o papo, Margaret, lembra-se?

Margaret riu a valer, lembrando-se das condições em que as duas se encontraram. O vento levara para longe o pequeno chapéu de Margaret, que rolou até os pés de Hermínia. Ela se encontrava no convés, apoiada no parapeito e observando o mar. Antes que tivesse tempo para pegar o chapéu, a própria dona dele se agachou, meio desajeitada e o apanhou. "Já é a segunda vez que essa porcaria sai voando. Da próxima, eu o jogo no mar!", disse Margaret. As duas riram, e de repente estavam conversando.

– Querida, conte sempre com Margaret Brown para quebrar o tédio! Hahahaha...! De enfadonha acho que ninguém pode me acusar.

– Com certeza, não! – concordou Hermínia. – Mas você estava dizendo que, além de tudo, é uma boa casamenteira, então?

– Acho que funciono mais com um cupido que como casamenteira. Mas tive a oportunidade de fazer isso nesta viagem mesmo. Você não acreditaria...

– É mesmo?

– Sim. Um jovem que viaja na terceira classe acabou salvando uma moça da primeira classe em um acidente que quase foi fatal. Parece que ela prendeu o bico do sapato na barra do vestido e escorregou para perto do parapeito...

– Meu Deus, que perigo! – Hermínia exclamou, horrorizada.

– Pois é. Mas ele correu e a segurou antes que rolasse para o mar. Imagine só aquela água gelada. Enfim, como eu já havia sido apresentada à moça, acabei conhecendo o rapaz também. Por gratidão, a família da moça o convidou para jantarem juntos! Veja só que *magnânimos*! – Margaret riu. – E tenho notado que os dois se olham com vívido interesse um pelo outro. Estou maquinando aqui e ali para eles se encontrarem pelos cantos novamente.

Hermínia riu, deliciada com a espontaneidade de Margaret. E pensar que ela tinha evitado sua companhia antes.

– Você é louca! – ela disse à americana.

– Eu sei. E quem não é? Se posso ajudar, ajudo. Sabe, Hermínia, se uma pessoa não tem condições de ajudar alguém, não deve se culpar de nada. Mas penso o seguinte: se eu posso prestar algum serviço para o bem dos outros e escolho não fazê-lo, serei omissa. Esse é o grande pecado: omissão.

Hermínia acolheu aquelas palavras com profunda reflexão. Thiago, Katherine, o Sr. Mansur e o pastor anglicano falavam do crime da intolerância e preconceito, até ela, Hermínia, ter seu chilique e sair. Que papelão. Agora Margaret Brown falava do "pecado" da omissão. Por algum motivo, Hermínia enxergava um elo entre as duas coisas...

– Está bem, querida?

– Sim. Estou bem, sim, Margaret. É muito bom conversar com você, sabe?

Margaret riu.

– Nem todos acham. Alguns dizem que tenho dinheiro, mas não tenho berço; não sou da nata da sociedade. Sabe o que digo a eles? – Ela fez um barulho com a língua, como se fosse cuspir, mas não cuspiu de fato. Hermínia se assustou, mas começou a rir a valer.

Era a primeira risada verdadeiramente terapêutica que ela dava desde que deixara a Inglaterra.

– Sabe que não sou a única "louca" a bordo? – Margaret disse.

– Tenho certeza que não – retrucou Hermínia, sorrindo.

– Hoje mesmo, logo pela manhã, ouvi um jovem afirmando em altos brados que sabia o dia e a hora que este navio ia afundar! Isso mesmo: afundar. Os oficiais o seguraram, dizendo que o rapaz era louco e ia disseminar pânico entre os passageiros. Por sorte, eu fui uma das poucas que o ouvi...

Hermínia engoliu em seco. Sentiu um arrepio por todo o corpo. Ainda não contara a Margaret sobre a conversa com Katherine.

– Um rapaz? – ela perguntou. – Seria um que anda com trajes indianos?

– Não, não – disse Margaret. – Era um conterrâneo meu. Isso eu percebi pelo sotaque. Não era inglês nem indiano. Só sei que enquanto ele era levado, dizia que o próprio Comandante Smith ia morrer no naufrágio, e coisas assim. Ele se dizia cientista e que tinha informações incontestáveis de que o Titanic afundaria *hoje*! Veja se pode, *hoje*! Minha querida... você empalideceu. Puxa, eu não devia ter-lhe contado isso. Não pensei que ficaria tão nervosa. Não deve dar atenção a essa história. Ele devia estar bêbado logo de manhã...

– N-não é isso. É que... bem, conheço outra pessoa a bordo que está dizendo a mesma coisa. Que o navio vai sofrer algum tipo de acidente... Só não disse que seria hoje.

– E como essa pessoa sabe disso? – Margaret perguntou, arregalando os olhos.

– Disse que teve uma visão.

– Haha! Visão, pois sim. Como eu lhe disse, entende? Sou louca, mas não sou a única. A melhor visão que estou tendo agora é desses deliciosos bolinhos com esse chá mais delicioso ainda. Coma, meu bem. Só espero que não estraguem o apetite para o almoço...

– Sem dúvida, ele deve estar embriagado! – comentou Smith com o Primeiro Oficial.

– Não parece, senhor – replicou Murdoch. – Está nervoso e diz que não temos o direito de confiná-lo. É cidadão americano e não para de fazer menção aos seus direitos.

– Os americanos adoram fazer isso: citar seus "direitos". Humph! Vou conversar com ele assim que tiver a oportunidade. Deixarei que saia da cela, se ele me prometer ficar quieto. Mas é como lhe disse, Sr. Murdoch. Um vazamento de informação aqui ou ali, e logo vira uma bola de neve. Esse cidadão americano deve ter ouvido a mesma menção dos icebergs que aquela mulher. Se for um cientista, então, deve se achar no direito de ver nossos registros, estudar nossos mapas, e nos dar a conclusão de que o fim do mundo está próximo. Mudei de ideia: quero falar com esse americano agora.

– Sim, senhor.

O grande iceberg mais uma vez se deslocou, afastando-se definitivamente de seus companheiros. A temperatura da água já estava perto de congelamento...

– É verdade, reverendo – disse Hassir, quando McKeefe mencionou que o jovem indiano não parecia mais preocupado com a possibilidade de um acidente. – Desde que Katherine teve aquela conversa rápida com o Comandante Smith, cheguei à conclusão de que se tivermos de fazer alguma coisa, faremos. No momento exato. Aliás, já tínhamos mais ou menos tomado essa decisão.

– O senhor está certo, Sr. Mansur – afirmou McKeefe. – A despedida de meu amigo serviu para me lembrar de minha posição. De minha fé. De minha obrigação para com os seres humanos enquanto vivos! Se de fato, a Sra. Mansfield teve uma visão do que acontecerá conosco, cada um de nós fará o que lhe for possível fazer. Cheguei a pensar em procurarmos o Comandante novamente e falarmos com ele, nós dois. Mas o senhor tem razão. O que tiver de ser feito, será.

Hassir gostava muito daquele homem. Um verdadeiro pastor de ovelhas e, ao mesmo tempo, um bom ouvinte; um homem aberto para conversar e escutar, qualidade rara nas pessoas.

– Reverendo, nosso amigo Thiago me contou que a esposa... teve uma espécie de visão, mais ou menos na mesma hora em que o Professor Krüger faleceu.

– Sim, ele me contou, também.

Hassir não precisava perguntar com palavras. Seus olhos expressavam melhor a pergunta.

– Não sei, Sr. Mansur – disse McKeefe, captando a indagação. – Quer saber se acredito que Karl apareceu em espírito para a neta? Dou-lhe a resposta mais honesta que posso: não sei.

Os dois conversavam na varanda de um dos pequenos bares do Titanic. Estavam de pé, apoiados no parapeito, fazendo hora até se encontrarem com os amigos para o almoço. Aquela parte do navio era normalmente ensolarada, mas não hoje. O dia estava frio e o brilho do sol era tímido, por trás das nuvens.

– Sabe, reverendo, estive pensando. Pretendo investir na abertura de uma escola de idiomas, quando fixar residência em Nova York. – Desde que inventara a história de forma improvisada, em conversa com James Brenton, Hassir gostou realmente da ideia. – O senhor é um homem viajado e fala outras línguas. Talvez possa me ajudar com algumas dicas, até com indicação de pessoas que conhece na Inglaterra, que estejam interessadas.

– Que serviço interessante o senhor pode oferecer com isso! – comentou McKeefe. – Com as relações internacionais tornando-se cada vez mais estreitas, aprender outras línguas será um instrumento utilíssimo!

– É verdade. Gostaria também, e em primeiro lugar, de ensinar inglês para estrangeiros morando em Nova York. Há muitos; e pelo que sei, a grande dificuldade deles é a comunicação, porque imigraram para a América por necessidade e nunca tiveram a chance de aprender bem o idioma.

– Aprender o idioma do país em que se vive é essencial para combater a xenofobia – afirmou McKeefe. – Por outro lado, quando você aprende outras línguas, suas resistências a culturas diferentes diminuem. A barreira linguística deve ser superada se o homem quer se considerar realmente civilizado.

Era impressionante como Hassir concordava com aquilo; e espantoso como a primeira coisa que lhe viera à mente quando Brenton perguntou-lhe qual era seu ramo de negócios foi essa ideia: ensino de idiomas. Uma prática que ele, Hassir, só pensara superficialmente enquanto trabalhava como guia turístico.

E agora, conversando com McKeefe, ocorrera-lhe um pensamento: são as ideias que pairam no ar e procuram as pessoas. Como entidades incorpóreas, elas se acoplam àqueles que são propensos a colocá-las em prática. Assim devia acontecer com todas as grandes invenções que começavam com um *insight* – aparentemente isolado – na mente de um indivíduo brilhante.

– Lá vêm eles... – McKeefe disse, olhando para trás. Hassir se virou e viu Thiago e Hermínia Matoso caminhando na direção deles. Com eles vinha outra pessoa, que ainda não conheciam. Era uma mulher muito bem vestida, de baixa estatura e aparentemente jovial.

– Reverendo McKeefe, Hassir, esta é a Sra. Margaret Brown – Thiago apresentou.

– Muito prazer – os dois homens disseram, cumprimentando a Sra. Brown.

– O prazer é todo meu – respondeu a exuberante senhora, com um lindo sorriso.

– A Sra. Brown e Hermínia conversavam no *Café Verandah*, quando as vi – explicou Thiago.

– Que casal de jovens maravilhosos estes dois formam, não acham, senhores? – Margaret disse. – Belos, simpáticos e brilhantes. Gosto de gente que faz amizade. O senhor viaja em alguma missão, reverendo?

– Oh, sim! – respondeu McKeefe, sentindo-se à vontade para brincar. – A missão de descansar a mente e o corpo. Pretendo visitar amigos em Nova York. É uma cidade fantástica.

Margaret riu. Seu rosto rechonchudo e olhinhos miúdos eram todo risos, também.

– A melhor missão que existe – ela disse. – E concordo com o senhor: Nova York *é* realmente maravilhosa.

– Nosso amigo aqui, o Sr. Mansur, acabou de me falar sobre seus planos de fundar uma escola de idiomas lá.

Thiago e Hermínia expressaram satisfação com a ideia, ambos falando ao mesmo tempo e parabenizando Hassir pela iniciativa.

– Acho a ideia simplesmente MAGNÍFICA, Sr. Mansur! – Margaret exclamou, com ênfase. – Permita-me ajudá-lo, se precisar. Já faz algum tempo que procuro um negócio inovador no qual valha a pena investir. Um negócio para o qual eu sinta que posso contribuir. Não quero passar o resto da vida presidindo comitês femininos, chás beneficentes, convescotes sociais e outras coisas que as mulheres tanto apreciam. Essa fina nata me cansa...

Margaret Brown e seu marido tinham muito dinheiro, conseguido quando ele enriqueceu inesperadamente ao descobrir minérios. Ele e Margaret eram a personificação do "American Dream", da possibilidade de crescer com esforço, empenho e autoconfiança de quem aproveita as circunstâncias fortuitas que a vida lança no caminho.

– A senhora precisa conhecer James Brenton, conterrâneo seu, com quem logo nos encontraremos para o almoço – informou Hassir. – Ele fala de negócios com esse mesmo brilho de paixão nos olhos que a senhora.

– É mesmo? Será o primeiro americano que conhecerei neste navio. Qual é o negócio dele?

– Apólices de seguro. É uma atividade que o deixou bastante próspero! – explicou Hassir.

– Pelos céus! Seguros? Seguro de vida, creio? Acho que dá azar fazer seguro de vida; parece que estamos chamando a morte.

Ela disse aquilo de uma forma tão engraçada que todos riram.

– Nunca pensei nisso por esse ângulo – disse McKeefe, ainda sorrindo.

– No entanto – continuou Margaret – creio que cedo ou tarde, farei um seguro desse tipo. Precisamos pensar nos outros, não é? Quero dizer, filhos, netos. Como não tenho filhos, acho que meus beneficiários seriam meus próprios parentes, além de meu marido, é claro!

– Credo, vamos mudar de assunto, Margaret! – sugeriu Hermínia, sorrindo, porém, começando a se incomodar. – Já se fala de morte e acidente demais, neste navio.

Thiago olhou para a esposa, compreensivo e afetuoso. Entendeu que ela já devia ter mencionado alguma coisa sobre o pressentimento de Katherine Mansfield a Margaret Brown.

– É verdade, meu bem. Já chega aquele louco gritando que o navio vai afundar.

Os três homens fixaram o olhar em Margaret.

– Quem, Sra. Brown? – perguntou Hassir. – Quem anda dizendo que o navio vai afundar?

– Ah, não devemos dar importância a isso. É só um doido que deve ter bebido demais... Ah, e é americano também, tinha-me esquecido. Esses americanos não sabem se comportar, hahahaha.....!!!

Vendo, porém, que Thiago, Hassir e McKeefe esperavam ouvir toda a história, Margaret contou-lhes o mesmo que já contara a Hermínia antes.

O Reverendo McKeefe engoliu em seco. Havia algo no ar, realmente. Ou então, Katherine Mansfield e esse tal "cientista" americano sofriam, ambos, de fobia do mar.

– Mas, Sr. Mansur – Margaret se voltou novamente para ele. – Eu realmente acho interessantíssima sua ideia. Temos que nos manter em contato!

– Acho que posso aceitar sua proposta, Sra. Brown! Mas antes preciso sondar o terreno e ver se de fato tal empreitada valerá a pena.

– Claro. Mas deixarei com o senhor um cartão meu, com meu endereço. *Tenho certeza* de que valerá a pena.

Tomara que a certeza dela não seja em vão, pensou Hassir.

Hermínia segurou a mão do marido e descansou a cabeça em seu ombro. Thiago respondeu, roçando o queixo nos cabelos dela.

Margaret caminhou até mais perto do parapeito.

– Vejam só isso...! – ela suspirou. – Há paisagem mais linda que o mar? Um azul plácido e lindo como esse, a perder de vista.

– Realmente... – concordou Thiago, seguindo o olhar de Margaret. – Parece que não tem fim. Céu e mar se juntam no horizonte...

– Ou se *juntariam* – corrigiu McKeefe – não fossem aquelas nuvens escuras baixas, na linha do horizonte.

– Quanto a mim – interveio Hermínia – gostaria que houvesse um meio de chegarmos à América *voando*...

Todos riram.

– Quem sabe, querida, *um dia*... – sugeriu Margaret Brown.

Às 13h45, enquanto grande parte dos passageiros se deliciava no almoço, chegou do navio Amerika a informação de que havia icebergs de grande proporção no caminho do Titanic.

Ao contrário do que ordenara o Comandante Smith, as informações custaram a chegar à ponte de comando. Entraves meramente burocráticos atrasaram a comunicação por quase duas horas.

Edward J. Smith ficou furioso, ao receber o comunicado. Mas não havia tempo para fúria. O que ele já pensara em fazer não poderia mais esperar: teria que traçar novo curso para o navio. O risco de choque era iminente.

– Querida, vá almoçar sossegada.

Aquela atitude aparentemente tranquila de Rita não enganava Harriet: ela estava furiosa e inconformada com a presente situação. Mas não era só a aproximação de Harriet e James Brenton que incomodava Rita Bromski. Era a intranquilidade por se sentir acuada, vigiada, correndo risco de ter sua privacidade invadida; era a paranoia que podia ser amenizada com uma dose extra do devido remédio, se ela não tivesse medo de tomar essa dose extra sem antes consultar o médico; era sobretudo a indignação de ver a si própria em um mundo que parecia abrir as portas para as classes inferiores, para os usurpadores de seu lugar ao sol. Se Hassir Mansur, Katherine Mansfield, John McKeefe e ela própria, Harriet Wagner, se revoltavam ante a imponência e a brutalidade do preconceito social, Rita, por outro lado, queria se rebelar (se tivesse forças) contra a permissividade do moderno século XX, que queria igualar os desiguais. Em suma, todos infelizes; todos inconformados.

– Vai ficar sozinha aqui, de novo?

– Estou cansada, Harriet. Não dormi bem ontem à noite.

– Está certo, então, Rita. Quer que eu mande lhe trazer alguma coisa?

Rita suspirou, levantando a cabeça do travesseiro e finalmente se sentando na cama.

– Acho que não. Mas se tiver fome, peço àquela incompetente que vá buscar alguma coisa.

Ela se referia à camareira que cuidava de sua cabine.

Agora foi a vez de Harriet suspirar.

– Descanse, então – ela disse à prima.

– É o que farei.

– Estou indo. – Harriet apanhou a bolsa e ajeitou o delicado e pequeno chapéu no alto da cabeça.

– Resolveu usar, hoje? – Rita perguntou, sorrindo.

– Gosto de variar o visual – Harriet respondeu, olhando-se no espelho grande. – Vou me encontrar com James e iremos juntos ao restaurante.

– Não se esqueça do protetor de ouvidos – guinchou Rita, maliciosa.

– Ora, Rita, você... você é incorrigível – Harriet sorriu.

– Bem, bom almoço. Se perguntarem por mim, algum de seus honoráveis amigos, diga que morri.

Harriet não queria rir, mas não se conteve.

– Direi que você pulou no mar.

– Não seria uma má ideia. – Rita se deitou novamente e virou-se para um lado.

Vinte minutos mais tarde, Harriet e Brenton se sentavam à mesa. Haviam combinado com McKeefe, Hassir, Katherine e o casal Matoso de fazerem mais uma refeição comunal. Os outros ainda não tinham chegado, mas Brenton solicitou oito lugares à mesa, incluindo a Sra. Bromski na conta.

Mal haviam se acomodado, um maître se aproximou de Harriet e sussurrou-lhe discretamente que a camareira encarregada particularmente de cuidar da cabine das duas primas necessitava falar com ela, com urgência.

A moça, nervosa, aguardava Harriet à entrada do restaurante.

– O que houve, Abigail? – Harriet perguntou, preocupada, ao se encontrar com ela. Brenton esperava em seu lugar, mas com os olhos fixos nas duas, caso precisassem de ajuda.

– É a Sra. Bromski, Srta. Wagner. Ela... ela está completamente desnorteada. Não sabe onde está, fica chamando seus criados; acha que está recebendo convidados para alguma festa... Desculpe, senhorita, mas achei que devia vir chamá-la.

– Fez muito bem. Vou já para lá.

Harriet explicou a Brenton o que acontecera; os dois saíram apressados, não sem antes Brenton pedir ao maître que avisassem seus amigos, quando chegassem.

Quando entraram na cabine, o choque dispensava palavras.

Rita andava aflita, de um lado para outro, mal arrumada, cabelos desgrenhados, falando com pessoas que não estavam lá, gesticulando, dando ordens a empregados invisíveis, aparentemente não reconhecendo o ambiente.

– Ivan, Ivan, por que você foi sair a uma hora dessas? Sabe que o comissário vem principalmente para conversar com você. Onde se meteu esse homem, afinal? *Você...* – ela apontou para Harriet. – Marianne, vá até a dispensa e peça à cozinheira que atrase o jantar. Vamos, menina, que está esperando?

– Rita, sou eu – Harriet disse com voz firme. – Sua prima, Harriet! Venha cá, olhe para mim.

– Harriet... Harriet... onde ela está? Foi arrumar a capela e ainda não voltou! Será que ninguém está por perto quando preciso?

– Venha, sente-se um pouco.

Delicadamente, Harriet pegou a prima pelo braço e conseguiu fazer com que ela se sentasse na beira da cama, ainda desarrumada.

– Rita, olhe para mim, vamos.

Ela olhou. Mas seus olhos não brilhavam. Ela não via o que estava à sua frente.

– Quem... é você? – perguntou, do meio do nevoeiro de sua mente.

– Rita, sou eu, Harriet. Eu moro com você. Estamos viajando. Lembra-se? Estamos num navio a caminho de Nova York.

– Viajando? – Lentamente, Rita olhou à sua volta. – Navio... Estamos num navio?

– Sim, querida. Estamos viajando. Mais uns dias e chegaremos a Nova York.

Rita pousou os olhos em Brenton, apertou as pálpebras e de repente, seu rosto brilhou em um sorriso de menina.

– Jonathan! – ela exclamou, levantando-se meio atordoada. Ela correu até onde estava James Brenton e o abraçou com ternura.

Brenton lançou um olhar interrogativo para Harriet, sentada na cama.

– *É o irmão dela* – Harriet sussurrou.

– Ah, finalmente você chegou. Há quanto tempo! Como está Theresa?

De novo, Harriet sussurrou para o intrigado Brenton:

– *Foi uma namorada dele.*

– Bem, Sra. Broms-... bem, Rita. Theresa está muito bem – disse Brenton, zeloso e paciente.

– Que bom! – gemeu Rita, ainda abraçada ao "irmão". – Mas por que ela não veio?

– É que... teve que trab-...

Harriet acenava um enfático "não" com a cabeça.

– Ela preferiu ficar em casa para ajudar... – Ele não sabia mais o que dizer.

– Que marota! Preciso dar uma bronca naquela jovem. Não deve deixar o namorado sair sozinho assim. Um rapagão como você só uma tola perderia.

Apesar da gravidade da situação, Harriet suprimiu um sorriso pela ironia daquelas palavras.

– Puxa, que cansaço.... – Rita queixou-se, afastando-se de Brenton.

– Venha se deitar, querida – insistiu a prima, levantando-se e apoiando Rita pela cintura agora.

– Acho que envelheci uns dez anos nesta viagem...

Ela estava de volta ao presente!

Enquanto se deitava, olhou para o lado e viu Brenton, de pé, perto da cama.

– Por Deus! – a velha Bromski resmungou. – O que você está fazendo aqui? Harriet, sua irresponsável. Já chega aqueles pervertidos no meio da noite invadirem nossa cabine e agora você traz um homem...

– O Sr. Brenton veio comigo para prestar ajuda a você, Rita. Abigail foi me chamar no restaurante. E além do mais, mudamos de cabine. Lembra-se?

– É mesmo! A outra era melhor. Nesse caso, devo agradecer ao Sr... desculpe, como é mesmo seu nome?

– Brenton, Sra. Bromski – ele respondeu com firmeza. – Como a senhora está se sentindo agora?

– Muito bem, e não graças aos incompetentes que cuidam do serviço neste navio infernal. Harriet, há alguém atrás da porta escutando nossa conversa. Isso sem falar que vi um vulto na varanda agora há pouco. Se não me sentisse tão cansada, teria ido até lá pessoalmente verificar quem é.

Brenton não perdeu tempo. Foi até a varanda, demorou-se não mais que um minuto e voltou.

– Pode ficar tranquila, Sra. Bromski. Não há ninguém lá – ele informou. A expressão de pânico e desassossego no rosto de Rita diminuiu, mas ela não estava convencida.

Harriet sabia o que era aquilo. Rita estava alternando entre a desconexão com a realidade e a paranoia. O médico alertara que se isso acontecesse, ela poderia tomar um comprimido extra imediatamente.

– Onde estão seus comprimidos, Rita? – Harriet começou a remexer as gavetas.

– Não estão aí. Deixei-os no armário do... você sabe onde.

Brenton sorriu discretamente. Ela tinha vergonha de dizer "banheiro" na frente de um estranho.

Harriet foi pegá-los. Enquanto isso, Rita fixou o olhar no teto. Não havia como adivinhar em que ela estava pensando naquele momento.

– Aqui estão – disse Harriet, trazendo uma caixinha vermelho-escura na mão.

– Não sei quantos a mais devo tomar! – informou Rita, e dessa vez sua voz soara quase como de uma criança. – Não me lembro do que o médico disse.

– Só um a mais, Rita. *Eu* me lembro. Vai aliviar essa sensação de terror.

Antes que Harriet pedisse, Brenton encheu um copo com água e lhe deu. Com o olhar, Harriet lhe agradeceu e passou o comprimido para Rita.

– Não é terror... – disse a velha senhora. – É verdade. É a pura verdade. Querem me pegar, mas não vão conseguir. Sou uma velha dura de roer. Não gosto dessa porcaria... Deixa-me tonta!

– A tontura passa logo. Você vai se sentir bem melhor, depois.

A contragosto, Rita pegou a pílula, colocou-a na boca e tomou um gole da água.

– Argh!!! – ela fez. – Ainda por cima, é amargo!

Harriet sorriu.

– Vou ficar com você agora, querida.

– Não é preciso; eu...

– *Vou ficar* e pronto.

Brenton se aproximou de Harriet e sussurrou em seu ouvido:

– Mandarei um recado aos outros e ficarei com você aqui.

Harriet sorriu para ele e seus olhos se encheram de lágrimas. Aquele homem era uma dádiva dos céus.

Rita grunhiu alguma coisa.

– O que foi, Rita? Não entendi – disse Harriet.

– Pedi a gentileza ao Sr. Brenton de não falar muito alto. Estou com dor de cabeça.

Incorrigível, imutável Rita Bromski.

– Esqueça, capitão! Não falarei mais do assunto.

O jovem americano que se dizia cientista não devia ter sequer 30 anos. Tinha cabelos bem curtos, pretos e lustrosos; e seus olhos, também escuros, emitiam sinceridade. O Comandante Edward J. Smith teve a impressão de que aquele era um homem sério e decididamente sóbrio. Por que insistia em afirmar que o Titanic estava destinado a afundar precisamente naquele dia 14 de abril?

– Bem, eu lhe agradeço se não o fizer. Mas me intriga a sua veemência. Fico pensando se o senhor seria algum espião ou agente de alguma potência estrangeira empenhada em atos insanos de terrorismo.

No fundo, Smith sentia que não era isso. O rapaz nada tinha de terrorista. Mas sua convicção era perturbadora.

– Capitão, queira ter a gentileza de me libertar. Não falarei sobre isso com os outros passageiros – disse o jovem.

Smith suspirou e disse:

– Muito bem. Mas mandarei que os homens fiquem de olho em você, jovem. O que não precisamos no momento é de uma onda de pânico a bordo.

– E não teremos. Compreendo que de nada adiantaria eu falar mais...

Alarmado, Smith olhou para o rapaz. O que significava aquilo, afinal?

– Guarda! – o Comandante chamou, aproximando-se da porta maciça da saleta usada como cela. O guarda espiou pela pequena janela. – Pode abrir.

Smith saiu, puxou a porta atrás de si e disse ao guarda de plantão:

– Vamos libertar nosso "convidado". Mas quero que seja vigiado. E agora, vou fazer o que já devia ter feito: verificar a documentação dele. Tenho o forte pressentimento de que é um clandestino. Mas quero deixá-lo solto para ver quais são seus próximos passos.

– Sim, senhor.

– Pode abrir agora e, por favor, escolte-o até o convés.

– Pois não, senhor... – o guarda entrou na cela. – Mas... senhor...

– O que é?

– Não há ninguém aqui.

O Comandante Smith entrou e olhou estarrecido para o interior da saleta onde conversara com o jovem cientista. Só o guarda e ele próprio, Smith, estavam lá.

Pela primeira vez na vida, o Comandante Smith experimentou a sensação de um calafrio da cabeça aos pés.

Hassir viu as horas em seu relógio de estimação – aquele que o aproximara de Katherine Mansfield – e disse aos outros que estavam atrasados para o encontro com James Brenton e Harriet Wagner, os quais já deviam ter chegado ao restaurante. Katherine já devia estar lá também.

– Almoça conosco, Sra. Brown? – ele perguntou à alegre americana.

– Meus queridos, eu adoraria. Mas combinei com outras duas pessoas que almoçaríamos juntos hoje, mais tarde. Claro que não faltará oportunidade. Hoje à noite, no jantar, que tal? Não podemos perder o contato.

– E não perderemos – garantiu Hassir. – Até mais ver, então!

– Tenham um ótimo almoço! – disse Margaret, animada.

O grupo se despediu dela e se dirigiu ao outro restaurante.

No caminho, notaram dois oficiais passarem apressados.

– Não sei se é impressão minha – disse Thiago –, mas esse pessoal me parece um pouco agitado hoje.

– Não é impressão, Thiago – disse o Reverendo McKeefe. – Os oficiais se empenham em manter a compostura, mas os modos deles estão... digamos, um pouco *nervosos* nas últimas horas...

– Acho que *nós* é que estamos, reverendo – disse Hermínia. – Também, pudera! Vocês não param de falar de presságios, visões e coisa e tal.

McKeefe e Thiago riram.

– Talvez a senhora tenha razão, Sra. Matoso. Parece que nos esquecemos de aproveitar o sabor da viagem.

– Bem, quanto a mim – emendou Thiago – estou aproveitando, sim. O clima está ameno, apesar de ter esfriado mais hoje, o mar está calmo; e fiz amigos valiosos.

McKeefe sorriu.

– Quando a isso, não há dúvidas. Deus me tirou um amigo, mas me apresentou outros.

Thiago olhou para ele com compaixão. Hermínia se entristeceu.

– Desculpe, Sra. Matoso. Por um instante, esqueci...

– Não tem importância, reverendo. Meu avô falava do senhor com muito carinho.

– E eu sempre me lembrarei dele assim: com esse mesmo carinho.

– Imaginem só que ele pensou que... Pensou que realmente eu entrei na cabine daquela velha louca no meio da noite.

– Krüger lhe disse isso? – perguntou McKeefe.

– Sim. Mas eu expliquei a ele que não fui eu. Ora, essa; veja se eu lá sou mulher de invadir os aposentos de alguém! Não nego que tive vontade de dar um susto nela, mas não invadir sua cabine. Sei lá o que pensei em fazer... Provavelmente nada.

McKeefe se lembrou do jovem Amit. Não ia trair a confiança dele. E quanto à acusação de Rita Bromski sobre Hermínia... Ninguém, senão Krüger, levaria aquilo a sério. Ninguém mais a bordo daquele navio, exceto a velha Bromski, acreditaria que a jovem brasileira tinha de fato invadido a cabine das duas primas para provocar a mais velha.

Amit, por sua vez, preparando-se para atender à primeira mesa daquele dia, desistira de interpelar o falso indiano. Se o bobalhão irlandês queria viajar disfarçado, o problema era dele. Desde que conversara com o ministro anglicano, sentia-se mais forte e seguro de si. Sentia que tinha forças para enfrentar a discriminação – e não mais se incomodava com a presença de um homem querendo se passar por alguém de sua etnia. Além do mais, lembrou-se novamente do que seu amigo Cheng dissera: enquanto os outros pensassem que Hassir Mansur era indiano, teriam a certeza de que um indiano também pode experimentar a mobilidade social, ganhar dinheiro e forçar os outros a engolir sua presença. Na verdade, era uma situação divertida.

Quando Amit chegou à mesa reservada por James Brenton, viu-a vazia e olhou à sua volta. Ele trazia uma bandeja com dois aperitivos de frutas. Nesse exato momento, Brenton entrou apressado no restaurante e foi direto à mesa reservada.

Falando rápido, porém com riqueza de detalhes, ele pediu a Amit que tivesse a gentileza de avisar o maître que os amigos ainda se reuniriam ali, mas ele e a Srta. Wagner se demorariam um pouco mais. Dali a alguns minutos, voltaria para explicar a eles o que houve.

Amit assegurou a Brenton que faria o que ele pediu.

Mas não foi preciso.

Quando se preparava para sair, Brenton deparou com o grupo de amigos. Amit notou que o Sr. Mansur usava a mesma túnica púrpura que trajara na primeira noite. Que assim fosse, então. Ele não tentaria descobrir mais nada acerca do falso indiano.

A mesa do Comandante Smith estava posta, mas ele não apareceu. Tanto os tripulantes quanto os passageiros que almoçavam àquela hora notaram isso. A ausência do Comandante durante toda a hora do almoço era perturbadora. Entravam e saíam pessoas no restaurante, e quase todas desviavam o olhar para a mesa posta e vazia.

Ao cabo de uma hora, o chefe dos maîtres achou por bem tirar a mesa de Smith, pois aquele vazio despertava uma atenção extremamente desagradável.

Alguém perguntou e fez uma piada, dizendo que o Comandante devia estar "mareado". O sisudo maître não sorriu, mas limitou-se a ditar ordens discretas para que a toalha e os pratos dos oficiais fossem retirados. Mas o gesto teve o efeito contrário, e mais olhares nervosos se dirigiram ao local no restaurante onde os oficiais de alto escalão deviam almoçar. Além do mais, era de praxe o Comandante e o construtor do navio, Sr. Andrews, convidarem um ou outro passageiro ilustre para o almoço em sua mesa. Hoje, não.

O dia nervoso e nublado cedeu lugar à noite.

Mal havia escurecido e, não muito longe de onde se localizava o Titanic, o navio Mesaba enviou um comunicado urgente pelo rádio: vários icebergs se aproximavam cada vez mais do Titanic.

Hassir, Katherine, McKeefe, Thiago, Hermínia, Harriet, Brenton e Rita, assim como todos os outros passageiros, não souberam disso, claro. Pelo menos não àquela hora... Vários dormiam. Alguns passeavam pelo convés. Outros conversavam, jogavam cartas, saboreavam drinques...

Às 23h40, dois vigias do mastro avistaram uma enorme montanha de gelo absurdamente próxima do navio. A noite sem lua dificultara a visibilidade; e por uma ou outra falha, ou pela total inevitabilidade, apesar dos avisos das outras embarcações, só agora a visão do iceberg se concretizava. O sino de alerta do mastro foi tocado três vezes, enquanto o sexto oficial gritava "iceberg bem à frente".

Menos de um minuto após o alerta, o iceberg chocou-se com o Titanic.

Capítulo 17

A viagem de cada um

Pouco depois das 0h05 do dia 15 de abril, o capitão emitiu a ordem de que todos os passageiros que se encontrassem nas cabines fossem acordados ou chamados. Deveriam vestir os coletes salva-vidas e se dirigir ao convés. O navio estava afundando. Mas com ordem e calma, uma tragédia maior talvez pudesse ser evitada.

Não foi o que aconteceu.

Enquanto muitos se recusavam a deixar para trás seus pertences valiosos, outros, por sua vez, queriam correr como loucos até os botes salva-vidas. Os oficiais, nervosos, tinham que conter a turba, ao mesmo tempo em que temiam pela própria vida também.

Um a um os pavimentos foram se enchendo de água gelada, que rapidamente engolfava tudo que estivesse em seu caminho. Todo um lado do navio já estava comprometido. Dali a menos de duas horas, o Titanic afundaria por completo, segundo calculava o Sr. Andrews, construtor do navio.

Thiago Matoso quase arrastou Hermínia para fora da cabine. Ela ficara como que inerte, inconsciente, ao ouvir a notícia de que o navio ia afundar. Não demorou para que a inclinação comprovasse o aviso. Já tinham que correr apoiando-se nas paredes.

McKeefe e Brenton se juntaram a outros homens na tentativa de ajudar o maior número possível de mulheres e crianças para os botes, de acordo com as instruções dos oficiais. Hassir beijou a mão de Katherine e disse:

– Vá, querida. Nós nos reencontraremos em breve.

– De jeito nenhum! – ela disse em voz alta, em meio à gritaria no convés. – Fico com você e não quero saber dessa história de "mulheres e crianças primeiro". Além do mais, esqueceu-se da minha missão?

Hassir não tinha se esquecido. Mas não podia aceitar a mera possibilidade de perder Katherine. Entretanto, ele sabia que ela não arredaria o pé dali enquanto pudesse permanecer no navio.

– Muito bem, querida. – Ele se aproximou rapidamente dela e beijou-a. – Então, mãos à obra.

Hermínia quase foi arremessada para o bote salva-vidas. Segurou a mão de Thiago até o último minuto; e quando viu que realmente não tinha escolha, beijou-lhe a mão enquanto era carregada para o bote. Com profunda tristeza, ele viu o desespero nos olhos da esposa. Não era medo de morrer no naufrágio. Era pavor por ficar longe dele.

– Espere por mim, querida! – ele gritou, enquanto a mão de Hermínia deslizava para longe da sua. O bote foi baixado, e aquela foi a última vez que Hermínia viu o marido.

Com Hassir e McKeefe agora, Thiago começou a erguer do chão mães com crianças. Nem via seus rostos. Ele só sabia que teria de ajudar, ajudar, ajudar... Nem peso aquelas pessoas pareciam ter. Jovens e fortes, Hassir e Thiago ergueram e ajudaram a subir no próximo bote pelos menos umas doze pessoas, tão rápido quanto podiam. McKeefe, mais velho, mas ainda em muito boa forma, conseguiu tirar um bom número de mulheres, homens idosos e crianças do navio. Brenton não conseguira localizar Harriet Wagner ainda, e embora trabalhasse como um touro, puxando e empurrando pessoas para fora daquele inferno marítimo, estava preocupadíssimo. Onde estariam as duas primas, afinal? Mais cinco ou seis homens se encontravam naquela parte do navio, fazendo o mesmo trabalho, ajudando os marujos a direcionar os passageiros para os botes salva-vidas.

Katherine e Margaret Brown davam tudo de si no trabalho de salvamento; guiavam pela mão pessoas idosas, carregavam crianças e literalmente organizavam filhas de mulheres para embarcar nos botes.

À 1h30 da manhã, as duas já tinham ajudado quase tantas pessoas a sair do malfadado navio quanto cada um de seus amigos homens. Margaret, então, disse que ia voltar ao corredor de acesso às cabines e ver se alguém ali precisava de auxílio. Katherine notou que o Reverendo McKeefe e Thiago não estavam mais por perto.

Compreendendo a interrogação, Hassir, já há muito sem a túnica e com as mangas arregaçadas apesar do frio intenso, explicou:

– Eles foram dar força ao pessoal que está resgatando a terceira classe. Está quase tudo inundado lá...

Katherine balançou a cabeça. Seus olhos estavam vermelhos.

– Agora... Com calma, querida – soou a voz de Margaret, atrás de Katherine.

Ela e James Brenton ajudavam Harriet Wagner, que mancava muito, a subir no bote.

– Mas não quero ir sem voc-... – Harriet começou a dizer.

– Você não vai sem mim, meu bem – assegurou Brenton, sorrindo, apesar do terror. – Logo estaremos juntos de novo. Foi uma sorte a Sra. Brown ter encontrado você. Já estava ficando desesperado

Entre lágrimas, Harriet disse:

– Ela está morta, James. O coração não resistiu. Igual ao Professor Krüger. Só que foi fulminante. Nem pude chamar por ajuda.

– Duvido que algum médico viesse agora, minha querida – confortou James Brenton, segurando os punhos de Harriet, enquanto Margaret a apoiava pela cintura.

– Antes de sairmos com o oficial, antes mesmo de colocarmos estes coletes, ela fechou os olhos tranquilamente. E percebi que não nos ouvia mais. Rita morreu, James.

Depois de beijar-lhe a testa e finalmente os lábios, James Brenton quase teve de empurrar Harriet para o bote, pois não queria que ela ficasse a bordo nem mais um minuto.

– Ela já estava sozinha quando a vi, Sr. Brenton – explicou Margaret Brown. – Escorregamos, as duas, e caímos no corredor de acesso. A água já passava da altura dos tornozelos. Foi ali que ela se machucou.

Um estalo seguido de um rangido demorado e assustador fez os homens e mulheres ainda ativos naquele ponto do navio gritarem. O convés rachara e uma fenda começava a cortar o piso como se fosse um terremoto dividindo ao meio o solo. Para surpresa de todos, porém, a fenda se deteve em determinado ponto e a rachadura não aumentou. Um perigo a menos, mas que pouco alívio trazia.

Nos pavilhões da terceira classe, a situação era ainda mais desesperadora. Um dos portões se fechara fora dos trilhos devido à inclinação. Dois marujos tentavam empurrá-lo a muque, sem sucesso. Do outro lado, rostos tomados de desespero e mãos espalmadas se comprimiam contra as grades. A água subia já até a cintura. De repente, cientes de que seus esforços eram inúteis, os dois marujos saíram do local o mais rápido que puderam, abandonando os passageiros à própria sorte. Thiago e McKeefe, no meio da escada que dava acesso àquele pavilhão, viram tudo. Tentar chamar os tripulantes de volta era inútil, ambos sabiam disso.

Com um único pensamento, sem precisar dizer coisa alguma um ou outro, os dois desceram apressadamente e prosseguiram com o trabalho de músculo que até então os marujos vinham fazendo: tentar destravar o miserável portão de metal.

Novos estalos se seguiram, e novos gritos.

O reverendo e Thiago se detiveram um instante. O estrondo que seguiu os estalos não vinha do outro lado do portão. Vinha de trás deles. Ou melhor: de cima. Thiago olhou para trás.

Nada podiam fazer. O vagalhão de água gelada desabou escada abaixo, engolfando McKeefe, Thiago, e os passageiros que aguardavam resgate do outro lado das grades do portão. A água entrou desimpedida, soberana, não só tomando tudo, mas crescendo até o teto do pavilhão. Logo, até a escada já estava debaixo dela. Com a velocidade do impacto, McKeefe e Thiago desfaleceram mesmo antes de seus pulmões se incharem. Não tardou até que seus corações parassem de bater...

Às 2 horas da manhã, o último bote salva-vidas foi arriado, com mais de 40 pessoas a bordo. Muitos homens já tinham sido resgatados também. De repente, sem forças, William Murdoch e o Comandante Smith, decidiram que ficariam até o último e derradeiro momento, certificando-se de que todos os esforços humanamente possíveis tivessem sido feitos. Pouco depois das 2h15, nenhum dos dois foi mais visto.

As últimas luzes do Titanic se apagaram. A imensa cidade flutuante era agora uma cidade fantasma.

Às 2h20, o Titanic se inclinou, ficando totalmente vertical; e dali a poucos minutos mergulhou até as profundezas do oceano.

Mais de 1.500 pessoas, entre tripulantes e passageiros, morreram no desastre que se tornou ícone na história das tragédias marítimas.

Katherine Mansfield e Margaret Brown devem ter sido as duas últimas mulheres a saltar para um bote salva-vidas, tendo que praticamente ser arrastadas e jogadas nele. Graças a elas, bem como a homens como Hassir Mansur, James Brenton e os dois que perderam a vida no naufrágio, John McKeefe e Thiago Matoso, muitos sobreviveram para contar a história.

Embora estivessem em botes diferentes, Hermínia Matoso e Harriet Wagner foram resgatadas pelo mesmo navio de passageiros que salvou também Katherine e Margaret: o Belvedere. Hassir foi um dos últimos a saltar do navio para um bote, sendo também resgatado pela mesma embarcação. As quatro mulheres, Hermínia, Harriet, Katherine e Margaret receberam cobertores e uma bebida quente logo que foram trazidas a bordo do Belvedere. Todos os passageiros foram acomodados da melhor forma e com o melhor conforto possível. Às 5 horas da manhã de 15 de abril, as quatro se sentavam no chão, agasalhadas e tão aquecidas quanto possível, quando Hassir as encontrou. Katherine e ele se abraçaram demoradamente, sem trocar uma única palavra. Depois disso, Hassir fez questão de abraçar cada uma das outras: Hermínia, Harriet e a fantástica Margaret Brown.

– Sinto muito por Thiago, Hermínia – ele disse, após contar sobre a irremediável inundação do pavimento onde Thiago e McKeefe tentaram resgatar mais pessoas. – De onde ele estiver, deve estar feliz por ver você bem, agora.

Hermínia assentiu, mas não disse nada. As lágrimas não paravam de rolar de seus olhos. Thiago não era só seu marido amado. Não era só seu companheiro. Ela sabia, embora não compreendesse por quê, que Thiago não só a amava, mas também queria protegê-la. Para sempre. Mas o *para sempre* agora se interrompera no mar.

Hassir pensou nos dois homens, de cuja amizade desfrutara por tão pouco tempo. Será que os dois se viam agora, em seu novo estado incorpóreo? E como o bom Reverendo McKeefe reagiria ao se perceber como espírito, como consciência pura, talvez volitando livre acima do que fora até então seu corpo?

Harriet também chorava muito. Pela perda de sua rabugenta prima, pela dor da jovem brasileira, pela morte do Reverendo McKeefe e... sobretudo pelo desaparecimento de James Brenton.

Hassir viu quando Brenton, que também machucara o pé em meio aos empurrões e às colisões com objetos que escorregavam pelo convés, caiu ao mar. Hassir teve a nítida impressão de ver o jovem americano nadar ao encontro de um dos botes após o impacto na água gélida, mas não tinha certeza.

No dia 18 de abril, o Belvedere atracou em Nova York.

Quando já se preparava para descer a rampa, Harriet o viu. James estava quase no fim da fila. Mancava, assim como ela, e parecia cansado. Mas estava vivo. James Brenton sobrevivera e fora resgatado pelo mesmo barco.

Ela gritou seu nome.

Brenton ouviu e imediatamente olhou na direção de Harriet. Viu também com ela Hassir, Katherine e Hermínia. Margaret Brown ia mais à frente, mas também se deteve quando ouviu a voz de Harriet.

Em terra, James e Harriet se abraçaram.

Dali a alguns segundos, Margaret se juntou a eles num abraço em trio. Não tardou para que o abraço em trio virasse um abraço quíntuplo. Margaret olhou para trás e viu Hermínia, fora do grupo de braços entrelaçados em mútuo consolo e mútuo alívio. Fez um gesto com a mão, chamando a brasileira. Hermínia deu um passo à frente e pegou a mão de Margaret.

James Brenton ficou um mês em Nova York, colocando em dia seus negócios e, assim que se viu pronto, embarcou de volta à Inglaterra. Lá, encontrou-se com Harriet Wagner conforme tinham combinado. Os dois se casaram e ficaram morando na enorme mansão que Harriet herdara da prima, Rita Bromski. Dinâmico e ávido pelo trabalho, Brenton continuou no ramo de seguros, agora em seu novo país. Ao lado dele, Harriet encontrou a alegria do amor e a paz de uma companhia que nunca, em seus 40 anos de vida, desfrutara.

Hermínia Matoso voltou para o Brasil e se casou novamente em maio de 1913, pouco mais de um ano após a morte de Thiago. Seu segundo marido era um fazendeiro rico, de uma família amiga de seu pai. O casal foi viver em um sítio recém-comprado no interior de São Paulo. Nunca tiveram filhos. Mesmo por insistência do marido, ela não gostava de falar sobre sua experiência como a única brasileira que viajou no Titanic e sobreviveu.

Margaret Brown recebeu o apelido de "inafundável" por seu empenho em salvar tantas vidas, e acabou se tornando participante ativa de causas em prol dos direitos humanos.

Quanto a Hassir/Dennis e Katherine, após o desembarque em Nova York, não ficaram mais que um dia na cidade. Sempre se lembrando do alerta que o espírito de seu pai dera a Thiago, Katherine não correria mais riscos desnecessários. Nem Hassir estava disposto a arriscar a segurança da mulher que ele amava. Partiram imediatamente para Nova Jersey, e lá se instalaram em um hotel, após Hassir fazer arranjos para uma transferência bancária. Dali a dois dias, ele contatou sua irmã, Annalee, e lhe assegurou que estava bem, já instalado na América. Explicou-lhe que estava acompanhado e que em breve iria apresentar a amiga à família.

Katherine, enfim, foi muito bem recebida por Annalee e seu esposo. Temendo ficar muito tempo em Nova York, porém, por causa do alerta do pai, ela quis voltar logo para Nova Jersey. Hassir tomou as providências, assegurando a Annalee e aos outros irmãos que logo estariam em contato novamente. Katherine não chegou a pedir o divórcio, pois ao tentar um contato com Edmund, soube que ele fora morto em uma perseguição policial. Apesar da tristeza pelo impacto da notícia, ela ficou aliviada. Nem poderia ser diferente. Dali a poucos meses, ela e Hassir fixaram residência em Nova York, e lá viveram o resto de seus dias, no conforto e na paz da companhia um do outro. Hassir nunca reassumiu sua identidade irlandesa. Com o apoio dos irmãos, ele fundou uma escola de inglês para estrangeiros e com o tempo passou a oferecer aulas de outros idiomas para americanos. Katherine sugeriu que a escola se chamasse Instituto Mansur, mas ele preferiu lhe dar o nome de solteira de Katherine: Taylor.

O Instituto Taylor de Idiomas operou em Nova York até meados dos anos 1960.

Katherine e Hassir tiveram um filho tardiamente; Hassir tinha mais de 40 e Katherine, quase 40. Deram ao menino o nome de Demetrius. Quando completou 21 anos, Demetrius se alistou no exército dos Estados Unidos, contra a vontade dos pais. Acabou sendo enviado ao Havaí no início da década de 1940. O posto em que Demetrius operava foi bombardeado durante o ataque japonês a Pearl Harbor em 1941 e o rapaz ficou temporariamente desaparecido. Depois de quatro dias de busca entre os escombros, quando seus superiores militares, bem como seus pais, já o consideravam morto, ou "desaparecido em ação", cães farejadores o encontraram. Estava machucado, faminto e quase inconsciente. Foi levado a um hospital militar, tratado com penicilina e outros remédios e começou a se recuperar rapidamente. Seus pais voaram imediatamente para o Havaí.*

Em uma conversa com Katherine e Hassir, durante o horário de visita em um domingo, o rapaz disse aos pais:

– Sabe, cheguei a pensar que ia morrer mesmo. Tenho certeza de que foi aquele senhor que informou os oficiais com os cães, que farejaram no lugar certinho...

– Que senhor, querido? – perguntou Katherine.

– Pouco antes de os cães me encontrarem, um senhor veio até onde eu estava e disse: 'meu filho, não tenho forças para tirar você daqui. Mas fique tranquilo, pois você será salvo'. E realmente, aqueles animais maravilhosos me encontraram logo em seguida.

– Era um militar, esse senhor? – Hassir indagou.

– Não, não. Pelo menos, acho que não. Usava trajes civis. Eu já estava meio tonto de tanta fome e sede... Dor já nem sentia mais. Mas vi que ele usava um terno cinza-escuro, um chapéu da mesma cor e... se me lembro bem, ele tinha bigode e usava óculos com lentes grossas. Falava com sotaque britânico. O homem me transmitiu tamanha segurança que no mesmo instante me senti animado. Tive certeza de que seria resgatado, finalmente.

Katherine não comentou. Hassir pôs o braço em volta dos ombros dela.

Quando o casal saiu do hospital após o horário de visitas, Hassir notou nela ao mesmo tempo um sorriso discreto e algumas lágrimas.

– Papai, obrigada! – ela disse baixinho.

Hassir a abraçou ainda mais apertado.

No dia em que completou 60 anos, em meio à festa que seu marido organizara no sítio, Hermínia recebeu de sua prima Maria Cecília, por sua vez filha da prima Adélia, a notícia de que estava grávida.

– Mas que maravilha, Ciça! Isso sim, é que é motivo de comemoração – Hermínia disse, emocionada.

– Sei disso, Hermínia. Mas por enquanto, não. Não contei à mamãe ainda. Ela anda meio preocupada com a situação financeira de Pedro, e pode achar que um filho agora nos traria complicações. Sabe como é sua prima... – ela riu. – Quer viver a vida de todos e se preocupa além do necessário.

Em silêncio, as primas em segundo grau celebraram com uma discreta taça de champanhe.

Dali a nove meses, veio ao mundo o filho de Maria Cecília e Pedro. Deram-lhe o nome de Antonio. O menino cresceu saudável, brincalhão, e era uma criança muito perspicaz, sempre atento aos sentimentos dos outros.

Um dia, quando já tinha 7 anos de idade, conversava com Hermínia, a quem chamava de "tia", e com muito carinho, pegou-lhe na mão e a encostou no rosto.

– Quero ser seu anjo da guarda, tia – o garotinho disse. – Você me deixa?

Ela riu, afagou-lhe os cabelos loirinhos, e disse:

– Claro, meu amor. Pode ser meu anjo da guarda, sim. Mas por quê, hein?

Antonio olhou para a "tia" e respondeu:

– Não sei. Mas se precisar de proteção, quero estar ao seu lado. Acha que mamãe vai deixar?

Hermínia riu de novo.

MIA – missing in action. (N. do A.)

– Vai, sim, meu amor – respondeu. E ficou pensativa.

De repente, Hermínia voltou ao passado, lembrando-se de seu primeiro casamento. Thiago era um homem especial; embora o amasse muito, não percebia isso na época. Tantos anos se haviam passado e, de vez em quando, se lembrava dele. Não gostava de comentar isso com ninguém, claro... Não, realmente ela não compreendia a profundidade dos sentimentos e sabedoria do jovem marido naquele ano de 1912, quando, recém-casados, os dois embarcaram em uma viagem da Inglaterra para Nova York. O mar, no entanto, mudara o rumo de sua vida... E ela nunca correspondeu à profunda sensibilidade de Thiago, como ele merecia...

– Então, assim será, tia – repetiu o menino. – Serei seu anjo da guarda, e quando você precisar de proteção, me chame. Combinado?

Hermínia sentiu os olhos daquele garoto atravessarem-lhe a alma. Não era simplesmente um menino de 7 anos que propunha, agora, em meio a lembranças, ser o guardião dela, uma mulher de 68 anos de idade. Era um espírito muito mais antigo; era um espírito de pura luz, em paz consigo mesmo, atento aos movimentos à sua volta, e sempre disposto a ajudar. Instintivamente, ela sabia disso. Sabia sem saber... Lutando para segurar as lágrimas, ela puxou o menino para perto de si, e recomeçou a acariciar seus cabelos. Sentada ainda na poltrona, ela se curvou e beijou o rostinho de Antonio...

Romances Barbara

Livros que emocionam e ensinam profundas lições de superação e amor

Nem que o mundo caia sobre mim
De Américo Simões/Clara

Mamãe foi uma mulher, mais uma dentre tantas, que nunca se ressentia do temperamento explosivo do marido, nunca se agarrava a sua própria opinião, nunca tentava impor uma conduta própria. Sacrificava, o tempo todo, suas vontades para satisfazer as dele. Em resumo: anulava-se totalmente diante dele. Por ele.

No entanto, quanto mais ela se sacrificava, menos ele lhe dava valor, mais e mais a ignorava e era ríspido com ela. Seu comportamento a deixava tiririca, pois não conseguia entender como alguém que tanto fazia o bem, podia ser tratado com tanto descaso.

Ela, Dona Rosa, quisera ser a mulher ideal para o marido, para ajudá-lo a enfrentar os períodos negros da vida, mas ele não reconhecia sua dedicação e grandeza.

Ficava sentada em silêncio, apertando os dentes, tentando não falar nada, porque sabia por amarga experiência que ao fazê-lo, o marido piorava seu mau humor imediatamente. O jeito era aguentar calada, aguentar e aguentar...

Todavia, mesmo assim, ele explodia. Muitas vezes, sem o menor motivo. E ela sempre se assustava, pois nunca sabia quando esses rompantes iam acontecer da mesma forma que os achava um exagero, um auê desnecessário.

Para comigo e meus dois irmãos papai não era muito diferente, não. Andava sempre impaciente demais para nos ouvir e apreciar nossa meninice e, por isso, mamãe acabava exercendo o papel de mãe e pai ao mesmo tempo.

O casamento dos dois chegou ao fim no dia em que mamãe pôs para fora, finalmente, aquilo que há muito estava entalado na sua garganta:

– Você jurou na frente do padre que viveria ao meu lado na alegria e na tristeza, na saúde e na doença... Você jurou diante de Deus!

Papai, com a maior naturalidade do mundo, respondeu, sem pesar algum:

– Se jurei, jurei em falso.

Sua resposta foi chocante demais para Dona Rosa. Jamais pensou que o homem por quem se apaixonara e jurara viver na alegria e na tristeza, na saúde e na doença, amando-o e respeitando-o, diante de Deus, pudesse lhe dizer aquilo. Algo que a feriu profundamente.

Mamãe, trêmula, tentou demonstrar em palavras a sua indignação, mas papai levantou-se do sofá e disse, com voz calma:

– Vou até o bar da esquina comprar um maço de cigarros e volto já.

Assim que ele passou pela porta, fechando-a atrás de si, mamãe levantou-se e dirigiu-se até lá. Abriu-a novamente e espiou pela fresta o marido, seguindo para a rua. Acompanhou-o com o olhar até perdê-lo de vista. Foi a última vez que o viu. As horas passaram, ela adormeceu, só se deu conta de que ele não havia voltado para casa no dia seguinte. Saiu às ruas a sua procura, mas ninguém o havia visto. Ele parecia ter se evaporado na noite. Restou-lhe apenas chamar a polícia para dar parte do seu desaparecimento...

"Nem que o mundo caia sobre mim" vai surpreender o leitor com uma história bem atual, que fala de dramas humanos, cheia de reviravoltas. Impossível adivinhar seu rumo e o final surpreendente e inspirador.

E O AMOR RESISTIU AO TEMPO...
DE AMÉRICO SIMÕES/CLARA

Diante do olhar arguto de Caroline sobre si, examinando-o de cima a baixo, o rapaz pareceu se encolher. Meio sem jeito, quase encabulado, perguntou:

– É verdade que sou seu filho?

Os olhos dela apresentaram leve sinal de choque. Mas foi só. No geral se manteve a mesma.

– Ah! – exclamou com desdém. – É isso?

Ele assentiu com a cabeça, torcendo o chapéu em suas mãos.

– Quem lhe disse isso?

– Agatha. Primeiramente foi ela. Depois minha mãe - sua irmã - acabou confirmando. Ela não queria, mas eu insisti. Precisava saber da verdade.

– Pra que?

– Ora, porque mereço saber quem foram meus pais. Sempre quis saber, desde que morava no orfanato.

– Sei...

Caroline fez bico e se concentrou novamente nos cabelos.

– A senhora precisa me dizer, por favor, se é mesmo verdade que sou filho da senhora... Que pensei durante todos esses anos ser minha tia.

A mulher de trinta e cinco anos ficou quieta por um instante como se estivesse meditando. Por fim, disse autoritária:

– Sim, é verdade...

O rosto do rapaz se iluminou.

Caroline, voltando a escovar os cabelos, completou:

– É verdade e, ao mesmo tempo, não.

O rapaz fitou-a com um ar de quem está mesmo querendo entender. Ela prosseguiu:

– Você nasceu mesmo de mim, mas... foi um equívoco. Um grave equívoco.

Se estas palavras o surpreenderam, as seguintes o magoaram profundamente:

– Foi uma brincadeira do destino. Um desatino do destino.

Ela riu.

– Onde já se viu me fazer dar à luz a uma criança... Aleijada?

O romance "E o amor resistiu ao tempo" fala sobre os sofrimentos que cada um passa por causa das convenções sociais, dos preconceitos, egoísmos em geral e, principalmente, de quando o passado volta à sua vida para assombrar o presente.

Com uma narrativa surpreendente, o romance responde às perguntas existencialistas e profundas que a maioria de nós faz ao longo da vida: por que cada um nasce com uma sorte diferente? Por que nos apaixonamos por pessoas que nos parecem conhecidas de longa data sem nunca termos estado juntos antes? Se há outras vidas, pode o amor persistir e triunfar, enfim, de forma mais lúcida e pacífica, após a morte?

Uma comovente história que se desenvolve ao longo de três reencarnações. Para reflexão no final, inspirar o leitor a uma transformação positiva em sua existência.

FALSO BRILHANTE, DIAMANTE VERDADEIRO
DE AMÉRICO SIMÕES/CLARA

Marina está radiante, pois acaba de conquistar o título de Miss Brasil. Os olhos do mundo estão voltados para sua beleza e seu carisma.

Ela é uma das favoritas do Concurso de Miss Universo. Se ganhar, muitas portas lhe serão abertas em termos de prosperidade, mas o que ela mais deseja, acima de tudo, é ser feliz ao lado de Luciano, seu namorado, por quem está perdidamente apaixonada.

Enquanto isso, Beatriz, sua irmã, se pergunta: como pode alguém como Marina ter tanta sorte na vida e ela não? Ter um amor e ela ninguém, sequer alguém que a paquere?

Pessoas na cidade, de todas as idades, questionam: Como pode Beatriz ser irmã de Marina, tão linda e Beatriz, tão feia, como se uma fosse um brilhante e a outra um diamante bruto?

Entre choques e decepções, reviravoltas e desilusões segue a história dessas duas irmãs cujas vidas mostram que nem tudo que reluz é ouro, nem tudo que brilha é brilhante e que aquilo que ainda é bruto também pode irradiar luz.

A VIDA SEMPRE CONTINUA...
De Américo Simões/clara

Geórgia perde totalmente o interesse pela vida depois da morte de seu alguém especial. Foram meses de sofrimento até sua partida e muitos outros depois. Só lhe resta agora chorar e aguardar a própria morte, diz ela para si mesma. Acontece então algo surpreendente: uma tia que não via há mais de vinte anos deixa-lhe como herança, a casa no litoral na qual viveu com o marido nos últimos anos de vida. Por causa desta herança, Geórgia é obrigada a ir até o local para decidir o que será feito de tudo aquilo. Acontecimentos misteriosos vão surpreendê-la e resgatá-la do caos emocional, da depressão pós-luto, e dar uma nova guinada em sua vida, na sua existência dentro do cosmos.

A OUTRA FACE DO AMOR
De Américo Simões/clara

Eles passavam a lua de mel na Europa quando ela avistou, ao longe, pela primeira vez, uma mulher de rosto pálido, vestida de preto da cabeça aos pés, olhando atentamente na sua direção. Então, subitamente, esta mulher arrancou uma rosa vermelha, jogou-a no chão e pisou até destruí-la.

Por que fizera aquilo?

Quem era aquela misteriosa e assustadora figura?

E por que estava seguindo o casal por todos os países para os quais iam?

Prepare-se para viver emoções fortes a cada página deste romance que nos revela a outra face do amor, aquela que poucos pensam existir e os que sabem, preferem ignorá-la.

SEM AMOR EU NADA SERIA...
De Américo Simões/clara

Em meio a Segunda Guerra Mundial, Viveck Shmelzer, um jovem alemão do exército nazista, apaixona-se perdidamente por Sarah Baeck, uma jovem judia, residente na Polônia.

Diante da determinação nazista de exterminar todos os judeus em campos de concentração, Viveck se vê desesperado para salvar a moça do desalmado destino reservado para sua raça.

Somente unindo-se a Deus é que ele encontra um modo de protegê-la, impedir que morra numa câmara de gás.

Enquanto isso, num convento, na Polônia, uma freira se vê desesperada para encobrir uma gravidez inesperada, fruto de uma paixão avassaladora.

Destinos se cruzarão em meio a guerra sanguinária que teve o poder de destruir tudo e todos exceto o amor. E é sobre esse amor indestrutível que fala a nossa história, transformada neste romance, um amor que uniu corações, almas, mudou vidas, salvou vidas, foi no final de tudo o maior vitorioso e sobrevivente ao Holocausto.

Uma história forte, real e marcante. Cheia de emoções e surpresas a cada página... Simplesmente imperdível.

NINGUÉM DESVIA O DESTINO
DE AMÉRICO SIMÕES/CLARA

Heloise ama Álvaro. Os dois se casam, prometendo serem felizes até que a morte os separe.

Surge então algo inesperado.

Visões e pesadelos assustadores começam a perturbar Heloise.

Seriam um presságio?

Ou lembranças fragmentadas de uma outra vida? De fatos que marcaram profundamente sua alma?

Ninguém desvia o destino é uma história de tirar o fôlego do leitor do começo ao fim. Uma história emocionante e surpreendente. Onde o destino traçado por nós em outras vidas reserva surpresas maiores do que imaginam a nossa vã filosofia e as grutas do nosso coração.

SE NÃO AMÁSSEMOS TANTO ASSIM
DE AMÉRICO SIMÕES/FRANCESCO

No Egito antigo, 3400 anos antes de Cristo, Hazem, filho do faraó, herdeiro do trono se apaixona perdidamente por Nebseni, uma linda moça, exímia atriz. Com a morte do pai, Hazem assume o trono e se casa com Nebseni. O tempo passa e o filho tão necessário para o faraó não chega. Nebseni se vê forçada a pedir ao marido que arranje uma segunda esposa para poder gerar um herdeiro, algo tido como natural na época. Sem escolha, Hazem aceita a sugestão e se casa com Nofretiti, jovem apaixonada por ele desde menina e irmã de seu melhor amigo.

Nofretiti, feliz, casa-se, prometendo dar um filho ao homem que sempre amou e jurando a si mesma destruir Nebseni, apagá-la para todo o sempre do coração do marido para que somente ela, Nofretiti, brilhe.

Mas pode alguém apagar do coração de um ser apaixonado a razão do seu afeto? **Se não amássemos tanto assim** é um romance comovente com um final surpreendente, que vai instigar o leitor a ler o livro outras tantas vezes.

A LÁGRIMA NÃO É SÓ DE QUEM CHORA
De Américo Simões/clara

Christopher Angel, pouco antes de partir para a guerra, conhece Anne Campbell, uma jovem linda e misteriosa, muda, depois de uma tragédia que abalou profundamente sua vida. Os dois se apaixonam perdidamente e decidem se casar o quanto antes, entretanto, seus planos são alterados da noite para o dia com a explosão da guerra. Christopher parte, então, para os campos de batalha prometendo a Anne voltar para casa o quanto antes, casar-se com ela e ter os filhos com quem tanto sonham.

Durante a guerra, Christopher conhece Benedict Simons de quem se torna grande amigo. Ele é um rapaz recém-casado que anseia voltar para a esposa que deixara grávida. No entanto, durante um bombardeio, Benedict é atingido e antes de morrer faz um pedido muito sério a Christopher. Implora ao amigo que vá até a sua casa e ampare a esposa e o filho que já deve ter nascido. Que lhe diga que ele, Benedict, os amava e que ele, Christopher, não lhes deixará faltar nada. É assim que Christopher Angel conhece Elizabeth Simons e, juntos, descobrem que quando o amor se declara nem a morte separa as pessoas que se amam.

POR ENTRE AS FLORES DO PERDÃO
De Américo Simões/clara

No dia da formatura de segundo grau de sua filha Samantha, o Dr. Richard Johnson recebe uma ligação do hospital onde trabalha, solicitando sua presença para fazer uma operação de urgência numa paciente idosa que está entre a vida e a morte.

Como um bom médico, Richard deixa para depois a surpresa que preparara para a filha e para a esposa para aquele dia especial. Vai atender ao chamado de emergência. Um chamado que vai mudar a vida de todos, dar um rumo completamente diferente do almejado. Ensinar lições árduas...

"Por entre as flores do perdão" fará o leitor sentir na pele o drama de cada personagem e se perguntar o que faria se estivesse no lugar de cada um deles. A cada página viverá fortes emoções e descobrirá, ao final, que só as flores do perdão podem nos libertar dos lapsos do destino. Fazer renascer o amor afastado por uma tragédia.

Uma história de amor vivida nos dias de hoje, surpreendentemente reveladora e espiritual.

QUANDO O CORAÇÃO ESCOLHE
DE AMÉRICO SIMÕES/CLARA

(Publicado anteriormente com o título: "A Alma Ajuda")

Sofia mal pôde acreditar quando apresentou Saulo, seu namorado, à sua família e eles lhe deram as costas.

– Você deveria ter-lhes dito que eu era negro – observou Saulo.

– Imagine se meu pai é racista! Vive cumprimentando todos os negros da região, até os abraça, beija seus filhos...

– Por campanha política, minha irmã – observou o irmão.

Em nome do amor que Sofia sentia por Saulo, ela foi capaz de jogar para o alto todo o conforto e *status* que tinha em família para se casar com ele.

Ettore, seu irmão, decidiu se tornar padre para esconder seus verdadeiros sentimentos.

Mas a vida dá voltas e nestas voltas a família Guiarone aprendeu que amor não tem cor, nem raça, nem idade, e que toda forma de amor deve ser vivida plenamente. E essa foi a maior lição naquela reencarnação para a evolução espiritual de todos.

QUANDO É INVERNO EM NOSSO CORAÇÃO
DE AMÉRICO SIMÕES/CLARA

Clara ama Raymond, um humilde jardineiro. Então, aos dezessete anos, seu pai lhe informa que chegou a hora de apresentar-lhe Raphael Monie, o jovem para quem a havia prometido em casamento. Clara e Amanda, sua irmã querida, ficam arrasadas com a notícia. Amanda deseja sem pudor algum que Raphael morra num acidente durante sua ida à mansão da família. Ela está no jardim, procurando distrair a cabeça, quando a carruagem trazendo Raphael entra na propriedade.

De tão absorta em suas reflexões e desejos maléficos, Amanda se esquece de observar por onde seus passos a levam. Enrosca o pé direito numa raiz trançada, desequilibra-se e cai ao chão com grande impacto.

– A senhorita está bem? – perguntou Raphael ao chegar ali.

Amanda se pôs de pé, limpando mecanicamente o vestido rodado e depois o desamassando. Foi só então que ela encarou Raphael Monie pela primeira vez. Por Deus, que homem era aquele? Lindo, simplesmente lindo. Claro que ela sabia: era Raphael, o jovem prometido para se casar com Clara, a irmã amada. Mas Clara há muito se encantara por Raymond, do mesmo modo que agora, Amanda, se encantava por Raphael Monie.

Deveria ter sido ela, Amanda, a prometida em casamento para Raphael e não Clara. Se assim tivesse sido, ela poderia se tornar uma das mulheres mais felizes do mundo, sentia Amanda. Se ao menos houvesse um revés do destino... **Quando é inverno em nosso coração** é uma história tocante, para nos ajudar a compreender melhor a vida, compreender por que passamos certos problemas no decorrer da vida e como superá-los.

NENHUM AMOR É EM VÃO
DE AMÉRICO SIMÕES/CLARA

Uma jovem inocente e pobre, nascida numa humilde fazenda do interior do Paraná, conhece por acaso o filho do novo dono de uma das fazendas mais prósperas da região. Um rapaz elegante, bonito, da alta sociedade, cercado de mulheres bonitas, estudadas e ricas.

Um encontro que vai mudar suas vidas, fazê-los aprender que **nenhum amor é em vão**. Todo amor que acontece, acontece porque é a única forma de nos conhecermos melhor, nos perguntarmos o que realmente queremos da vida? Que rumo queremos dar a ela? Pelo que vale realmente brigar na nossa existência?

VIDAS QUE NOS COMPLETAM

Vidas que nos completam conta a história de Izabel, moça humilde, nascida numa fazenda do interior de Minas Gerais, propriedade de uma família muito rica, residente no Rio de Janeiro.

Com a morte de seus pais, Izabel é convidada por Olga Scarpini, proprietária da fazenda, a viver com a família na capital carioca. Izabel se empolga com o convite, pois vai poder ficar mais próxima de Guilhermina Scarpini, moça rica, pertencente à nata da sociedade carioca, filha dos donos da fazenda, por quem nutre grande afeto.

No entanto, os planos são alterados assim que Olga Scarpini percebe que o filho está interessado em Izabel. Para afastá-la do rapaz, ela arruma uma desculpa e a manda para São Paulo.

Izabel, então, conhece Rodrigo Lessa, por quem se apaixona perdidamente, sem desconfiar que o rapaz é um velho conhecido de outra vida.

Uma história contemporânea e comovente para lembrar a todos o porquê de a vida nos unir àqueles que se tornam nossos amores, familiares e amigos... Porque toda união é necessária para que vidas se completem, conquistem o que é direito de todos: a felicidade.

SUAS VERDADES O TEMPO NÃO APAGA
De Américo Simões/Clara

No Brasil, na época do Segundo Reinado, em meio às amarguras da escravidão, Thiago conhece a bela Melinda Florentis, moça rica de família nobre e europeia. Disposto a conquistá-la, trama uma cilada para afastar o noivo da moça e assim se casa com ela.

Essa união traz grandes surpresas para ambos, mostrando que atraímos na vida o que almejamos, porém, tudo na medida certa para contribuir com nossa evolução espiritual.

Esta é uma história emocionante para guardar para sempre no seu coração. Um romance que revela que **suas verdades o tempo não apaga** jamais, pois, geralmente, elas sempre vêm à tona e, ainda que sejam rejeitadas, são a chave da libertação pessoal e espiritual.

O AMIGO QUE VEIO DAS ESTRELAS
De Américo Simões/Clara

É um livro para ler com muita atenção.

Jennifer mora com a mãe numa chácara próxima a uma cidadezinha do litoral paulistano. No dia em que estava reunida com os amigos para assistir a um dos maiores acontecimentos do ano, um eclipse lunar, ela conhece um menino lindo, de olhos azuis, cabelos loiros, quase dourados, que surge misteriosamente na chácara e pouco fala de si mesmo. Quem é ele, de onde veio, para onde vai?

É isso que Jennifer e seus amigos querem muito saber.

A resposta é surpreendente e mais ainda é a aventura que eles vivem lado a lado.

Uma aventura que marca para sempre a vida de todos e marcará a sua também. Porque fala metaforicamente sobre a origem da vida humana, o porquê da nossa existência e o poder de cada um neste Universo, no decorrer do processo chamado VIDA.

A SOLIDÃO DO ESPINHO
De Américo Simões/Francesco
(MOSTRA O QUANTO É BOM AMAR E SE LIBERTAR DAS ILUSÕES PROVOCADAS PELA PAIXÃO)

Virginia Accetti sonha, desde menina, com a vinda de um moço encantador, que se apaixone por ela e lhe possibilite uma vida repleta de amor e alegrias.

Evângelo Felician é um jovem pintor talentoso, que desde o início da adolescência apaixonou-se por Virginia, mas ela o ignora por não ter o perfil do moço com quem sonha se casar.

Os dois vivem num pequeno vilarejo próximo a famosa prisão "Écharde" para onde são mandados os piores criminosos do país. Um lugar assustador e deprimente onde Virginia conhece uma pessoa que mudará para sempre o seu destino.

"A Solidão do Espinho" nos fala sobre a estrada da vida a qual, para muitos, é cheia de espinhos e quem não tem cuidado se fere. Só mesmo um grande amor para cicatrizar esses ferimentos, superar desilusões, reconstruir a vida... Um amor que nasce de onde menos se espera. Uma história de amor como poucas que você já ouviu falar ou leu. Cheia de emoção e suspense. Com um final arrepiante.

SÓ O CORAÇÃO PODE ENTENDER
DE AMÉRICO SIMÕES/CLARA

Tudo preparado para uma grande festa de casamento quando uma tragédia muda o plano dos personagens, o rumo de suas vidas e os enche de revolta. É preciso recomeçar. Retirar as pedras do caminho para prosseguir... Mas recomeçar por onde e com que forças? Então, quando menos se espera, as pedras do caminho tornam-se forças espirituais para ajudar quem precisa reerguer-se e reencontrar-se num mundo onde **só o coração pode entender**. É preciso escutá-lo, é preciso aprender a escutá-lo, é preciso tirar dele as impurezas deixadas pela revolta, para que seja audível, límpido e feliz como nunca foi...

Uma história verdadeira, profunda, real que fala direto ao coração e nos revela que o coração sabe bem mais do que pensamos, que pode compreender muito mais do que julgamos, principalmente quando o assunto for amor e paixão.

Coleção Mulheres Fênix
DE AMÉRICO SIMÕES

CADA LIVRO ABORDA UM TEMA DIFERENTE, DÁ UMA INJEÇÃO DE ÂNIMO NO LEITOR, ESPECIALMENTE NAQUELE QUE ESTÁ PASSANDO OU PASSOU OS MESMOS PROBLEMAS QUE O PERSONAGEM ENFRENTA.

SOLIDÃO, NUNCA MAIS

Em "Solidão, nunca mais!", o terceiro livro da Coleção Mulheres Fênix, Carla é uma mulher desiludida com a vida por não ter se casado como suas amigas, primas e conhecidas.

A desilusão faz com que afogue suas mágoas, comendo excessivamente e, com isso, prejudique seu físico, volte-se contra si mesma por não conseguir emagrecer e se apreciar diante do espelho.

Quando a depressão chega ao ápice, pondo em risco sua vida, uma força vinda do Além surge para impedir que ela cometa uma loucura, desperte para outras realidades da vida e aprenda a amar a si mesma antes de querer ser amada pelo outro.

Uma história baseada em fatos reais, muito atual, contada com muito bom humor que vai surpreender o leitor, especialmente a mulher que enfrenta ou já enfrentou a mesma situação que a personagem.

AS PAZES COMIGO, FAREI
DE AMÉRICO SIMÕES

Em "As pazes comigo, farei", o segundo livro da Coleção Mulheres Fênix, Júlia vive o maior inesperado de sua vida.

Em vez de ouvir o típico "eu te amo" de todo dia, Júlia ouviu: "eu quero me separar, nosso casamento acabou". A separação leva-a ao fundo do poço. Nem os filhos tão amados conseguem fazê-la reagir. "Por que o *meu* casamento tinha de desmoronar? E agora, o que fazer da vida? Como voltar a ser feliz?"

Júlia quer obter as respostas para as mesmas perguntas que toda mulher casada faz ao se separar. E ela as obtém de forma sobrenatural. Assim, pode renascer das cinzas e voltar a brilhar com todo o esplendor de uma mulher Fênix.

Um romance baseado em fatos reais, inspirador para todo aquele que enfrenta ou já enfrentou a mesma situação que a personagem.

O AMOR TUDO SUPORTA?
DE AMÉRICO SIMÕES

Em "O amor tudo suporta?", o primeiro livro da Coleção Mulheres Fênix, Raquel, esposa e mãe dedicada, é capaz de tudo para fazer com que seu casamento sobreviva a uma crise provocada pelo alcoolismo do marido.

Mesmo sob fortes agressões verbais e físicas por parte dele, ela se mantém firme no seu objetivo de salvar seu casamento em quaisquer circunstâncias.

Quando o descontrole do marido chega ao ápice, pondo em risco sua vida, surge uma força, vinda do Além, para impedir que tanto ela como seus filhos amados sejam agredidos mais ainda.

Com uma narrativa muito realista, a história de Raquel vai surpreender o leitor, especialmente a mulher que enfrenta ou já enfrentou a mesma situação que a personagem.

Uma história baseada em fatos reais e bastante atual que inspira e desperta o amor próprio para que todos voltem a brilhar com o esplendor de uma Mulher Fênix.

Uma das histórias mais apreciadas e elogiadas pelas leitoras do livro de grande sucesso intitulado "Mulheres Fênix – Recomeçando a vida", agora dividido em 4 fascículos.

Entre o medo e o desejo
De Américo Simões

Em "Entre o medo e o desejo", o quarto livro da Coleção Mulheres Fênix, Débora, esposa e mãe dedicada, desconfia que o marido a está traindo e, para se vingar, decide se envolver com seu professor da academia de ginástica.

O marido, desconfiado de que a esposa não lhe está sendo fiel, envolve-se com Cláudia, bonita e atraente, que não acredita ser capaz de conquistar um homem solteiro, por isso só se envolvia com casados até então e os abandonava, ao perceber que para eles nunca ela deixaria de ser a "outra".

Dessa vez, porém, Cláudia está decidida a fazer de tudo para que seu amante fique com ela, mesmo que para isso seja preciso destruir um lar.

Descrita com muita realidade, essa história vai surpreender os leitores, elevar a autoestima, desenvolver a autoconfiança no parceiro, resgatar valores esquecidos entre o casal, unido há anos.

"As aparências enganam"
De Américo Simões

Carla está muito apaixonada por Caíne, um rapaz brilhante, herdeiro de uma famosa rede de farmácias do país. Durante a brincadeira do Amigo Secreto (Amigo Oculto) do curso de inglês da qual participam, ele recebe um bilhete dizendo: "Você vai morrer!".

Todos os colegas de classe consideram aquilo uma brincadeira de muito mau gosto.

Para a surpresa e espanto de todos, o rapaz é assassinado uma semana depois. Teria sido morto pela pessoa que lhe enviou aquele misterioso bilhete? É isso o que todos querem saber. Qual o verdadeiro motivo por trás daquela apavorante morte que chocou a todos?

O leitor não vai conseguir se desprender deste romance. Ainda que ansioso para chegar ao final, não deve pular as páginas, pois em cada uma há muito mais do que pistas, há vida real, surpreendente e fatal.

Para adquirir um dos livros ou obter informações sobre os próximos lançamentos da Editora Barbara, visite nosso site:

www.barbaraeditora.com.br
E-mail: barbaraeditora@uol.com.br

ou escreva para:
BARBARA EDITORA
Rua Primeiro de Janeiro, 396 – 81
Vila Clementino – São Paulo – SP
CEP 04044-060
(11) 5594 5385

Contato c/ autor: americosimoes@uol.com.br
Facebook: Américo Simões

Blog: http://americosimoes.blogspot.com.br

Impressão e Acabamento
Bartira
Gráfica
(011) 4393-2911